勝海舟　歴史を動かす交渉力

山岡淳一郎

草思社文庫

勝海舟　歴史を動かす交渉力…………【目次】

序章　濱御殿の焚火……11
「徳川の政治と思うから、間違っておる。天下の政治でござる」　11
第一章　砲艦外交……23
一触即発の「浦賀」　23
高野長英の来訪　33
修行の日々、剣術と禅、そして蘭学へ　40
「勝海舟」の誕生　44
黒船来航　51
「手抜きを見逃せと、袖の下を持ってきたのかえ」　58
密航計画、破れる　67
第二章　咸臨丸で海を渡る……81
「甲板で火を焚くな」　81
膚の潔き雪をも瞞むく、愛妾お久　90
あわや海の藻屑に……　95

薩摩の英明藩主、島津斉彬と会う　102
二転、三転する遣米使節の「別船」　109
厳冬の北太平洋、荒れ狂う波濤　117
武士階級のないアメリカ社会の衝撃　129

第三章　薩長同盟へ

第三章　薩長同盟へ……147
尊攘激派　147
「天下でおそろしいもの」横井小楠　154
興国の飛び道具、坂本龍馬　160
生麦事件処理で「必敗開戦論」を説く　166
日本《ニッポン》を今一度せんたくいたし申候　173
八月十八日の政変　180
「玉＝天皇」を奪い合う　188
薩長の盟約成る　198
崩れゆく幕府のなかで　207

第四章 **江戸開城の大交渉**……213
駿河湾から軍艦砲撃で官軍に勝てる、が、しかし…… 216
「おれは常に一身を死生一髪という際においていた」 225
時勢の奇跡、海舟、鉄舟、益満の出会い 233
攘夷の激情と外国人襲撃 241
虎穴に入って虎児「降伏七条件」を得る 248
「江戸焦土作戦」を支える下層の力 254
パークスの衝撃、江戸進攻を支持せず 260
江戸開城と武装解除の行方 267

第五章 **非戦を貫く**……279
海軍の申し子、榎本武揚の大脱走 280
「あなたの徳で、善い家来を持ったなどと思いなさるな」 289
旧幕臣の救済に奔走する 297
西郷との再会、「廃藩置県」の大変革 306
長崎の落とし子が氷川邸に現れる 312

「征韓論」で廟堂大分裂、海舟は参議兼海軍卿へ　318
西南戦争、さらば西郷　329
「脱亜入欧」と密通スキャンダル　339
行蔵我に存す、毀誉は他人の主張、我に与からず……　347
一つ、大本を守って、それから、変化していくのだ　354

勝海舟略年譜　360
勝家系譜　366
あとがき　368
文庫版あとがき　375
参考文献　379

勝海舟　歴史を動かす交渉力

序章

濱御殿の焚火

「徳川の政治と思うから、間違っておる。天下の政治でござる」

厳冬の夜明け前の闇を裂いて、早馬が門内に駆け込んだ。

江戸は赤坂元氷川、崖下の邸《やしき》は静まり返っている。

玄関には主の在宅のしるし、高張提灯が掲げてあった。

主の名は勝義邦《よしくに》、号は海舟、通称麟太郎《りんたろう》、安房守《あわのかみ》の官職名も持っていたので勝安房とも呼ばれた。数え歳の四十六、剣術で鍛えた身体は引き締まり、背は低いが、がっしりとした肩の上に猛禽を想わせる尖った顔が載っている。鋭い眼光は、ひっきりなしに訪れる客の心の底を射貫いた。

まさに働き盛りの勝海舟、と言いたいところなのだが……。

和暦の慶応四年一月十一日（陽暦一八六八年二月四日）、勝は、寝衣の腕を組んだまま真綿の入った羽織を肩にひっかけ、早馬の使者が待つ客間に入ってきた。

「なんだい。ずいぶん早ぇーじゃねぇか」

「軍艦、開陽丸が帰って参りました。どなただかしれませんが、大切なお方がお着きになったというので、たいそう騒いでおります。ぜひ、お出でくださいませ」

「おれはしくじって引きこもっているのだから、行けないよ」

と、ピシャリと戸を閉めるように勝は言った。何をいまさら、と虫のいどころが悪い。一度、つむじを曲げると、なかなかもとに戻らない。難しい性分ではある。

使者は、とりつくしまもなく、暁闇の道をとぼとぼと引き返していった。

「すっかり目が覚めちまった。お糸や、お糸、煙草盆を持ってきておくれ」

勝は奥へ声をかけた。お糸こと、増田糸は勝の身辺の世話をする側室である。正妻は勝より二つ上のたみ。神田の砥目屋《とのめや》という質屋の娘で、深川でお座敷にも出ていたという。貧乏旗本の勝に嫁いで二男二女をもうけ、家運を上向けた糟糠の妻だ。糸のほかに台所方を引き受ける兼（小西兼）という側室もいる。勝家は妻妾同居である。他にも妾がいるのだが、事情はおいおい明かしていこう。勝は情を絶てない男だった。

糸が持ってきた煙草盆を手もとに引き寄せ、勝は、ここ三月《みつき》の倒幕に燃える薩摩・長州と、体制を維持したい徳川家の目まぐるしいせめぎあいを思い返した。

薩摩の大久保利通《としみち》や公家の岩倉具視《ともみ》が策動し、第十五代将軍徳川慶喜《よしのぶ》討伐の天皇命令「討幕の密勅」が薩長に渡ったのは前年十月半ばだった。その形は詔書でも天皇の裁可も日付もない偽勅である。京都守護職の会津藩主松平容保《かたもり》と、弟で京都所司代の松平定敬《さだあき》に対しても「幕府の暴を助け、その罪軽からず」と誅殺の勅書が出された。

ときを同じくして、京都の二条城に滞在していた慶喜は、「大政奉還」で対抗した。政権を天皇に返上して武力倒幕の大義名分を打ち消し、徳川宗家を筆頭とする諸侯の「公議政体」を確立しようともくろんだ。徳川家も一諸侯となり、諸侯の会議で合意(公議輿論《こうぎよろん》)を図って日本国家の意思を統一し、国を治めようと動きだす。

公議政体はイギリス型議会政治を志向していた。慶喜のブレーンで幕府開成所教授、西周は、『国家三権の分立及び英吉利《いぎりす》議院の制度』を講義し、将軍(大君)が行政を司り、大名・藩主が立法府を構成するよう説く。天皇は「君臨すれども統治せず」である。勝も公議政体論を推す。江戸で大政奉還の報に接した勝は表面的には静かだったが、内心「上様、よくぞご決断なされました」と喝采を送った。

ところが、薩長は、その他大勢の諸侯に入る気はさらさらない。徳川家主体の体制を大砲と軍略で潰しにかかる。十二月九日、薩長と公家は「王政復古」のクーデターを起こした。政変で「江戸幕府廃絶」と天皇を戴く「新政府」の樹立を宣言したのだ。

十六歳の天皇の前で開かれた小御所《こごしょ》会議で、岩倉から王政復古への協力を求められた土佐の「鯨海酔侯《げいかいすいこう》」山内容堂《ようどう》は、慶喜を抜きに処分を決めるのは不公平と物申した。

「本日のことはすこぶる陰険。この暴挙に及んだ二、三の公卿は、幼冲《ようちゅう》の天子を擁して権柄を盗もうとするものである」と容堂は怒りを爆発させる。

やにわに岩倉が大声で叱りつけた。「御前でござるぞ。お慎みなされ。大政一新の今日の挙は、すべて宸断《しんだん》（天皇の判断）より出でたこと、幼い天子を擁してとは何という妄言」。容堂と岩倉は激論を展開した。これを聞いた西郷隆盛が「短刀一本あれば片づくことではないか」と言い、容堂は黙る。クーデターは断行され、新政府は慶喜に「辞官（内大臣の辞職）」と「納地（徳川家領地の奉納）」を要求した。

だが、はい承りました、とはいかない。辞官はともかく、慶喜は徳川四百万石の当主であり、領地を奪われたら丸裸になる。納地は断固拒否するしかなく、こうなれば薩長と一戦交えるか、と慶喜は肩に力を入れる。二条城には旗本中心の徳川家直属の兵が五千、会津藩士三千、桑名藩士千五百が集結している。薩長の数倍の勢力だ。

衝突寸前の事態を憂えた容堂が「薩長軍と幕府軍の引き離し」を主張する。が、策を好む慶喜は容堂に後事を託し、「時」に救いを求める。二条城に二百の守備兵を残して大坂城に移った。京都を離れて諸藩を束ね、薩長を孤立させる持久戦に転じた。

一方、江戸は不穏な空気に包まれていた。西郷隆盛が送り込んだ薩摩藩士、益満休之助《ますみつきゅうのすけ》や関東郷士の相楽総三らが、浪士ややくざ者を集めて市中を攪乱していたのだ。三田の薩摩藩上屋敷を根城とする無頼漢たちは、富豪の家に押し入り、数万両の大金を奪い取る。辻斬り、暴行、略奪と治安を乱した。騒乱は、栃木の出流山《いずるさん》、相模、小田原、さらに常陸、下総、上総と、こんにちの同時多発テロの様相を呈して拡大する。

徳川家首脳は、庄内藩を江戸市中の取り締まりに当たらせ、関東一円の騒擾を地元の猟師銃隊や農兵も使って鎮圧する。ゲリラを裏で糸ひく薩摩への憎しみが徳川家に募った。江戸城内では、主戦派の家臣が「薩摩を討て！」といきり立つ。兵を率いて京に上ろうといまにも飛びださんばかりだ。

だが、勝は違った。「戦ってはいけない」と、非戦を説いたのである。

「いま、みだりに武力を行使しては、上様の大政奉還の御英断が水泡に帰す。上様が徳川の『私』を捨て、『公』の正道を進もうとしておられるのに、兵を挙げて人びとを戦乱に巻き込めばもとの黙阿弥。大政奉還が破れかぶれの博打となりましょう」

政治の根本は、私利私欲ではなく、私を包み込んだ全体の公。一部に偏らない公平さが重要だと海舟は力説した。長年、練りに練った経綸の根本原理であった。京へ兵を進めるか、隠忍自重をするか……、徳川家臣団の意見は割れた。

慶応三年十二月二十三日（一八六八年一月十七日）、関東の擾乱《じょうらん》が頂点に達する。江戸城二ノ丸が不審火で焼失した。瞬く間に「薩摩藩士の放火だ」と噂が広がる。諸悪の根源、三田の薩摩藩邸を焼き討ちすべし、と報復に向けた評定が開かれる。

勝は登城し、反論をぶった。

「天下の大勢は、門閥の望みや身分ではなく、公正さに帰結致しまする。私に帰せずして公に帰するや必せり。戦《いくさ》をくわだて人心を離反させれば自ら瓦解を促すなり。自重せねばなりませぬ」

勝のなかには「変革」と「保守」、二人の海舟がいる。武家社会の終焉を見抜き、開国、公議政体への一新を望む海舟と、徳川家を守って新政府に立ち向かう海舟だ。

武士は田畑も耕さず、布も織らず、生計を下々の人間に頼っている。そのうえ重税を課して民の膏血をしぼる。人心が離れ、武家社会は必ず瓦解すると変革派の海舟は突き放す。その一方、禄高わずか四十一俵の小普請組に生まれた自分が軍艦奉行に出世できたのも徳川家のおかげ、徳川の領地と家臣団を守らねばならないと保守派の海舟は丹田に力をこめる。

二人の海舟が絡み合って導いた結論が、戦わない、非戦だった。

武士中心の社会は早晩、崩れる。先に「私」の戦を仕掛ければ、庶民は背を向け、幕藩体制は雪崩を打って壊れ、公議政体どころではなくなる。下町の本所で育ち、父親の勝小吉《こきち》ゆずりの気やすさで勝は下情に通じている。どんな身分の者ともつきあい、「民意」というものを肌で知っていた。

江戸を攪乱する薩摩の挑発に乗ってはいけない。ここをこらえて官軍が攻めてくれば、向こうが民を巻き込み、私の戦となる。「公」の大義はこちらにある。そのときこそ、死力を尽くして戦えばよい、と勝は口角泡を飛ばした。

職位をみれば、勝の上には、実務的元帥の海軍奉行並《ぶぎょうなみ》（補佐）、その上に譜代大名の海軍奉行、さらには老中格の海軍総裁がいる。この秩序が徳川家の支えであった。勝の口舌は序列を無視していた。上役が勝に釘をさす。

「そなたなどがそういうことを言うべき身分ではなかろう」

「あなた方が為さぬから申しますのだ」と勝は言い返す。

「上には将軍様もあり、それぞれの役もある」と上司は「組織の論理」を口にする。

「それだからなお、言います。あなた方は徳川の政治と思いなさるから、間違っております。天下の政治でござる。それを、さようなぬるい考えですみますか。第一将軍様から間違っている」。勝は家臣の矩《のり》をこえた。

「もう聞き捨てならん。上様のことまでさように言う以上は、わが役目に対してもすまされん」

と、相手は烈火のごとく怒った。

仲裁役が現れ、勝の肩をぽんぽんと叩き、「まぁまぁ」と場所を移してなだめた。

「おまえさんの言いなさる道理もあろうが、徳川の政治がそう早く潰れるものでもござるまい。それぞれの役もあるものだから。まぁ当分、遠慮して引っ込んでいなさい」

「なに、引っ込めぐらいですか。いっそ腹でも切れとおっしゃればいいのに、引っ込むぐらいは何でもありませぬ」と勝は毒づいて、サザエがぴたりとふたを閉じたように元氷川の盛徳寺の隣の邸に引きこもったのだった。

目障りな勝が閉じこもると、徳川家臣団は庄内藩に命じて三田の薩摩屋敷を焼き払わせる。十二月二十五日、ついに一線を越えてしまった。喜んだのは薩摩藩の参謀、西郷隆盛である。挑発の罠にはまり、徳川側が暴発した。これで掃討の軍を送れると軍略家の西郷は膝を叩いた。

慶喜が居すわる大坂城は、薩摩藩邸焼き討ちの飛報を受けて、すわ開戦とわき返った。もはや慶喜も主戦派を抑えられない。時を稼いでいるつもりが、時に流される。

明けて慶応四年正月二日、諸藩の兵も合流し、総勢一万五千に膨らんだ徳川の大軍は京都に向けて出立した。翌日、鳥羽・伏見で薩長軍と衝突し、二年に及ぶ「戊辰戦争」の火ぶたが切られる。緒戦は一進一退で、土佐藩は戦を幕府と薩長の私闘とみなし、参戦をためらう。

五日、岩倉の指示で密かにつくられた「錦旗《きんき》」が薩摩軍にひるがえり、情勢が一変する。錦の御旗が朝廷軍の証と知らされると、薩長軍は「官軍」となり、鳥取、津の藩兵が寝返った。列藩が次々と官軍方につき、徳川軍に襲いかかる。鳥羽・伏見の戦いは、火力と士気に優れた官軍が徳川軍を蹴散らす。徳川方は全軍総崩れとなった。

慶喜は側近の松平容保、定敬ら数人を従え、夜陰に乗じて大坂城を抜け出す。オランダで建造した二千六百トンの開陽丸に乗り込み、ほうほうの体で江戸に逃げ帰ったのであった。

赤坂元氷川の海舟邸、しくじって引きこもる勝は、まだ鳥羽・伏見の戦いの顚末を知らなかった。海軍局からの使者の来駕要請を「行けない」と断った。煙草盆から鋭利なナイフを出し、肩口をチョチョッと切って悪血を出している。勝独特の健康法だ。

しばらくたつと、また別の使いが飛んできて、

「上様がお帰りになられました」と告げた。

「上様でも誰でもおれの出る幕じゃない」。勝はにべもない。

「いえ、上様がお着きになって、ぜひ勝安房を呼べとの仰せなので、どうか一刻も早く、お出でいただきたい」

慶喜本人が呼んでいるのなら話は別だ。これまで慶喜にはさんざん冷水を浴びせられてきたけれど、主君は主君である。頭がきれる才君だと認めてもいる。

「それじゃあ行きます」

勝は、煙草盆に道具をしまって立ち上がり、台所で湯漬けをかきこんだ。引きこもったついでに売り飛ばすつもりだった馬を曳き出し、海軍局が置かれている濱御殿《はまごてん》

（現浜離宮）へと急いだ。

幕末の夜が白々と明けてゆく。海軍局に着くと、焚火の周りに主従が集まっていた。慶喜は洋装で刀を肩に掛けている。勝は、お辞儀もせずに問い詰めた。

「あなた方、なんと言うことだ。これだから、私が言わないことじゃあない。もうこうなってから、どうなさるおつもりだ」

「上様の前だから」と側近が止めようとしたが、勝はかまわず、叱責し続けた。どの幕閣も青菜に塩でへたり込み、言い返してさえこない。あまりの弱りように勝は涙が出そうで、ふーっとため息をついた。情けないけれど、これが徳川家の現実なのだ。

慶喜は、敗軍の将であった。尾羽打ち枯らした慶喜と徳川の家臣団を、どう守りながら、新政府とかけあうか。新政府は改めて「慶喜追討令」を発し、松平容保ら幕閣二十七人を「朝敵」と名指しして官職も剝奪。京都の会津藩邸を没収した。官軍が江戸へ攻めてくるのは必至である。

新政府、官軍との交渉は至難の業だろう。交渉を乗り越えて、いかに武家社会の大始末をつけていけばいいのか……。さて、難局をどう背負おうか、と勝は黙考する。交渉は敵を知り、味方を知らねば進められない。

江戸城内の評定は、抗戦と、新政府の命令に謹んで従う恭順の二派に分かれたが、ほとんどの家臣は慶喜が再挙を期して江戸に帰還したと思い込み、主戦論が一段と高まった。勝の周りをぐるりと主戦派の家臣がとり巻いた。勝海舟は、内と外、ふたつの「敵」と対峙しなくてはならなかった。どう動くのか、勝海舟。

ふり返れば、日本を近代に導く曙光は、「海」の向こうからさしてきた。十九世紀に入り、鎖国の日本に異国船が次々と来航した。産業革命を進めたイギリス、南下して不凍港が欲しいロシアがアジアへ針路を向ける。蝦夷地（北海道）や九州、関東近海に異国船が現れた。周辺で捕鯨が盛んになり、アメリカ船も出没。幕府は異国船に飲食物や燃料を与えて穏便に去らせていたが、常陸の浜にイギリス船員が上陸して騒動が起きたのを機に「異国船打払令」を出し、砲撃で追い返す方針へ。だが、アヘン戦争で清がイギリスに敗れ、軍事力の差を痛感し、ふたたび「薪水《しんすい》給与令」に転じた。

開国へ、じわりと扉が開く時代、蘭学で立った勝は幕府の役人に登用され、海軍を舞台に幕閣への階段をのぼっていく。勝には敵も多かった。その敵をも大仕掛けな道具立てにして、「江戸開城」の大交渉劇を演出する。維新後は徳川家の戦後処理、落魄した旧幕臣と士族の救済に骨身を削った。

抜群の交渉力で歴史を動かし、近代の礎を築いた海舟の「行蔵《こうぞう》（出処進退）」と時勢の変化をたどり、国づくりの根本を問い直してみたい。

第一章　砲艦外交

一触即発の「浦賀」

高いマストを並べた巨大な船が、三角波の立つ遠州灘を南風にのって悠然と進んでいた。

くろぐろとした船体に白窓を象《かたど》った塗装が二層に並んでいる。

「異国船じゃあ。大けぇのおー」

廻船の水夫《かこ》が仲間に向かって叫んだ。三河の高須を出た廻船は、酒樽を載せ、江戸湾のとば口、浦賀に向かっていた。前の異国船との距離は九町、一キロ足らずである。

「こないだ来た鯨とりの大船と似とるだら」と年寄りの水夫が応えた。

一年前、アメリカの捕鯨船、マンハタン号が日本の漂流民を浦賀に送り届け、食料や資材を支給されて帰っていった。水夫は、その船の再来とみた。

「違う、違う。ありゃ、どてっぱらに大砲、積んどるだで」

船頭が大船を指した。白い窓に似せた塗装の間にまるい砲門が隠れている。

異国船は軍艦だった。数多の砲を備え、とてつもなく大きかった。三河の廻船とは湯船と手桶ほどの開きがある。異国船は帆に風を受けてぐんぐん進み、しだいに遠ざかり、視界から消えた。廻船は伊豆の石廊崎《いろうざき》をかすめて相模灘を横切ると、三浦半島の城ヶ島を左手に北へ針路を変え、浦賀の港に滑り込んだ。

船頭は揚げ荷を水夫たちに任せ、その足で、江戸湾の海防に当たる浦賀奉行所に走った。浦賀は江戸湾に出入りする船が立ち寄る海運の拠点である。廻船問屋や干鰯《ほしか》問屋が軒を連ね、大そうな賑わいだ。浦賀奉行所は江戸防衛の要だった。船頭は、奉行所に着くと、早口でまくしたてた。

「恐れながら、遠州新居の沖合、陸地よりおよそ十里で、異国船を目にいたしました。大きさは千石積みでございましょうか。帆柱三本、三角縦帆を張って東に向かっておりました。掛川の沖でも見えましたが、その後は帆影を見失いました」

聞き取った与力、中島三郎助は「しかと見たのだな。よしっ。届け出、ご苦労」と船頭を帰した。それから続々と異国船の目撃情報が奉行所に入ってきた。

弘化三（一八四六）年閏五月二十六日、浦賀は緊迫感に包まれた。

翌二十七日昼前、大小二隻の異国の軍艦が浦賀沖に悠然と姿を現した。

アメリカの東インド艦隊司令官、ジェームズ・ビッドルが乗り込むコロンバス号と、随艦のビンセンス号であった。

浦賀奉行、大久保忠豊は、ただちに江戸湾警備を仰せつかる川越藩主、忍《おし》藩主に番船で両艦を囲むよう要請し、三郎助の父で主席与力の中島清司と通詞《つうじ》の堀達之助をコロンバス号に遣った。異国の船来航による藩主の出陣は長崎へのポルトガル船の渡来以来、約二百年ぶりの沙汰だった。たちまち大小二百艘の和船が漕ぎ出し、異国船を取り囲む。これを「垣船」と呼ぶが、そのさまは巨象に子犬が群れるごとく、彼我の差はいかんともし難かった。

コロンバス号は長さ五十八メートル、幅十六メートル、積載重量二千四百八十トンで約八百人が乗り組み、八十六の砲を置く。小さなビンセンス号でさえ、長さ三十九メートル、幅十メートル、七百トンに約八十人が乗って、大砲は二十四門。江戸湾とその周辺の台場の大砲すべて足してもコロンバス号に及ばなかった。

かたや和船は、幕府が大名を統制する「大船建造《おおぶねけんぞう》の禁《きん》」に縛られ、最大の千石船（弁才船）でも百五十トン、十五人乗りがせいぜいだ。大砲で本格的に武装した船など一艘もない。鎖国の影響で大きな西洋船の建造も禁止と解釈されていた。

与力たちは、舟を艦に漕ぎ寄せると城壁のようにそそり立つ船腹を見上げた。

「これは難儀だな」と高齢の中島がつぶやくと、「拙者も高きところは苦手でございますが、ささ参りましょう」と堀が急《せ》かす。ふたりは縄梯子にしがみついて昇った。

与力たちは司令官ビッドルと対面した。オランダ語通詞の堀は大汗をかきかき、船籍や渡航の目的を訊ねた。しかし話し言葉が理解できず、意図を英語の書面にするよう相手に求めた。

ビッドルは、補給したい品々のリストと通商を求める文書を差し出す。与力一行が文書を持ち帰り、解読するのに丸一日かかった。文意は次のようなものだった。

「アメリカは清国と通商を結び、かの都に数か月、滞船いたしました。今回、本国へ帰るところ、ご当地に友好を結びたく、渡来いたしました。理由は清と同様に、当地でも交易の道を開くお願いをするためです。もし許可をいただけるなら通商においては貴国の法を守ることをわが国は保証いたします。国交の友好を結びたいのです」

これまで、文政元（一八一八）年にイギリス商船が浦賀に来航して、日本の商人との交易を求めた際は、垣船が囲み、通信や交易が「国禁」だと伝えると退去した。その後も異国の捕鯨船や商船が来たが食料や燃料の補給、漂流者の送還が主目的だった。アメリカ政府の使節として軍艦で通商を申し込んできたのはビッドルが初めてだ。

文面は丁寧でも、衣の下の鎧がチラチラ見える。ビッドルは、アメリカと清が結んだ「望厦《ぼうか》条約」の批准書交換を広州で終わらせた後、米国務長官の対日折衝の開始を命じる指示書を携え、日本に回航したのだった。

「清国と同様に……」は、脅し文句とも受け取れる。

幕閣も出先の役人も、隣国の清がイギリスとのアヘン戦争に敗れ、諸外国と不平等な条約を次々と結ばされていることに驚愕していた。清国はペテンにかけられたようだった。長崎のオランダ商館から届く「阿蘭陀風説書《オランダふうせつがき》」を介して清の屈辱的状況を知り、西欧の軍事力に度肝を抜かれた。

現状で西洋の国と交戦すれば負ける。江戸の海防は脆弱だ。三浦半島の観音崎と房総の富津との距離は一里半しかなく、この江戸湾口を艦隊に海上封鎖されれば、百万都市の江戸は流通を断たれ、干上がってしまう。想像するだに怖気を震う。

四年前に幕府は従来の方針を転換した。日本の沿岸に近づく外国の船を見つけたら砲撃し、追い返すよう命じた「異国船打払令」を撤廃したのだ。

一八三七年にアメリカの商船、モリソン号が日本人漂流民の音吉ら七人の送還と交易を絡めて浦賀に来たときは、これをイギリス軍艦と勘違いし、浦賀奉行は打払令に基づいて砲撃して追い返した。一年後に非武装の商船を追い払った事情が知れ、蘭医の高野長英は『戊戌夢物語《ぼじゅつゆめものがたり》』を書いて打ち払いの無謀さ、幕府の海禁政策を批判する。長英は、幕府に弾圧されて「蛮社の獄」で捕えられ、脱獄して凄絶な人生を歩むのだが、現実に清がイギリスに負けて幕府も強硬策から懐柔策に転換せざるをえなかったのである。

幕府は打払令に替えて、「薪水給与令《しんすいきゅうよれい》」を布き、外国船に薪水や食糧を与えて速やかに立ち去らせる施策に転じていた。

とはいうものの現場で異国船と対峙する者にとって、薪水給与令も絶対ではない。薪水や食料を与えた相手がすんなり帰るかどうかはわからない。諍《いさか》いが起き、敵の砲門が開けば、取り返しがつかなくなる。刀と槍と鉄砲でどうしろというのか……。

ビッドルと幕府役人の折衝を記した「弘化雑記」によると、与力の報告を受けた浦賀奉行、大久保は、江戸の幕府老中へ、悲鳴のような飛報を送っている。

「(軍艦は) 大砲を多数積んでおり、ほかに武器はなくとも鉄砲類は取り上げるべきであると存じますが、いかにも厳重なため、容易に差し出す気配はなく、強行すれば争論が生じる怖れあり。従って、浦賀港およそ二里ほどの湯野北浜沖に船を留めさせ、番船を厳重に付ける所存 (閏五月二十七日)」。子犬の群れが巨象に吠えたてるように垣船を連ねるばかりだ。

アメリカ海軍の将兵たちは、二隻の軍艦の間を、小さな艀《はしけ》を下ろして度々行き来する。警備の番船を気にするそぶりは微塵もなかった。

「(異国人は) 船中を歩行するときも、槍、鉄砲を携え、剣を帯びており、小船 (ビンセンス号) のほうは見届けに行っても剣を抜き、脅して内部を見せませぬ。今朝、久里浜への引き込みの命令を下せども、まだ以前の場所に両艦とも停泊。引き船 (番船) 五十艘に上るも、まったくいうことをきかないと風聞あり (閏五月二十九日)」

と、舟を出した網元は報告した。役人たちはアメリカの実情を知らなかった。

十八世紀にイギリスから独立したアメリカは、初期に移民が住みついた東部のボストン、ニューヨークから大陸内を西へ、西へと領土を拡大し、国家の基盤を築いていた。一八〇三年にはフランスよりルイジアナ州を買い取った。メキシコから独立したテキサス共和国を一八四五年に併合する。コロンバス号が浦賀に来た四六年にはイギリスと交渉してカナダとの国境線を画定し、オレゴン準州が設けられ、正式に太平洋岸まで領土を延ばす。膨張主義こそが新興国アメリカの国是であった。

「神によって与えられたこの大陸に、われわれが拡大するという明白な運命」

と、膨張を天命ととらえる機運が高まっていた。

膨張主義は太平洋を西へ西へと進み、中国大陸に向かう。東部のニューイングランドを拠点とする捕鯨は、世界にひろがり、日本近海まで及んだ。捕鯨船の避難港と薪水、食糧を確保するには、中継地日本の開国が必須とされた。

アメリカは、旧宗主国のイギリスと競って中国大陸で荒稼ぎしようと狙っていた。四八年にカリフォルニアで砂金が見つかり、ゴールドラッシュが起きると、低賃金労働者の供給地として広東に照準を定める。やがて西海岸に移住した中国人はチャイナタウンを築いてゆく……。

こうした資本主義経済の拡張がアメリカの軍艦を浦賀に差し向けたのである。

だが、日本人は初めて見た文明の利器に顔がひきつった。名主が請われて水を舟で軍艦に運ぶと「ぐなぐなした筒」を水桶に入れられ、腰を抜かすほどたまげた。「湊村の名主の角兵衛が水を運んだところ、異国船より何かやわらかいぐなぐなした筒を差し出し、角兵衛の水桶にいれてある水を残らず、大船に吸い込んだ由。奇妙な仕掛けに驚き、何から何まで大船は立派で目移りしてしまい、よく覚えられなかった由（六月一日）」と「弘化雑記」は伝える。軍艦は帆船だが、船内に蒸気機関のポンプを装備し、日本の艀が運んできた水をホースで吸い取ったのだろう。

浦賀の役人は、蒼ざめて異国船の取り扱いを指示してほしいと、幕閣をせきたてた。

江戸幕府の老中首座、現代の首相に匹敵する人物は、二十八歳の備後福山藩主、阿部正弘だった。阿部は老中の最高位に就いて日も浅く、手探り状態である。とりあえず、浦賀にもう一人の奉行を送り、昼夜交代で二十四時間対応の態勢をしく。

浦賀奉行が、艦隊は帰国を急いでおり、補給品を多めに渡して「仁政」を施せば退去しそうだと感触を伝えると、阿部は全面支持の返答をする。どんどん補給品を積み込ませる一方で、司令官ビッドル宛に退去を促す「諭書」を送った。

「このたびわが国に交易をしたいと願うとも、わが国は新たに外国との通信、通商を許さず、これは堅い国法であり、早々に帰帆すべし」

慎重な阿部は、今後、何度来て通商を申し出ても通らない、と原則論をしたためる。さらに六月三日、忍藩主と川越藩主へ正式に浦賀下向を命じ、近隣の諸大名に軍勢を出すよう指示した。臨戦の布陣を整えたのである。

交渉が大詰めにさしかかった五日、番船が軍艦を十重二十重に包囲するなか、与力の中島清司と通詞の堀が諭書をビッドルに手渡すセレモニーが行われることとなった。ビッドルは、白米、麦、籾を各二俵、鶏四百羽、薪用の杉木五百本、水五千荷、とたっぷり補給を受けて上機嫌だった。返礼も兼ねて、艀《はしけ》を下ろして乗り、中島、堀のいる奉行所の船に向かった。船上で諭書を交し、礼を述べて別れを告げ、帆を上げれば任務は終わる。ようやく本国へ針路を向けられる。別れの儀式をしめやかに行うのみ、とビッドルは近づく。

ところが、ここでハプニングが起きた。ビッドルは、川越藩の番船を奉行所の船と間違えて、乗り込もうとしたのだ。異国人が来ると知らされていなかった川越藩士は、驚き、ビッドルが船べりにかけた足を払って倒す。ビッドルはひっくりかえり、怒りで顔を真っ赤に染めた。

先に番船に乗った米海軍の下僚が、積んであった大砲にかけていた筵《むしろ》を剝いだ。

「無礼者！」

と、川越藩士が一喝し、刀に手をかける。夷狄《いてき》を斬り捨てようと身構えた。アメリカの士官も眦《まなじり》を決し、ピストルを抜く。慌てて侍衆が間に入り、藩士を押しとどめた。憤慨したビッドルと、米海軍の将官、兵士は本船に引き返し、砲撃の準備に入った。砲門の蓋が取られ、人影がせわしなく動きだす。

まさに一触即発の状態に突入した。

大砲が轟音を立てれば、浦賀は一面火の海となる。艦隊は一気に江戸湾になだれ込み、江戸城が射程に入る。奉行所の面々はすわ一大事と恐慌をきたす。

与力の中島清司と通詞の堀は、息せき切って縄梯子をよじ昇り、軍艦に乗り込んで行き違いを説明した。しだいにビッドルも冷静さを取り戻したけれど、艦は帰帆せず、浦賀の沖に留まった。

主席与力の父を補佐する中島三郎助は、軍艦警備の最前線に立ち、「一筋に討死を覚悟」した。幕府側はコロンバス号を三方から千石船と廻船十六艘で包囲し、大小の鉄砲を用意して武装したが、「異国船は日本の城より強固」で、どう討ちかかっても敵《かな》わない、と三郎助はのちに手紙に書いている。

ビッドルの乗った軍艦は、帆を上げるはずの五日、まったく動かなかった。

三郎助は覚悟を決めた。翌六日、三郎助は家を出るとき、辞世の句を残す。

涼しさや鉄砲雨のしのをつく

君恩に報い、討死するのみ、と警備についた。昼ごろ、居すわっていた軍艦は、やっと出帆の準備にとりかかった。三郎助、いや浦賀に集うすべての人が胸をなでおろした。翌七日の朝、二隻の軍艦は引船に曳航されて外洋に消えていった。

一難去ったが、資本主義の潮流に乗ったアメリカの膨張圧力は高まるばかりだった。老中首座、阿部正弘は、ビッドル艦隊が去った二日後には海防政策の見直しに着手。台場を中心とする陸上防衛の強化を図った。外交分野では学識と実行力を重んじ、大胆な人材登用を行う。幕政を統べる阿部は「開国」を視野に入れていた。

一方、京都は禁裏の奥に鎮座する孝明天皇は幕府に海防勅諭を出し、「海防をいっそう強化し、『神州の瑕瑾《きず》』とならぬよう」処置せよと申し渡す。さらに石清水八幡宮で異国船撃退を祈願した。政治権力から遠ざけられていた朝廷が、「攘夷」を梃子に国政へにじり寄る。動乱の幕が静かに上がったのだった。

高野長英の来訪

江戸城の赤坂門の高台から南東へ、溜池が大きく曲がって堰にそそいでいる。溜池は、ひょうたん池ともいう。城の外濠と上水源を兼ねており、安藤広重の錦絵にも描かれた。のったりとした風景は、いかにも徳川の世を象徴しているが、異国船の出没でそぞろに人心は打ち騒いでいた。ビッドルが帰った後も、異国の大船は日本近海に来て、幕府に開国を迫った。

依然、幕府は、鎖国（閉洋之御法）、あるいは海禁といわれる方針を変えず、日本人の海外渡航やキリスト教徒の布教を禁じ、貿易を管理、統制していた。交易の窓口を、対オランダ、清国の「長崎」、対朝鮮の「対馬」、対琉球王国の「薩摩」、対アイヌの「松前」の四つに制限し、他の港への外国船の立ち寄りを禁じた。門戸を閉ざして列島を守ろうとしたのだが、泰平の眠りも半睡半覚であった。

溜池に面した赤坂田町に、蘭学者、勝麟太郎のあばら家が軒を傾けて立っていた。麟太郎は、妻のたみと住み慣れた本所から移り住み、蘭学塾を開いたばかりだ。娘が二人生まれ、貧しいながらも家内に明るい声が満ちていた。

嘉永三（一八五〇）年九月の夜、麟太郎の陋屋《ろうおく》にひとりの男が訪ねてきた。

六尺豊かな男は、内にも外にもつっかい棒をした家の戸口にぬっと現れ、「蘭医、沢三伯と申します」と名乗った。その顔を見て、物事に動じない麟太郎も、さすがにぎょっとした。面長な顔は焼け火箸で引っ掻きまわされたようにただれ、痛々しかった。変装のために硝酸で焼いたのだろう。

「お名前は、かねがねお聞きしております。どうぞ、お上がりください」

と、麟太郎は迎え入れた。男は、捕吏たちが溜池の水を掻きだしてでも探し出そうとしていた脱獄者、高野長英であった。共通の友人の紹介で、長英は麟太郎を訪ねてきたのだ。

麟太郎は、長英が翻訳した兵術書を称讃した。

「先生が訳された『三兵答古知幾《さんぺいたくちいき》』は、じつに秀逸。かのナポレオンが歩兵、騎兵、砲兵の三兵を駆使し、いかに勝ち進んだか、合点致しました。西洋兵学は、いまや三兵の統合運用が主流。古い日本の兵学では、とても太刀打ちできませぬ」

「三兵の戦術も、早晩、色褪せましょう。これに銃、大砲、軍艦の製造や航海術、海戦戦術が加わって兵学は体系を成すと存じます。その進歩は、もはや蘭学だけでは捉えられませぬ。欧州文明の奥義を究めるには蘭学だけでは及ばず、イギリス、フランス、ドイツの学問を研究すべきである」

「いかにも」と麟太郎は大きくうなずいた。

「蘭学は医学、天文学、暦学、化学と幅広く、学ぶことは決して無駄ではございませぬが、むしろイギリスやフランス、ドイツの学問を学ぶ踏み台と心得ねばなりますまい」

「さよう。西欧の学問は広うございます」。麟太郎は一々得心して長英の弁舌に耳を傾けた。

二人は談論風発、夜が更けるのも忘れて語り合った。

学問の未来をひとしきり喋った長英は、ふと「悔しゅうて……」と洩らした。長英は、早く生まれすぎ、歴史のひずみに落ち込んだ天才だった。問わず語りに来し方を語る。

アメリカの商船、モリソン号が打払令でマカオに追い返された翌年、長英は『戊戌夢物語』を著し、幕府の措置を「理非もわかり申さざる暴国」「不義の国と申し触らし、義国の名を失い」と批判した。すると幕府は、統治理念に異議を唱えた長英を徹底的に虐げた。

陰謀めいた「蛮社の獄」で長英は捕えられ、永牢、終身刑に処せられる。しかし時勢は長英が透視したとおり開国へと移る。幕府は異国船の打ち払いを改め、薪水給付令を発した。近海に捕鯨船や軍艦が来航し、海禁策は後退を余儀なくされた。

小伝馬町の牢舎で、長英は身悶えた。早く、西欧の技術に対抗する手段を確立しなければ、この国は清と同じように蹂躙される。欧州文明の奥義を説き、人びとを啓蒙しなくてはならない。自分にはそれができる。こんなところにいてはいけない。

長英は、一八四四年、非人栄蔵を使って牢獄に放火させ、獄を脱した。江戸市中に潜伏して洋書の翻訳に携わった後、伊予宇和島藩主、伊達宗城《むねなり》に招かれて彼の地に赴く。伊東瑞渓《ずいけい》の名で蘭学を教えて兵書を訳す。宇和島を出ると、大坂、名古屋を経由し、ふたたび江戸に潜り込んだ。いったん麻布本村町に腰をすえたが、下総香取郡に移り、しばらくして江戸に戻った。妻と幼い三人の子と青山百人町の借家に住み、沢三伯の名で医業を営んでいた。長英が歎息し、おもむろに口を開いた。

「この国を思えばこそ、蘭学の知識をもとに異国船の打ち払いは不義と申し上げた。現に御公儀は方針を改めたではござらぬか」

「この時勢、道理が見えてもままなりませぬ」。貧しいとはいえ、幕臣の末席に連なる麟太郎は幕政を批判しなかった。うかつに同調すれば自身が火だるまになる。

「理不尽でござる。いずれ国は開かれるであろう。しかるに御上に少しばかり、ものを申したという一点で、町医者の低い身分ゆえに永牢に処され、獄を抜ければ地獄の底までつけ狙われる。口惜しゅうて……」

シーボルトの直弟子の長英は、もう四十七歳になっていた。長英は二十八歳の麟太郎に、一縷の望みを託し、声をひそめて哀願した。

「かくまっていただけぬか」

麟太郎は、一瞬、返答につまった。学問を語り合って火照った頰にひんやりとした刃を当てられたようだった。長英は、まぎれもなく先覚者である。学問的造詣の深さは凡人の及ぶものではない。が、しかし、幕府に背いたかどで追われる長英を、直参の旗本が助けるわけにはいかない。君恩を仇で返せば幕臣の面目が立たない。

「先生、……拙者は小禄ながら徳川の家来でございます。情はともかく、武士の義において先生の御依頼とあれども、お応えできませぬ」

と、麟太郎は長英の申し出を断った。

長英の顔が曇った。もとより無理は承知だ。さらりと長英は話題を変えた。

洋学は、「炎」のようなものだった。うまく使えば、身分制の悪弊が澱《おり》のように溜まった時代を切りひらき、西欧諸国の脅威に対抗できる。だが、使い方を誤れば、公儀の禁忌に真っ向からぶつかり、自己を焼き尽くす業火に変わる。

麟太郎は、時流に搦め取られる危うさを、早く生まれすぎた俊才、長英から感じ取った。長英は胸の内を洗いざらい披瀝し、「では」と腰を浮かしかけて、懐から書き物を取り出した。

「拙者、ただいま潜匿の身ゆえ進呈すべきものもなけれど、これはほんの志ばかり。お収めくだされ」

と、江戸中期の儒学者、荻生徂徠《おぎゅうそらい》の「軍法不審（鈐録《けんろく》外書）」の謄写を麟太郎に手渡した。長英が筆写した本である。跋文《ばつぶん》に長英はこうしたためていた。

「その戦法に定法なし、すべからく時代の変化と軍器の制作にもとづき、これを立つべし」

麟太郎は、然り、と首肯した。常に時代の先を読まねば、戦いには勝てない。いまは蘭学、兵学で口を糊しているが、口舌の徒で終わるつもりはなかった。学問は世に出る手段であり、四十一俵（石）の微禄に甘んじず、幕政を動かす表舞台に立ちたい、と願っていた。

乾いた砂が水を吸うように「時代の変化と軍器の制作」が麟太郎の心にしみ込んだ。

麟太郎とたみは、立ち上がった長英を門口まで見送った。

先覚者の痩身が、深い闇のなかに溶けていった。

それからひと月後、激しい雨が地面を叩いた。夜が更け、風も強まってくる。

青山百人町、長英の隠れ家に幾つもの人影がしのび寄った。

常々、長英は門内から住居までの通路に貝殻や枯葉を敷きつめ、人の足音を聞き取れるようにしていたのだが、嵐の夜はまったく役に立たなかった。

風雨が音をかき消す。嵐の夜を捕吏は待ち望んでいた。戸口の前に捕り方が集まった。目で合図が交わされ、

「高野長英、神妙にお縄につけ」と、同心が引き戸を開けて飛び込んだ。

長英は、ぎくっと痩せたからだを強ばらせると、立ち現れた捕り方の一人を短刀で刺した。返す刀でもう一人の額を叩き割る。相手がひるんだすきに長英は自らの喉を突いた。自害を図ったのだ。

だが……、その後の経過は定かではない。自害を試みたけれど、自宅で手当てされ、翌朝、奉行所に連行されて仮牢で絶命したともいわれる。あるいは、捕り方に十手で

ひどく打たれて半殺しにされ、護送中に死んだとも。見事に自害をはたしたという説もあり、真相は明らかではない。

死にざまが曖昧にされたのは幕府が長英を怖れていたからだろう。記録に残せば第二、第三の長英が出現する、と……。

長英の死体は塩詰めの「取捨て」にされ、千住回向院の墓地に埋められる。妻は取調べを受けて「押込（座敷牢に幽閉）」の後に解き放たれたと伝わるが、行方は杳《よう》として知れない。長女は親戚の手で吉原の妓楼に売り飛ばされ、後年の安政大地震で命を落とす。他の二人の子の消息は不明である。

先覚者と謀反人の差は紙一重。御法度破りの烙印を押された者の末路は哀れだった。

しかしながら、長英が蒔いた学問の種子は確実に芽を吹く。ほどなく貧しい勝塾にも生徒が増え、麟太郎に武器製造の注文が寄せられ、運気は上向いた。

修行の日々、剣術と禅、そして蘭学へ

勝麟太郎義邦は、文政六（一八二三）年、江戸本所の旗本、小普請組の勝左衛門太郎小吉の長男として生をうけた。勝家は、徳川将軍直属の家臣団で、将軍に拝謁できる旗本とはいえ、禄高はわずか四十一俵だった。

麟太郎の父方の曽祖父は、越後小千谷《おぢや》の農家に生まれた盲人だ。十代の後半に江戸

に出て貸金業で成功し、鍼道指南の盲人学校も開いている。身分にとらわれず、人と交わって世情を知り、経済を重んじる麟太郎の資質は曽祖父ゆずりのようだ。

曽祖父は、晩年に千石取りの旗本男谷《おだに》家の株を買い取り、男谷検校と呼ばれた。息子の平蔵を男谷家の当主に据える。平蔵の三男が麟太郎の父、小吉である。男谷家は、小吉が七つのときに勝家の養祖母とその孫娘、信《のぶ》をひき取る。小吉は勝家に養子に入る形で家名を継いだ。

小吉と信は結婚して麟太郎を授かり、本所界隈を転々とする。小吉は、旗本ながら決まった仕事がなかった。一時は勝家の家屋敷を売って現金に換え、人事方に働きかけるが、役にありつけない。剣術が滅法強かった小吉は、生涯を無役で通した。無頼の徒と連れ立って道具屋や富くじの世話役をし、諍いの調停もする。地域の「顔役」のような人生を送った。勝家は、主が主だけに赤貧洗うがごとしであった。

幼い麟太郎が、母の信から立身出世をどれほど望まれたか想像がつくだろう。

麟太郎は、七歳にして、江戸城本丸の庭での活発な立ち居振る舞いが将軍家斉《いえなり》の目にとまり、孫の初之丞（家慶《いえよし》の第五子）のお相手として召し出された。九歳でいったん暇を取って漢籍の師につく。通学の途上で犬に睾丸をかまれて瀕死の重傷を負い、小吉は懸命に介抱した。神仏に祈りを捧げ、医師の処置で麟太郎は辛うじて一命をとりとめた。

十代の半ばで、麟太郎は浅草に道場を開く中津藩士、島田虎之助に弟子入りする。島田の道場に住み込んで、猛烈な修行を重ねた。

寒中、島田の指示で稽古が済むと、夕方から稽古着一枚で王子権現に行って夜稽古に励んだ。そのようすを勝は、後年、『氷川清話』でこう語っている。

「いつもまづ拝殿の礎石に腰をかけて、瞑目沈思、心胆を錬磨し、しかる後、起《た》って木剣を振り回し、こういう風に夜明けまで五、六回もやって、それから帰って直ぐに朝稽古をやり、夕方になると、また王子権現へ出掛けて、一日も怠らなかった」

二十四時間、剣術漬けである。はじめのうちは夜中になると、森々と樹木が茂る境内で、風の音におびえて身の毛もよだち、大木が頭上に倒れかかるような恐怖を覚えたが、鍛錬を重ねて「趣き」を感じる域に達した。

座禅の修行も積んでいる。幕末、維新にかけて何度も刺客に命を狙われながら、勝は生き延びた。そこに「精神上の一大作用が存在する」と力説している。

「一たび勝たんとするに急なる、たちまち頭熱し胸おどり、措置かえって顛倒し、進退度を失するの患いを免れることはできない。もしあるいは遁《のが》れて防禦の地位に立たんと欲す、たちまち退縮の気を生じ来たりて相手に乗ぜられる。こと、大小となくこの規則に支配せられるのだ。

おれはこの人間精神上の作用を悟了して、いつもまづ勝敗の念を度外に置き、虚心坦懐、事変に処した。それで小にして刺客、乱暴人の厄を免れ、大にして（幕府）瓦解前後の難局に処して、綽綽《しゃくしゃく》として余地をたもった。これ畢竟、剣術と禅学の二道より得来った賜であった」

勝負を度外視して命を捨ててかかる境地を剣と禅で培った。

麟太郎は、二十一歳のころ、島田から免許皆伝をうける。諸藩の江戸屋敷を巡回教授する傍ら、新たな目標を立てた。蘭学の修業である。江戸城中でオランダが献納した大砲を見て、砲身の横文字が読みたくなった。すぐに蘭学者、箕作阮甫《みつくりげんぽ》へ弟子入りを請うが、断られる。改めて師を求め、溜池の筑前藩黒田家の屋敷内に暮らす永井青《せい》崖《がい》に入門した。

二十三歳で、神田の質屋、砥目屋の娘たみを幕臣岡野孫一郎の養女にして娶《めと》る。若夫婦は住み慣れた本所を離れ、師匠の住まいに近い赤坂田町の粗末な家に引っ越した。

蘭学においても麟太郎は「徹底」を貫く。洋学の勉強に欠かせない日蘭辞書『ヅーフハルマ』五十八巻を一年がかりで二組筆写している。この辞書は時価六十両と高価で、とても手が出なかった。そこで辞書を持つ蘭医に掛け合い、一年十両の損料で借りて、夜を日に継いで書き写す。一組は自分の勉学用に使い、もう一組を売って損料に充てた。

麟太郎とたみは、とにかく貧しかった。夏は蚊帳がなく、冬には布団もない。家の柱を削って飯を炊いたという。麟太郎は「兵学」に的を絞って蘭学を磨いた。

麟太郎の向学心は年長者を動かす。書物を買う金がなく、毎日のように日本橋の書店に通って立ち読みをしていると、店主が北海道の豪商を紹介してくれた。豪商は、麟太郎の家を訪ねて話し込み、帰りがけに「これで書物でも買ってください」と二百両の大金をポンと置いていった。篤志家の援助を受けて、麟太郎は、嘉永三（一八五〇）年、赤坂田町の家で塾を開き、蘭書と西洋兵学の講義を始めたのである。

「勝海舟」の誕生

そのころ、江戸で最も人気の高い兵学者は佐久間象山《しょうざん》（修理《しゅり》）だった。高野長英と会う数か月前、麟太郎は深川の松代藩邸に象山を訪ねている。

象山は極端に長い顔に目玉を炯々《けいけい》と光らせて、

「宇宙に実理（道理）は二つなし。この理あるところ、天地もこれに異なる能わず。鬼神もこれに異なる能わず。百世の聖人もこれに異なる能わず」「東洋の道徳と西洋の芸術（技術）を融合させねばならない」と麟太郎ら集まった青年たちに語りかけた。

自信満々の象山に麟太郎は興味を持った。

麟太郎より一回り上の象山は、信州松代藩士の家に生まれた。朱子学を修めた後、砲術師範の江川英龍《ひでたつ》（太郎左衛門）に入門して西洋砲術を学び、兵学者として立った。

江戸と国もとを往復しながら大砲の製造技術を身につける。

嘉永三（一八五〇）年四月には、海防の要衝である浦賀から江戸湾口にかけて築かれた砲台を調べ、まったく役に立たないことを突き止めた。船が江戸への水路の中央を通れば、大砲の弾丸は届かない。幕府の陸上防備は形無しだ。さっそく、この不備を上申書にまとめたが、松代藩は幕閣の逆鱗に触れてはまずいと建言を握りつぶす。象山の正しさは、皮肉にも三年後のペリー来航で証明されることとなる。

象山が江戸深川の松代藩邸に入ると、大勢の若者が教えを請いに集まった。その入門者のなかに麟太郎もいたのである。象山は北海道の松前藩から十八ポンド、長カノン砲の鋳造依頼を受け、製造にとりかかった。

翌嘉永四（一八五一）年の五月、象山は江戸木挽町に定着し、儒学、蘭学、砲術指南の塾を開く。麟太郎はそそくさと足を運んだ。二十坪ほどの狭い塾に百二十人以上が入門し、常時、三十から四十人の生徒がひしめいた。

そこに長州藩士、吉田松陰（寅次郎）も加わった。急進的な尊攘思想を宿す吉田は象山を師と仰ぐ。象山塾は、あたかも溶鉱炉のように新知識が燃え盛って混ぜ合わされ、兵器製造が実践される。総師の象山は自尊心が高く、自信にあふれ、外連《けれん》を好んだ。そんな性格が裏目に出ることもあった。

「誰か、こんどの佐久間象山の試放《ためしはなち》を見に行かないか」

赤坂田町の勝塾で、塾頭の杉純道（亨二《こうじ》、のちに統計学者）が塾生に声をかけた。

杉はもともと長崎の酒屋の息子だ。大村藩の藩医の書生を経て、大坂の緒方洪庵の適塾で学んだ後に江戸へ出て中津藩の蘭学校（慶應義塾の前身）で教え、麟太郎と知り合った。学資がないというので麟太郎がわずかの手当てを出して塾頭を任せた。

杉は麟太郎の代講を務める秀才だ。象山が上総の姉ヶ崎の海岸で、中津藩に依頼されて新鋳した大砲の試し撃ちをすると聞き、居ても立ってもいられなくなり、仲間を誘ったのだ。「おれも行こう」「おれもだ」と好奇心旺盛な塾生が六、七人集まった。

麟太郎は「そうか。試放見物に行くのかえ。目ん玉ひんむいて見てくればいいさ」と皮肉っぽい微笑みを浮かべて杉一行を見送った。

江戸を発った杉たちが姉ヶ崎の八反歩《はったんぶ》海岸に着くと、大砲を一目見ようと大勢の見物人が集まっていた。十年前に高島秋帆《しゅうはん》が武蔵の徳丸ヶ原（現板橋区高島平）で西洋の大砲を使って大演習を行った。そのときは麟太郎も見物したが、武器はすべて輸入物だった。国産大砲の試射は初めてだ。

いまかいまかと待ちわびる見物人は、耳をふさいだり、地に伏せたりして暇をつぶしている。象山は大砲の点検に余念がない。ようやく準備が整った。群衆が固唾をのんで見守っていると、象山が「撃て！」と砲手に命じた。

轟音が、ドオオーン、と大地を揺らし、見事に弾丸が発射された。

「うおーおーッ」と驚嘆の大歓声が上がった。

が、しかし、二発目、三発目と地響きを立てて爆音はとどろくが、弾丸が出てこない。四発目のドオオーンで砲身が破裂し、砲兵が吹き飛ばされた。

「ああーっ」。落胆の声が海岸に満ちた。

「なんでぇ。大味噌つけたな」「お粗末さまだ」と杉は同行者と象山を揶揄しながら江戸に戻った。巷では、こんな狂歌が詠まれている。


黒玉を打ちにわざわざ姉ヶ崎 海と陸とに馬鹿が沢山

自信家で大風呂敷をひろげる象山への批判は庶民の落首にも込められた。

しゅり（修理）もせで 書物をあてに押強く 打てばひしげる 高慢の鼻
大砲を うちそこなってべそをかき 後のしまつを なんとしょうざん（象山）

杉から姉ヶ崎での失敗報告を受けた麟太郎は、批判の尻馬には乗らなかった。

「一発でも弾丸が出りゃ上出来さ」と風評を鼻先で笑った。

象山は、砲身の破裂も、意に介していなかった。中津藩からお咎めはなかったが、松前藩はこれを機にカノン砲の発注を取り消す。松前藩の役人が象山に恨みがましく言った。

「先生をご信頼致し、大枚を懸けて参りましたが、すべて無駄となり申した」

象山は平然と切り返す。

「蘭書を読んで、誰一人できなかったことをやったのだから、間違えがあって当然。今後も間違えがないとはいえぬが、日本広しといえども、拙者をおいてできるものはおりますまい。失敗は成功のもと。拙者に金を懸けて、稽古をさせてくださってもよろしかろう」

自信はぐらついていない。煮ても焼いても食えないと、松前藩の役人は退散した。

この自信過剰で、あくの強い象山が、ある日、わざわざ麟太郎の家にやってきた。

「勝さん、あなたの兵学にわたしは大いに期待している。医学、兵学、理学と学問はわかれてきたが、どれも西欧に負けてはならぬのだ」

「さて、拙者には学問が身についているのかどうか、まったく見当もつきませぬ」

と、麟太郎は謙遜する。洋学の傾向を語り合って、象山は帰っていった。十日後、また象山はやってきて「勝さん、日本は海軍だよ。あんた海軍をおやりなさい。海軍の本を、みつくろって差し上げようかね」などと調子よく語り、引き揚げる。

しばらくして、またもや象山は赤坂田町に足を運んできた。その晩は珍しく学問談義をせず、象山は身の上話をした。

齢四十二にして、正妻はない。佐久間家の血筋を絶やさないためにお菊、お蝶という妾を持ち、子どももいる。そんな話をして辞去した。麟太郎は、妻のたみに訊ねた。

「おい、あの人は、なんでおいらがとこへ、こんなに足繁く、通ってくるんだ」

「ほほほっ、象山先生は、お順さんのお齢をお聞きなさいましたでございましょう」

と、たみが勘を働かせる。順は麟太郎の妹である。

「えっ、まさか。おい、象山は四十二、お順は十七だぜ。おめぇとんだ見当違ぇよ」

麟太郎はどぎまぎして喋りなれた江戸弁で言い返した。

「いいえ、象山先生は、幾度もお順さんのお齢を聞きました。どこか縁談はあるか、とも。くり返し正妻はないと仰せられてございましょう」

「お順は、まだ十七だわさ」

親子ほど齢の離れた順を、象山は見染めていた。後日、麟太郎の剣術師匠、島田を使者に立て、正式に勝家に順を娶りたいと申し込んできた。麟太郎は、齢の差がひっかかり、「母と妹とも相談致しまして、一両日中にご返事を申し上げに参ります」と応じた。

さっそく順に訊いてみると、まっぴらごめんと拒むかと思いきや、「みなさまでお

決めくだされ」と母と兄に委ねた。ちょっと変わった娘ではある。おもしろがってい
る風さえあり、とうとう象山に嫁ぐと決まった。あっという間の出来事だった。
師走も押し迫り、順の嫁入りまであと数日を残すばかり。おんぼろの勝塾の鴨居に
塾生が額を掛けようと四苦八苦した。塾生が机の上に爪先立って、額を差し上げる。
あまりに建てつけが悪くて、鴨居が傾げ、額を掛ける位置が定まらない。
「ここで、いかがでございましょう」と塾生が額に汗を浮かべて言う。
「右が下がっておる。いや、こんどは左が……」と塾頭の杉があれこれ指図をする。
そこへ麟太郎がやってきて、杉に訊ねた。
「どうだえ、杉、この額の字はうまいのか」
「いい字でございますよ。わたしはつくりこんだ字は好みませぬが、これはいい」
額には『海舟書屋』と書かれてあった。象山が筆をとって書き、木挽町の自塾に掲
げていたものを、わざわざ持ってきたのだ。順を娶るに当たってのささやかな返礼ら
しい。隷書が得意な象山は、数年前に唐代の書家、顔真卿《がんしんけい》の剛健雄壮で、人間性に溢
れる書を学び、作風ががらりと変わった。
「海軍をつくれ」というメッセージを込めて麟太郎に額を寄越したのであった。
「こやつを雅号にでもするか。勝海舟先生か、へっ、生意気だねえ」
麟太郎はまんざらでもなさそうだった。「勝海舟」がここに誕生した。

黒船来航

嘉永六（一八五三）年六月四日（陽暦七月九日）、昼過ぎに塾頭の杉が息をはずませてやってきて、「昨日、メリケンの蒸気船が四隻も、浦賀に入ったそうでございます」と勝に報告した。

「とうとうおいでなすったか」

「追い風ですねぇ。メリケンさん、ありがたや、じゃありませんか。これで誰もが海の向こうに目を向ける。うちも塾生が一挙に増え、先生の御講義も人気沸騰……」

「よせやい。おめぇの代講が忙しくなるだけよ。まぁ、来るものが来ただけだ」

麟太郎は、落ち着いていた。

ちょうど一年前、幕府は、オランダが送ってきた「別段風説書」で、マシュー・ペリー東インド艦隊司令長官率いる艦隊が米大統領ミラード・フィルモアの開国を求める国書を携えて来航すると知らされていた。別段風説書には、旗艦サスケハナ号を筆頭に蒸気機関を備えた外輪船の具体名まで書かれていた。ビッドル司令官が乗ってきたコロンバス号は帆船で、航行は風頼みだったが、ペリーの軍艦は蒸気機関で外輪を回して自由に動ける。機動力は数倍に上がっている。

別段風説書を受け取った老中首座、阿部正弘は、いよいよ来るかと臍《ほぞ》を固めた。ペリー来航の情報を幕閣だけで秘匿するべきではない。さりとて一般に流布させれば人心は惑乱し、幕政は大紛糾するだろう。

阿部は、いくつかのルートを選んで内密に風説書を回覧させた。情報は幕閣から有志に伝わり、勝にも届く。ノーフォーク港を出航したペリー艦隊が大西洋からアフリカの喜望峰を回ってセイロンに近づいたころ、勝は「蠏行私言《かいこうしげん》（蠏行＝蟹の横ばい＝蘭学修行）」という文書をまとめる。勝は、私見をこうつづった。

アメリカの軍艦は一隻に六十〜八十門もの大砲を備え、戦闘員は七、八百人も乗り込み、士気が高い。彼らは上陸して迎撃されるのを避け、猛烈な艦砲射撃でこちらの攻撃力を根絶やしにする。それから上陸してくると推測される。

ゆえに大砲による反撃態勢を整えねばならない。敵の軍艦を、縦と横の十字射で撃沈できる砲台を築くことが急務だ。しかし、幕府の砲術は新旧入り乱れ、砲術要員もいざとなれば逃げだす恐れがある。兵制をあらため、「狂人」と呼ばれて孤立している「草莽《そうもう》の有志」を抜擢せよ、と訴えた。この狂人に勝自身も含まれるのである。

勝の立論は人材登用と兵制改革において出色だった。

勝は、ペリー来航を「追い風ですねぇ」と興奮している杉に言う。

「象山に会いに行くか」

「象山先生は、今朝、松代藩邸に出頭し、足軽ふたりを連れて浦賀に向かったそうでございます」

「そうかえ。早ぇな。ちと軽くはねぇか」。勝は、蒸気船来航と聞いて鉄砲玉のように飛び出した象山にふと不安を覚えた。嫁がせた妹、順の顔がまぶたに浮かぶ。


船体をまっくろに塗った四隻の軍艦が、浦賀の入江をふさぐように投錨していた。旗艦のサスケハナ号と、ミシシッピー号は両側に蒸気機関で動く外輪を備えている。プリマス号とサラトガ号は帆船で、蒸気機関用の石炭や物資を積んでいた。

黒船のまわりを無数の垣船が取り囲んでいる。ペリーは「みだりに日本人を乗船させてはならない。高位の役人との話し合いには応じるが、窓口はサスケハナ号だけだ」と全艦に指令した。舟を漕ぎ寄せて乗艦を請う者は、即座に追い返された。

群がる垣船をかき分けて、浦賀奉行所の舟がサスケハナ号に近づいた。

通詞の堀達之助が艦上を見上げて英語で叫んだ。

「わたしはオランダ語が話せる。艦隊司令長官にお会いしたい」

艦上からアメリカ人通訳が顔を出し、オランダ語で返答した。

「提督は最上位の高官とのみ協議を希望している」

とっさに堀は、「この方がその任務を負う副総督である」と傍らの与力を押し出す。

父、清司が引退し、家督を継いだ中島三郎助だった。奉行所に副総督という役職はなかったが、嘘をついてでも接触しなくては役目をはたせない。三郎助が大声を張り上げた。

「来航の目的を提督にお訊ねしたい。乗艦を許されよ」

「高位の役人でなければだめだ」と冷たい声が降ってくる。三郎助は、「拙者と同程度の地位の方とでもよい。話をさせていただきたい」とねばり、やっと乗艦が認められた。

艦上で副官の大佐とまみえた三郎助は、テーブルにつくと矢継ぎ早に質問の矢を放った。ペリーの指示で副官は質問にはほとんど答えず、こうくり返す。

「本艦隊は合衆国大統領の日本皇帝宛の国書を携え、平和的な使命を帯びて日本に派遣された。提督は国書の原本を正式に手渡すのに先立って、国書の写しと翻訳を渡す手はずを整えるために高官と会いたいと望んでいる」

「ならば、長崎へ回航されよ。わが国法では長崎が外交の窓口である」と三郎助は突っぱねた。

「それはできない。江戸に近いという理由でここへ来た。ここで適切に対応されると確信している。当方は、友好的にことを運びたいが、侮辱に甘んじる気はない」

と、副官は言い放つ。ペリー一行の「砲艦外交」が始まった。ペリーは国務長官代理からの訓令で「自衛上必要な場合およびペリーや将校が個人的に侮辱を加えられたとき以外は戦争をするな」と命じられていた。宣戦布告の権限は上院にあり、大統領は軍の統帥権しか持っていないことによるものだ。事実上、ペリーは戦闘を禁じられていたのだが、その分、ブラフとしての武力は最大限に活用する。副官はペリーの意思を伝えた。

「艦隊の周囲に集まっている巡視艇を黙認はしない。ただちに退去しなければ武力で追い払う」

三郎助は、やおら立ち上がり、舷門に出て番船に退去を命じる。なおも残る番船に向けて、ペリー側が武装艇を下ろして差し向けると、舟は蜘蛛の子を散らすように逃げた。

幕府はビットル艦隊への対応を教訓に、〝避戦〟の方針をとった。三郎助は、もっと高位の役人と出直すと言い残し、艦を降りた。

翌六月六日、三郎助と堀は、与力の香山栄左衛門を「総督」と偽って艦を再訪する。またもペリーは顔を出さず、国書の手交をめぐって押し問答が続いた。

「幕府が国書を受け取るにふさわしい人物を任命しなければ、われわれは十分な武力をもって海岸に向かい、どのような結果になろうとも国書を届けるつもりだ」

と、ペリー側が強行突破を口にする。香山は折れた。

「奉行所に戻り、江戸に使いを遣って幕府首脳に今後の指示を仰ぐ。ただし、返事がくるまでに少くとも四日はかかる」

「三日だけ待とう。明確な返答を得られると信じている。それまで話し合いは無用」

と、副官は香山の鼻づらに叩きつけるように言った。猶予は三日と期限を切られる。

ペリーは、日本側に要求を突きつける一方で「測量」の名目で船を出し、軍事的な威嚇を強めた。

浦賀の港に集まった人びとは、こわごわと黒船を遠望していた。艦橋でどんな交渉が行われているのか、不安でならなかった。象山もその群衆にまじっていた。気をもんで山に門弟を登らせ、黒船の動向を監視させた。その門弟が大急ぎで戻ってきてこう報せる。

「先生、蒸気船の一艘が北へ動きだし、もう観音崎を過ぎて帆柱も見えなくなってしまいました」

「なにっ、江戸市中が大ごとになる。後を追うぞ」

象山は立ち上がり、転がるように駆けて相模川河口の大沢に出て、舟を借りた。順風に帆を立て黒船を追う。

蒸気船はゆっくりと外輪を回し、二艘の小艇をおろして水深を測りながら進んでいた。艦は本牧の断崖の沖にさしかかり、「いよいよ江戸の内海に入るのか」と象山が手に汗握って見つめていると舳先を東に転じた。象山は、安堵して陸に上がり、江戸へと急いだ。

老中首座の阿部は、浦賀からの飛報を受け、いかにして戦を避けて「和」に持ち込むか、つまり国書を受け取るか思案をめぐらす。そして強硬な攘夷論者の水戸藩主、徳川斉昭《なりあき》に辞を低くして、意見を求めた。

日ごろは威勢のいい言葉を吐く斉昭が、「いまとなっては打ち払ってよいとばかりも言えぬ。異国船騒ぎが長引くと、国内でも種々の事件が起こるであろう。ともかく多くの人と相談して決めるしかない」と返答をした。斉昭もどうしていいかわからないのだ。

黒船が一挙に江戸湾に入れば、武力では太刀打ちできない。

阿部は、決断した。ふたりの浦賀奉行、井戸弘道と戸田氏栄《うじよし》に久里浜でフィルモア大統領からの国書を受領せよと命じる。九日、ペリーはアメリカ人将兵、約三百人を連れて久里浜に上った。会談は一切行われないまま、大統領国書が幕府側に渡される。

その内容は、「友好的に開国し、交易を行うこと。石炭と食糧の供給及びアメリカの難破民の保護」を求めるものだった。幕府の回答に時間がかかると見越したペリーは「来春また江戸湾に戻る」と言い残す。「国書手交後は速やかに退帆せよ」と書かれた受領書の文言を無視し、全艦隊を北上させて江戸湾に乗り入れた。旗艦サスケハナ号からミシシッピー号に移ったペリーは、六月十日、品川を望む沖に達した。

江戸の人びとは、いまにも開戦を告げる「半鐘」が鳴りだすのではないかと息を殺して見守った。泰平の眠りは、覚まされた。

象山は、松代藩邸に出向き、「御殿山に砲台を築いて警備に当たれ」と幹部に進言し、軍議役に就く。藩士の教練に出かける朝、妻の順にとくと言い渡した。

「たとえ早鐘が鳴り渡り、市中が大騒動になっても、騒ぎ立ててはならぬ。よいか。木挽町を立ち退くときには、必ず砲声を聞きわけよ。黒船は合図の空砲を撃つことがあるので、三発、四発の砲声で立ち退いてはならぬ。必ず十発以上の砲声を聞いてから、教えた道順で立ち退け。わかったな」

順は「承知致しました」と気丈に答えた。

象山は、松代藩士に総員集合をかけ、歩兵の進退や展開、突撃の訓練をさせる。足軽には大砲の操作を教えた。銃の担ぎ方から弾のこめ方まで一々教えねばならない。

「これは戦の訓練だ。いいかげんに聞いてはまかりならぬ」と大喝し、ようやく兵は粛然とした。泰平の眠りから覚めたとはいえ、まだ寝ぼけたような状態だ。

十二日、ペリーは十分に恫喝が効いたと確信し、ひとまず南方へと退去していった。

「手抜きを見逃せと、袖の下を持ってきたのかえ」

国法の海禁策は、もはや風前の灯火だった。米大統領が求める通商に応じれば、国是が崩れる。拒否すれば海防を厳重にして迎撃も視野に入れねばならず、アメリカが軍艦で攻めてくれば、アヘン戦争で負けた清国の二の舞になりかねない。

事実上、開国へ舵を切った阿部正弘は、徳川斉昭を幕政参与に引き立ててとり込む。攘夷派の斉昭も「多くの人と相談」すべきとの考えで阿部と共通する。幕閣が額を寄せ合っているだけでは先がひらけない。阿部は〝士民一丸〟を掲げ、従来の慣習を度外視して国書を公開し、広く意見を求めた。これは異例中の異例である。まさに国難、前代未聞の措置を取った。

阿部の呼びかけに、およそ七百通の意見が寄せられる。大多数は「現状維持」であった。祖法に従って長崎での会所貿易は認めるが、それ以上の要求は受け入れず、アメリカがしつこく迫ってきたら「打ち払え」というもの。江戸湾岸に数百の大砲を置き、観音崎―富津の海峡を埋め立てて第一防御線を築け、という案も出された。

しかし……打ち払いができるのならはじめから苦労はしない。一年も経たないうちにペリーはふたたび来る。財政的にも時間的にも攘夷の決行、打ち払いは絵に描いた餅なのだ。

「言を左右して時間を稼げ（ぶらかし策）」という意見も多かったが、これも弥縫策《びほうさく》だ。

提案してきたのは武士ばかりではない。吉原の遊郭の主は、「何気なく漁をしながら異国船に近づき、薪水や食べ物、外国人が喜ぶ漆器を与えて仲良くなって船に乗り込み、酒盛りを始める。日本人どうしが喧嘩を始め、隙を見て火薬庫に火をつけ、鮪包丁で片っ端から異国人を斬る。成功間違いなし」と「願書」を送ってきた。この方法で異国人を打ち払った暁には、吉原の船宿経営を許してほしいと書き添えてある。

どれもこれも、現実離れしたものばかりだ。攘夷論も相変わらず根強い。

「ふぅーっ」と阿部は深く息を吐いて、意見書の山に手を伸ばす。

悩める老中に、開明派の部下、大久保忠寛《ただひろ》（一翁《いちおう》）が「このような上書もございます」と一通の意見書を差し出した。「嘉永六年七月勝麟太郎上書」と記されていた。

「小普請組の勝とな」

「無役で、蘭学塾を営んでおりますが、なかなかの卓見と存じます」

「どれ」と阿部は書面に視線を落とす。阿部の顔にみるみる生気がよみがえった。

小普請組の勝は、こう問題提起をした。

「急務の施策は、『兵制の改革』『軍法』『兵の訓練』の三大要素である。欧米の軍艦は堅牢であり、富津－観音崎あたりで一、二隻を止めて応戦しても、その間に蒸気船を江戸湾内に乗り入れられ、砲撃されたら防ぎようがない。まずは大森、品川、佃島、さらにはお台場、深川、芝、濱御殿に砲台を築けば、十字射で江戸を守れるだろう」

そのうえで、軍艦の建造を幕府に強く勧めていたのだ。

「何をおいても、海国の兵備の要である軍艦の製造に乗り出さなくてはならぬ。これは『天下の通論』である。軍艦があれば、万一戦争になり、離島の一つ、二つを奪われても取り戻すのは不可能ではない」

ビッドルやペリーと直に接した浦賀奉行の役人たちも軍艦建造を進言していたが、勝の独自性は、建造や運用にかかる莫大な費用を庶民への「課役負担」に求めなかったところにある。外敵を防ぐ費用は「交易」で稼げと勝らしい知見を披瀝した。

「大きな軍船を製造して海運に活用できるようになれば、難破船も減り、凶年の農作物の運搬も自由度が増す。米穀を運ぶ以外の海運力を外国との貿易に回し、まずは清国、ロシア、朝鮮へこちらから雑穀、雑貨を運んで有益の品々を得れば、国財を失わなくてもすむ」

勝の筆は兵の運用へとのびる。

「兵制は、徳川家直属の旗本を中心に改めねばならぬ。いま困窮している旗本を使うべきである。泰平の世が続き、世襲身分と結びついた非効率な幕府の軍隊を西洋式に改正し、江戸に六町（約六百五十メートル）四方の『教練学校』を開いて諸藩の人材を登用すればいい。武器や火薬の製造工場を江戸に六、七か所も設ければ、将来の国益につながる」

何気なく書いているようだが、勝の意見書は命懸けの産物であった。ペリーの砲艦外交で幕府は追いつめられているとはいえ、開国、交易は国法に背く、御法度である。

幕臣の多くが打ち払いの攘夷思想を捨てていないなかで、開国を口にすれば、どうなるか。顔を硝酸で焼いた高野長英の顔が、勝の脳裏にちらつく。上書の文末に勝はこう添える。

「私底若輩をも顧みず、国家の御大切の御儀ども申し上げ候。まことにもって死罪の至にござ候えども、数代莫大の御国恩に浴しおり候身分、まことに深く憂懼《ゆうく》つかまつり候儀につき、恐れを顧みず具表を謹んで申し上げたてまつり候」

私のような若輩者が国家の一大事にかかわることを申し上げ、まことに「死罪」に相当することでございますが、数代にわたって莫大な国恩に浴する身分であり、深く憂慮し、恐れを顧みず、愚表を謹んで申し上げます、とかしこまっている。

勝の意見書は、阿部の背中を押したようだ。阿部は長崎奉行の水野忠徳《ただのり》に「軍艦をオランダから買え。出島のオランダ商館長《カピタン》ドンケル・クルチウスと交渉せよ」と命じた。水野の要望を受けたクルチウスは、本国に軍艦提供を打診する。返事は翌年まで待たねばならなかったが、軍艦を保有する道がひらけた。

さらに阿部は、二百年以上続いた「大船建造の禁」を撤廃し、幕府や諸藩が大型の船を建造することを認める。砲台の整備にも着手し、江川英龍を中心に品川台場を築かせた。幕府は、軍備の拡張へと踏み出した。

赤坂田町の勝塾は、塾生が増え、兵学にかかわる注文も殺到し、大忙しとなった。

塾頭の杉は、勝の帰りをいまかいまかと待っている。九州、唐津藩の江戸藩邸に勝は呼ばれていた。何か大きな話が舞い込むのではないかと杉の胸は高鳴った。

勝が戻ってきた。杉と顔を合わせると、勝はぼそっと言った。

「鉄砲をこさえろとよ」

「まことでござりますか」。杉は感極まって目に涙を浮かべた。

「五百挺つくるぜ」と勝は平然と言った。

「先生、世に出るときがいよいよ参りましたね。ああ、ありがたや。苦節十年、勝麟太郎の蘭学が生き学問に変わるのですねぇ」

「鉄砲の図面はおいらが引くが、鍛冶屋を雇わなきゃなんねえ。ここも大層やかましくなるが、おまえ、教えられるかえ。やかましいなら、塾は閉めちまうか」

「とんでもございませぬ。塾は生き学問を教えるところ。鍛冶場もようございましょう。塾生、皆で鉄砲づくりの実習を致しましょう」

「ものは言いようだな。実習かえ」

「本読みになるのは一番楽だが、死に学問にしちゃならないと、先生は、常々おっしゃっているじゃありませんか。本で学んだ鉄砲をすぐに実物となす。これでこそ勝塾の面目躍如でございましょう」

杉の援護に気をよくした勝は、さっそく庭に鍛冶場の小屋を設け、腕利きの職人を連れてきた。図面をもとに鍛冶工に鉄砲を打たせる。トンテンカン、トンテンカンと赤坂田町界隈に槌音がこだまする。完成した鉄砲を中津藩に納めると、勝の名前は諸藩に知れ渡った。そして十二斤（ポンド）の野戦砲の注文が寄せられた。

大砲の製作となれば、庭の仮小屋ではとても無理だ。勝は、丹念に製図し、荒川べりの川口の鋳物師に野砲を三門発注する。しばらく経つと、鋳物師が、慣れない紋付き羽織袴に身を包んで、勝塾にやってきた。小脇に風呂敷包みの小箱を抱えている。

「どうした。粋な恰好でお出ましじゃねえか」と勝が半畳を入れた。

鋳物師は、小箱から五百両の黄金色の小判を出して三宝に載せて袱紗《ふくさ》をかけ、対座した勝にツツーッと差し出した。

「先生、どうぞ、御神酒料をお収めくださいまし」

「んん？　御神酒料かえ」

「ご注文をいただいた野砲がつつがなく出来上がりますよう、御神前に御祈りのために謹んで五百両を、お届け申し上げます」

勝は、憮然として小判を見た。鋳物屋は、機嫌を損ねてはまずいと頭を畳にこすりつける。

「どちらの先生も、快くお収めくださります。どうか勝先生も、お収めくださいまし」

「袖の下かえ」。勝の顔色が変わった。

「へっ」

「手抜きを見逃してくれろと、袖の下を持ってきたのかえ」

「めめ滅相もございません。どなた様にもお受けいただく、御神酒料でございます」

「べらぼうめ。とっとと帰れ。顔を洗って出直してこい」

鋳物師は、勝の逆鱗に触れて縮み上がった。

「どなた様だかなんだか知らねぇが、勝麟太郎を見損なっちゃいけねぇよ。知ってんだ、おめえらが圧銅の目方をごまかして、いい加減な銅で大砲こさえてボロ儲けしてきたことは、な。とんだ了見ちげぇだ。大たわけめ」

「へ、へへーっ。ご無礼の段、どうぞご勘弁を」。鋳物屋はひれ伏した。

「大砲はな、人を守り、国を守る大事なものだ。おいら、剣術一辺倒だったが、十年ばかり前に高島秋帆先生の洋式砲術を徳丸ヶ原で初めて見て、目が覚めた。もう槍と刀では、押し入る異国の軍勢にはかなわねえ。黒船相手にどうすべい。これからの戦は、これだと蘭学を始めたんだ。大砲は武士の心魂だ。それをごまかして、いかさま道具に仕立てて、何とも思わねぇのかえ。てめぇだけ、いまだけ儲かりゃいいのか。戦は武士だけがやるんじゃねぇよ。大砲つくる職人も、砲弾を運ぶ兵も、心を一つに備えなきゃならねぇんだ」

鋳物屋は、ぐうの音も出ず、ただ「申しわけございません。心得違いをしておりました。ごかんべんを」と平謝りである。

「この金は持って帰んな。その分、圧銅を増やして大砲をこさえるんだ。いかさまは、自分の首を絞めるよ。御神代で神様に酒屋をやらせるわけでもあるめぇ。しっかり、大砲をこさえろ」

「へへぇ、大変、悪うございました。もう間違いは致しません。精一杯、大砲を鋳させていただきやす」と鋳物屋は頭を下げたまま後ずさった。

「そうするがいい。しゃっちょこばった恰好で、袖の下を配って歩くのも苦だろうに。ちゃんと仕事をしな。そのほうがおまえに合ってるぜ」と勝は笑って鋳物屋を帰した。

勝が賄賂を突き返したことを伝え聞いた蘭学者たちは一様に驚いた。「勝は変人で業界の秩序を乱す」と陰口をたたく。逆に幕府の要人は、いまどき珍しい一刻者と勝を見直した。幕府への「上書」と鋳物屋の賄賂を拒んだ話がひろまって、勝麟太郎の株が幕閣内で上がった。

本人は、そんなこととは露知らず、兵学の研究と兵器製作に打ち込んだ。

江戸市中は合戦の噂で持ち切りだった。もうすぐペリーが舞い戻る。幕府は人心の動揺を抑えようと、異国船が到来しても「早半鐘は鳴らさない」と決めた。迎撃よりも、まずは「市中取締り」を優先した。万一、羽田沖の攻防が激しくなった場合は沿岸の村々の住民を立ち退かせるよう町名主に極秘通達を出す。大きな家財の運搬は混雑の原因になるので止めるようにとも指示した。

南方に退去したペリーは、一年も経たないうちに帰ってきた。勝の年長の義弟、佐久間象山は松代藩の軍議役を仰せつかった。

密航計画、破れる

嘉永七（一八五四）年正月十六日（陽暦二月十三日）、七隻のペリー艦隊は浦賀を通り越し、横浜沖に集結した。その後、物資補給船も加わり、九隻の大艦隊に膨らんだ。ペリーは、ロシアかフランスの使節が先に訪日するかもしれないとの情報をつかみ、極寒期にもかかわらず、大艦隊を編成し、江戸に迫ったのである。

幕府は、象山のいる松代藩に「横浜のアメリカ人休息所の警備に当たれ」と派兵を命じた。休息所は条約を交わす応接所も兼ねている。松代藩は、異国人の不法行為に備えた出動と受けとめ、野戦砲二門、従卒百名、刀槍隊五十名の陣容で出立する。象山は松代隊の参謀に就き、横浜へと兵を進めた。

ところが、横浜に近づくにつれ、雰囲気がガラリと変わる。松代隊が神奈川宿に着くと、幕府の応接役人が飛んできて予想外の指示をした。

「大砲は、ひとつ手前の宿場に留め置き、横浜に持ち込んではならぬ」

松代藩の家老は、仰天し、抗《あらが》った。

「わが真田家は、幕命で応接場の護衛に当たる。大砲は変事に備えるもの。離れた場所においては変事に応じられず、そのような指示は受け入れられぬ」

避戦方針を通達されている役人は引き下がらなかった。

「今回は、その変事を絶対に起こしてはならぬのだ。横浜に大砲を持ってこられるとアメリカ人どもが警備の厳重さに驚き、応接場を変えてほしいと言いだす恐れがあり、幕府としてはまことに迷惑である。不幸にも変事が起きれば、幕府の手で人を出して大砲を運ばせる。貴藩を困らせはせぬから大砲を持ち込まないでもらいたい」

家老は渋々従い、大砲を部隊から外した。

松代隊が横浜に到着すると、一層不可解な処置が行われる。部隊はアメリカ人休憩所から離れた場所に遠ざけられたのだ。象山は腹を立てて幕吏に抗議した。

「これでは夷狄の乱暴狼藉を防ぐための警備ではなく、夷狄のために日本人の行動を取り締まるだけではないか。それならば、わが藩士を出動させるには及ばず、武器もいらぬ。辻々に屈強な男二人を配し、青竹を持たせて立たせ、通行人を誰何《すいか》すれば十分である。われわれは山側に陣を張り、非常の変事に備える」

「お説はまことにごもっとも。しかし、幕府は貴藩が休憩所の警固に当たるとアメリカ人に話しておる。もしその部隊が山手に陣を張ったら異人は当方の意図を疑って応接がうまく進まなくなる。それでは幕府が困るのだ。どうか指示に従ってほしい」

勇み立つ象山は「多額の費用と兵を使い、計画を尽くしたのに子どもの遊びにつき合わされた。嘆かわしい限りだ」と、のちに『省諐録《せいけんろく》』に書く。

徳川幕府、いや阿部が老中首座の政権は、開国に向けて穏やかに条約締結に進む。アヘン戦争後、アメリカが清国と結んだ「望厦《ぼうか》条約」をモデルに草案が練られる。日米、それぞれの贈り物が交換され、交渉が重ねられた。

そして、三月三日、日本とアメリカは十二条の「日米和親条約（神奈川条約）」を結んだ。日本側は伊豆の下田と、北海道の箱館を開港する。この二港でアメリカの船は薪水、食料、石炭、その他の必要な物資の供給を受けられる。アメリカの船舶が座礁または遭難した場合は、乗組員は下田か箱館に送られ、身柄引受人に引き渡される、と決まった。アメリカは太平洋航路の寄港地と、捕鯨船の保護など、所期の目標を達成した。貿易の取り決めは、四年後の日米修好通商条約に持ち越される。

象山は横浜で不満をためたまま推移を見守っていた。

そこにひとりの青年が訪ねてきた。長州人、吉田松陰である。

前年六月にペリーが来航したときも、松陰は師の象山を追って浦賀に行った。象山とは行き違いになったが、兵学者の目線でペリー艦隊をじっくりと眺めた。いかにして黒船を打ち破るか、松陰の思いはその一点に集中した。

江戸に戻った松陰は象山と会い、黒船艦隊を撃退する方策について議論をくり返した。だが、黒船の装備と技術の前に手も足も出ない。そもそも撃退策を立てられないのはアメリカや欧州のほんとうのところを知らないからだ。日本人の海外渡航は禁じられており、実地で学べない。もしも国禁を破れば重罰に処せられる。

何にどう取り組めばいいのか、と松陰は悩む。象山がヒントを与えた。

「土佐の中浜万次郎を知っておるか。十四のときに漁に出て嵐に遭って漂流し、アメリカの捕鯨船に助けられて彼の地に渡った。十年の後、琉球から薩摩藩に送られ、いまでは幕府直参、旗本の身分を与えられ、アメリカ事情を説いておる。万次郎のように漂流してアメリカに行けば、相手国をしっかり見てこられるというものだ」

天の啓示にも似た衝撃を松陰は受けた。そうだ、異国へ行こう、と決めた。ちょうどロシアの海軍将官、プチャーチンが軍艦四隻を率い、開国を求めて長崎に来航していた。松陰はプチャーチンに頼んで密航しようと行動を起こす。松陰が長崎へ発つ直前、象山は餞別の四両と漢詩を贈って励ました。


……環海何ぞ茫々たる　五洲自ら隣を為す　周流形勢を究めよ　一見は百聞に超ゆ　智者は機に投ずるを貴ぶ　帰来須らく辰に及ぶべし……

だが松陰が長崎に行くとクリミア戦争の影響でプチャーチンの軍艦は出港しており、計画は未遂に終わる。肩透かしを食らった松陰の渡航熱は、いったん冷めた。

ところが、年が明けてペリーが再訪し、熱はぶり返す。松陰は象山のあとを追う。象山から贈られた詩に韻を合わせせた返礼の漢詩をつくる。

……東方に俊傑あり　志向、素と群ならず　常に非常の功を慕い　また非常の人を愛す……海を絶つ千万の国　何を以て新聞を得ん　国家方に多事　吾が生まるや辰ならざるに非ず……

この詩を象山の妻、順に届けた後、横浜に向かった。

象山は、屯営に現れた松陰を見て、「決行する気だな」と直感した。

「今夜、人が寝静まってから、やろう」と示し合わせる。しかし夜が更けると、舟を出す約束をしていた漁師が怖気づき、見送られた。松陰は神奈川に行き、別の漁師に金を積んで黒船へと漕ぎ出させるが、またも途中で船頭が怖がって舞い戻る。

空振り続きの松陰は、横浜に戻って象山に再会し、もう一度、漁師を雇った。象山は、黒船の中国人通訳に見せるために松陰が書いた密航趣意書に手を入れてやる。

後々、この趣意書が松陰の行動を是認した証拠にされてしまう。

しかし、その夜も、波が高くて舟は出なかった。象山は黒船に薪水を運ぶ舟に松陰が同乗できるよう役人に話をつける。が、薪水を届ける黒船のアメリカ人たちは上陸していた。アメリカ人の滞在先に急行するとまたも行き違いとなり、かれらは軍艦に帰ってしまっていた。

こうも失敗が続くと気力も萎えよう。松陰は、夢遊病者のごとく海岸をうろつき、小さな舟を見つける。自力で黒船に漕ぎ寄せようと決心し、夜、あらためて浜に行くと小舟はどこかに消えていた。またも機会を逸した。ことごとく無駄骨に終わる。さすがの松陰も気が滅入り、天が無謀なくわだてを諫《いさ》めているのか、と弱気になった。

と、そのときペリー艦隊が、突然、黒煙を吐いて動きだした。一隻は米本国に帰り、他の艦は新条約で開港された下田に向かうのだという。

「待て、待ってくれ、乗せてくれ」と松陰は胸中で叫びながら下田へと走った。

人の心理は不思議なものだ。恋い焦がれる相手が離れると追いかける。遠ざかるほど恋慕はつのる。松陰の心に偏執《パラノイア》が生じたとしてもおかしくはない。

下田で、松陰は小舟を手に入れ、ようやく黒船に漕ぎ寄せた。ついに乗艦し、意気揚々と密航を申し込む。だが、あっさり断られた。アメリカ側は、せっかく条約を結んだばかりなのに密航に加担して日本側を刺激したくはない。松陰がうなだれていると、漕いできた舟は流された。舟は捕吏の手に落ち、残されていた品々から松陰の密航計画が発覚したのである。

国禁を破った松陰は、ぞうさもなく捕えられた。

嘉永七（一八五四）年四月、松陰の密航未遂事件に連座して象山も伝馬町牢に投獄される。塾は閉鎖された。

「とうとう、やっちまったか」

と、勝はつぶやいた。折々に象山の性急さ、軽さが気になって仕方なかった。この男の性分とはいえ、妹の順が哀れでならない。九月に入り、象山の刑が定まった。松代で蟄居だという。順は木挽町の家を処分し、象山を追って信州へと向かった。

母の信と勝夫婦は、本郷の追分まで行き、順を見送った。信が手塩にかけて育てたまな娘をのせた駕籠がどんどん小さくなっていく。

「蟄居ならば、もう江戸には戻れぬのであろうか。松代には佐久間の子を産んだ妾さんもいるそうだね。お順は辛くはなかろうかね」

母は末子の順をかわいがってきた。不安で胸がいっぱいだった。

「母上、お順も今年は十九。ねんねのようでも気丈な女ゆえ、少々の逆境には負けますまい。それもこれも承知で、嫁いだのです。心配は御無用でございます。少々、腹が減ってまいりましたね」

勝は母を勇気づけ、たみも誘って蕎麦屋に入った。のどごしのいい蕎麦が三人の寂しさを紛らわせるように小気味のいい音を立てて胃袋におさまる。

象山について、晩年の勝はこう語っている。

「佐久間象山は、物識りだったヨ。学問も博し、見識も多少持って居たよ。しかし、どうも法螺吹きで困るよ。あんな男を実際の局に当たらせたらどうだろうか……。何とも保証はできないノー。あれは、あれだけの男で、ずいぶん軽はずみの、ちょこちょこした男だった。が、時勢に駆られたからでもあろう」

松陰に関しては、ごく短く、「マジメな人だった。漢書は読めたし、武士道は心得ておるし、なかなかエラ物だった」と述べている。

開国前後の薄暮のなかで、時勢に駆られて命を縮めるか、幕閣で台頭するかは紙一重だった。勝にしてもめぐり合わせが悪ければ、どうなっていたかわからない。では、そのわずかな違いは何によってもたらされるのか。「運」の一語では片づけられない生命力が問われるようだ。象山の松代蟄居と入れ替わり、勝の前途がひらけていく。

砲艦外交を受けとめた老中首座、阿部の「遺産」は、有能な人材を抜擢したことだった。国防を担う海岸防御掛を自ら主宰し、外国相手の談判を託せる永井尚志《なおむね》や岩瀬忠震《ただなり》、大久保一翁らを集めて開明的な官僚グループをこしらえた。この新しい官僚集団に勝を引き入れたのは一翁だった。勝の意見書を読んだ一翁は赤坂田町をぶらりと訪ね、本人の人となりを確かめて阿部に推した。控え目だが、筋目の通った一翁と勝はウマが合った。

安政二（一八五五）年正月十八日、勝は、ついに幕府に登用される。父の小吉から二代続けての悲願がようやくかなった。母の信と、嫁のたみ、塾頭の杉は感涙にむせんだ。職名は「異国応接手附蘭書翻訳御用」。洋学所（のち蕃書調所）設立の下準備に携わる。身分は小普請のままではあるけれど、登用された五日後に勝は勘定奉行の石《いし》河《こ》政平《まさひら》や目付・大久保一翁らの「海岸巡検」に加わって江戸を発った。

海岸巡検の幕府調査団は、総勢百人を超える大所帯だ。勝は六人の供を連れて加わっている。貧乏な勝に供を含めた旅支度はできず、一翁が何から何まで面倒をみた。

海岸巡検とは、江戸を発して東海道を上って桑名から伊勢路一帯、さらに大坂、堺、岸和田から淡路島に渡り、兵庫に出て明石、西宮、尼崎と海防状況を調査することだ。国を開けば外国船が頻々とやってくる。海防の重要さは高まった。前年に炎上した京都御所の普請の仕上がりの確認も目付の大久保一翁の役目だった。勝は、伊勢、大坂近海の検分自体が天皇を戴く京都の守護のためだったと書き残している。

一行は、ひと月以上かけて淡路から播州路へ足をのばし、二月末に西宮の宿に入った。勝は、兵学者の目で大坂近海の防御策を起草する。といっても、沿岸にはこれといった防備設備はなく、紀淡海峡の守りは「児戯」のたぐいと一刀両断。全域に砲台を整備しなくてはならないと自説を記す。

勝は「兵庫」の重要さを強調した。兵庫の港は、水深が深く、西側の和田岬が衝立となって船は風よけ、風待ちができる。岬は防波堤の役目も兼ねている。大坂よりも港の機能は優れており、今後、繁栄するに違いないと太鼓判を押した。兵庫という天然の良港の発見は、のちの「神戸海軍操練所」の着想へとつながっていく。

三月半ば、京都を発った調査団は、名古屋に出て東海道を下り、藤沢、鎌倉、浦賀を回って本牧、大森、御殿山下の砲台を視察し、四月三日に江戸へ帰りついた。


江戸湾の海水を取り入れて干満の景色変化を楽しむ濱御殿は、徳川将軍の別邸であるとともに新文明の窓口でもあった。茶園や火薬所も設けられていた。

江戸に戻った勝は、六月ごろから濱御殿でオランダから献上された「電信機」の組み立てに追われた。オランダ人と日常的に接する長崎の地役人や、天文方の役人に交じって蘭語に通じる勝も駆り出される。老中や若年寄の前で、仮名文字をモールス信号に対応させて送受信の実験を行った。

勝が濱御殿でモールス信号と悪戦苦闘しているさなか、二年前に幕府が軍艦を発注したオランダから海軍中佐が「スームビング号（のち観光丸）」を先導してやってきた。

蒸気船のスームビング号は、排水量四百トン、長さ五十三メートル、幅九メートル、大砲六門を装備していた。ペリーの黒船に比べれば小ぶりではあるが、大砲も備えている。幕府念願の西洋軍艦だ。

オランダは、注文された軍艦の製造に時間がかかるので、とりあえず「練習艦」としてスームビング号を使ってくれ、と献上してきた。だが、いきなり幕府に軍艦を与えても猫に小判。すぐに操船できるわけではない。航海術や大砲の扱い、海戦の技術の習得が不可欠だった。そこでオランダ側は、隊長のペルス・ライケン以下の乗組員が日本人に航海術を教える用意がある、と通告してきた。

日本との交易を独占してきたオランダは最大の好意を示したのである。

幕府は、この申し出を受けて「長崎に伝習生を派遣する」と答えた。

濱御殿では、七月二日、阿部や海防掛の目付の前で電信機の実験が行われた。検分は、ペリーが横浜の応接所から八町（約九百メートル）にわたって電線を架して行った通信実験の検証へと進む。八月初旬には将軍徳川家定に電信機を見せなくてはならないとあって、勝の頭はモールス信号と仮名文字の変換でいっぱいだった。

と、そこに青天の霹靂のような辞令が下る。

「長崎の伝習所で軍艦製造から操船、海戦の技を万事身につけよ」と命じられたのだ。幕臣の矢田堀景蔵、長崎の徒目付・永持亨次郎と勝の三人が伝習生幹部に指名される。

「こりゃ、大ごとになっちまった」と勝は血相を変えた。

確かに勝は堅牢な大船を建造し、平時は外国との交易に使って富を稼ぎ、兵制をあらためて将来に備えるべきだと意見書を出した。それは兵学を学んだ、いわば「文官」の発想であり、まさか自分が船を操ろうとは思ってもみなかった。

それに勝には致命的な弱点があった。体質的に船にはからっきし弱かったのだ。

八月下旬、勝は松代で蟄居している佐久間象山への手紙で本音を吐く。

「これまで航海の書は読み申さず、いまさら当惑の仕合にござ候」

見当違いの出向を命じられ、「いまさら当惑」するばかりだと嘆いている。勝の心配をよそに幕閣は長崎伝習に並々ならぬ期待を寄せた。老中は勝に指示した。

「一船総督の心得をもって、船の製作運転ならびに大砲打方、そのほか研究いたすべく候」

総督心得、つまり艦長心得に任じられたのである。船を造って大砲の扱いも覚えろという。こうなれば勝もぐずぐず言ってはいられない。小普請組四十一俵の下僚には否も応もなかっただろう。身辺が慌ただしくなった。勝の身分は現役の下級武官、「小十人組」に引き上げられ、禄は百俵に増した。勝家には朗報ではあるけれど、さすがに長崎は遠い。気丈な嫁、たみの顔にも不安な影がさす。

「江戸から長崎は三百二十里、とおございますね」

「なーに蒸気船を使えば、あっと言う間だわさ」

「長崎ご滞在は一年ぐらいでございましょうか」

「いや、二年は帰れねえよ。気にやむな。異国に行くんじゃあるめえし。あとのことは頼んだぜ」

勝は快活に振る舞った。気がかりなのは塾頭の杉の身の振り方だった。自分が幕府の御用で長崎に行き、塾を杉に押しつけるのは身勝手だ。勝は開明派の幕閣を通して老中首座の阿部に杉を推挙する。杉は阿部の侍講（顧問）に就任し、その後、阿部家側役の妹を娶る。

長崎行を決めた勝は、持ち前の大局観で先を見た。長崎は、欧州文明に開け放たれた窓だった。そこにオランダ人が大挙してやってきて「海軍」の何たるかを教えてくれるのだ。これは内地留学ではないか。象山や松陰がくわだてた密航をしなくても、正々堂々と西洋人から学べるというものだ。好奇心が沸々と湧いてくる。

幕府は、勝ら幹部以外の伝習生の人選も行った。総勢四十五名のなかにはビッドルやペリーと生命を削る交渉を重ねた浦賀奉行与力、中島三郎助も含まれていた。幕臣の榎本釜次郎（武揚《たけあき》）も加わる。榎本は海軍の申し子ともいえる存在で、維新の戊辰戦争では最後まで官軍に抵抗し、箱館五稜郭に立て籠もる。官軍から見れば大罪人であるにもかかわらず、才覚を惜しまれて殺されず、維新後も政府の高官を務めた。

この他にも、のちに「造船の父」と呼ばれて海軍中将を務める赤松則良《のりよし》、薩摩からは後年、海軍大将に昇る川村純義《すみよし》、財界の大立者となる五代友厚らが伝習に参じた。長崎海軍伝習所は、幕府の機関ではあるが、諸藩の青年も集まった。その数は、佐賀藩四十八名、福岡藩二十八名、薩摩藩十六名、長州藩十五名、津藩十二名、熊本藩五名、福山藩四名、掛川藩一名、計百二十九名の大所帯だった。

これだけの藩が有望な若者を造船や航海術を学ばせるために送りだしている。鎖国、海禁が国法とされながらも、諸藩も世界の動静に耳目をそばだて開国への意識を深く、共有していたのである。

九月三日、幕臣の伝習生を乗せた昌平丸は江戸を離れ、長崎へと向かった。この船は、ペリーの初来航直後の大船建造解禁で薩摩が建造した洋式軍艦である。江戸に回航され、幕府に献上されて昌平丸と名づけられた。西南雄藩と幕府は手をたずさえて海へと乗りだす。

三十三歳の勝海舟は、若い伝習生の先導役に押し上げられた。

荒波打ち寄せる海との格闘が始まった。

第二章　咸臨丸で海を渡る

「甲板で火を焚くな」

晩秋の風が船べりをなでる。伝習生を乗せた昌平丸は、伊王島《いおうじま》にさしかかって、ゆっくりと取り舵を切り、鶴が羽を広げたような長い湾に入った。両側に山が連なり、水際から山頂まで家や寺院、砲台がびっしりと並んでいる。垣根が家々を囲い、山の斜面を均して田畑が点在する。日は西に傾き、赤く色づいた樹々が山肌に映えていた。

甲板に立つ勝麟太郎の前に長崎の眺望がひろがる。

時化《しけ》の苦しみも、大地震の憂いも忘れて勝は人と自然が織りなす風景に見とれた。

「あの紅葉しているのが稲佐山、夕陽を受けて七変化する。頂からの眺めも絶品だ」

「勝麟さんは、よく知っておられる。長崎は初めてでございましょう」

と、傍らの矢田堀景蔵が、山に視線を向けたまま言った。伝習生は蘭学に通じた年長の艦長候補を「勝麟さん」と親しみをこめて呼んだ。

「拙者の知識は耳学問。そなたのような昌平坂学問所の秀才は聞き流せばよい。ほら、弓手《ゆんで》に西泊の番所、馬手《めて》に戸町の番所。公儀が筑前黒田家と肥前鍋島家に命じて建てたものだ。双方で、地侍、足軽、水夫、千人を数える。石火矢台も備えておるが、はてさて西洋の大船の砲門が開けば……」。ひとたまりもなかろう、と学者風の評論をしそうになって勝は言葉をのんだ。六つ若い矢田堀の高揚感に水を差してはなるまい。

「あっ、あの帆柱を並べた船は、スンビン号では？」と矢田堀が声を弾ませた。

「隣の船がスンビン号を率いてきたヘデー号。オランダは遠路はるばる、よくぞここまで両船を運んでくれたものよ」と勝は目を細める。

昌平丸は、長崎湾を奥へと進み、波止場に碇を下ろす。安政二（一八五五）年九月三日に品川を出帆し、十月二十日に長崎に着いた。「順風はまれ」で遠州灘では暴風で帆柱三本が折れた。船に弱い勝はしばしば部屋にこもり、暴風雨の大揺れの間は畳の下に身体を入れて転がるのを防いだ。途中、下関に寄港したときに江戸で大地震が起きた報せを受けていた。

「邸屋傾倒するもの十にして八九、深川・本所・下谷・浅草・神田所在火を失す、圧死する者無数、翌日火熄《や》むといえども震はなお止まず」と勝は『海軍歴史』に安政江戸地震について記している。

幕府の公式調査では死者四千七百四十一人、倒壊家屋一万四千三百七十六戸とされるが、寺社領や武家屋敷を含めると死者は一万人規模ともいわれる。当時の江戸の総人口は百五十万人ぐらいだから、被害の甚大さが推しはかられる。この地震で水戸学の重鎮、藤田東湖も亡くなった。幕府の伝習生は江戸に残した家族の安否を気遣いながら長崎に入ったのだった。

海に突き出た出島のオランダ商館に旗が揚がっていた。

扇形の出島には、商館長《カピタン》ドンケル・クルチウスはじめオランダ人の住宅や通詞部屋、倉庫に番所、畜舎などが並んでいる。出入りは制限され、公用の行き来のほかは遊女や僧侶の出入りが認められる程度だ。オランダ人の無断外出も禁じられていた。

その出島の隣、海に面した長崎奉行所の「西役所」に海軍伝習の教場が設けられた。ほとんどの伝習生の住まいも西役所のなかに置かれる。

海軍伝習所の総督は目付の永井尚志、教師団長はオランダ海軍のペルス・ライケン大尉と決まった。伝習生の艦長候補には永持亨次郎、矢田堀、勝が選ばれる。

伝習生が長崎に到着して一週間後、総督の永井は、西役所で教師団長のライケンと西洋式の昼食をともにする。食後、永井は伝習生の士官候補をライケンに紹介した。

「この者は造船に与る浦賀組与力、中島三郎助、航海術の土屋忠次郎、その者は天文の牧野備前守家来、小野友五郎、蒸気機関の井上組同心、小川匠太郎、砲術の江川家手代、鈴藤勇次郎……」と士官要員の名前と割り当てた専攻を伝えた。

「専攻の割り振りは、時間を節約するためでござる。すべての伝習生に全部の課目を学ばせれば、時間がいくらあっても足りぬゆえ」と永井は補った。

総督の意図を聞いたライケンは表情を曇らせた。

「将来の専門をだいたい決めておくのはよろしいでしょう。しかし士官の受講課目まで制約すると、特定の部門にしか使えない士官ばかりになります。士官は、航海や造船、海戦ひととおりに通じていたほうがよい。海の上ではいつ、いかなることが起きるやもしれません。互いに補い合える実力が求められるのです」

ゼネラリストの士官養成は欧米に共通する考え方だった。かたや手探りで海軍をつくろうとする幕府は、早く「形」にしたがり、スペシャリストの寄せ集めで急場をしのごうとした。この意識の違いは大きく、永井とライケンの議論は延々と続いた。

結局、伝習生の教育は全面的に教師団長に委任することに落ち着く。総督は事務面でオランダ教師団を支え、江戸の幕閣の意向を教師団に伝える役割を担う。ライケンは海軍伝習のカリキュラムをつくり、永井の承認を得た。

伝習は十月二十四日から始まった。

専門の講義や実習に先立って、オランダ語と数学が必修とされる。意思疎通ができなければ船は動かせないし、数学がわからなければ船は造れず、航海も覚束《おぼつか》ない。どちらも必須である。といっても、気ままな伝習生が多く、先が思いやられた。

陸上では午前八時から十二時、午後一時から四時まで座学が講じられる。実習は、大波止の沖に停泊している外輪式のスンビン号で行われた。幕府は、易経の「観国之光、利用賓于王（国の光を観る。用いて王に賓たるに利し）」からスンビン号を「観光丸」と名づけた。授業が始まると、文化、習慣のギャップで難題が次々と持ち上がる。

師弟ともにコミュニケーションの難しさに頭を抱えた。通詞自身が海軍や船にかかわるオランダ語の術語を理解できていないので日本語に訳そうにも訳せなかった。たとえば「これは天文航法に必要な六分儀である」と蘭語で言われても、天文航法ってなに？　六分儀とはなに？　と通詞はつまずく。一々、意味をとれないから「丸暗記」して記憶するしかない。勝は記している。

「時々、艦上にありてその運転、諸帆の操作等、実地演習あり。ことごとく暗記せしめて書記せしめず。その言語の不通なるをもって、通弁官数名を役す、彼我互いに隔靴の思いあり」。意味がわからないまま暗記するのは苦行であろう。

「教師は大いにその教示に苦しみ、生徒はまた暗誦に苦しみはなはだ労苦す。矢田堀・塚本・永持氏のごときは、昌平学校に漢書を学び、早く学中少年才子の誉《ほまれ》英敏の聞こえありといえども、なお今日暗誦に刻苦す」

矢田堀ら昌平黌出身の秀才グループも暗記に苦しんだ。まして凡庸な伝習生の困難は推して知るべし。困ったオランダ人教師は講義の前に概要をまず通詞に教えて準備をさせるようにした。それで状況が好転する。蘭語に慣れた勝は、教師と伝習生のつなぎ役、生徒監に選ばれる。コミュニケーションでは一日の長があった。が、もう一つの必修科目の数学がさっぱりだめだった。

伝習生の多くは和算の心得はあったけれど、西洋数学、洋算がちんぷんかんぷん。とくに幾何に苦しんだ。航海術では球面上の曲線の長さを求める問題を解かねばならない。三角関数の和を計算するのに幾何が使われる。洋算が図形的に解くのに対し、和算は代数的に解く。この違いに勝も混乱し、ほとんどお手上げ状態だった。

数学的才能のあった天文方の小野友五郎や佐賀藩の中牟田倉之助が伝習生に「補講」をしてどうにか課程を消化した。勝は船酔いと数学に苦しむ。友人で伊勢の豪商、竹川竹斎《ちくさい》にこんな手紙を送った。

「小子(小生)学び候ところ、航海術、算学数理に明らかならずしては了得申さず。ご存知のとおり、小子算なきゆえ、大いに精心を費やし申し候。その他は書籍の助けにてかなり相わきまえ候」

勝は脂汗を流して数式に挑んだ。

索具や帆の扱い方、航海術の実習は観光丸で行われた。実習が始まって間もなく、勝が西役所前の船着き場から短艇のスループ(一本マストの縦帆船)に乗って観光丸に向かおうとしていると、ペルス・ライケンが声をかけてきた。

「勝さん、あれは、なんとかなりませんか。いつ火事が起きるかしれない。あんなにめいめいが焜炉を出して炊事をするのではなく、厨房で一緒に調理したらいい。ああ、あの水夫は火鉢で湯を沸かしている。茶を飲み、煙草も吸うのでしょう。勝さん、生徒監のあなたから注意をしてくれませんか。私が、いくらやめろと言っても、彼らは聞かない」

「承知仕りました」と勝は答えたが、内心、昔からの習慣は変わるまいと諦めていた。

観光丸の水夫や船員は、食糧を船に持ち込み、飯どきに甲板で火を焚いて調理に取りかかった。かれらは船中に蓄えた水を惜しげもなく使う。飯の支度に長い時間をかけ、教練時間が削られてしまう。もしも失火すれば、逃げ場のない船火事は地獄である。「百害あって一利なしだ」とオランダ人は顔を見合わせるが、日本人の習慣はなかなか変わらない。

勝が注意をしても水夫たちは毎日、喜々として炊飯をした。ライケンは「甲板で火を焚くな」と口を酸っぱくして注意せねばならなかった。

直参、陪臣合わせて二百人ちかい伝習生のなかには、素行不良で勉学を怠ける者もいた。オランダ人教師は、身分が高かろうが、低かろうが、サボる伝習生は厳しく叱った。ところが、通詞は相手の身分が高いと遠慮して教師の譴責を伝えなかった。身分制度に縛られた通詞のふるまいを「不甲斐ない」とオランダ人は歯痒がる。

初めて西洋式の体系的な教育を受ける伝習生は、ことの順逆を無視して一足飛びに高い技能を身に付けようとした。学科以外の質問を連発して教師を手こずらせる。

伝習生の好奇心と進取の気質は、文化の違いを超えるほど旺盛でもあった。とくに観光丸のマストや
「モノづくり」へのこだわりに教師たちも目を見張った。伝習生は、図面をもとに観光丸のマストや索具、索具、各種の機関や器具の模型を驚くほど精巧にこしらえる。

安政二年から三年の冬、観光丸の蒸気機関の分解修理が行われ、実物を精査する絶好の機会が到来した。総督の永井は「机上の研究ばかりでなく、進んでこれを実地に応用せよ」と指示する。機関を専攻する伝習生は、主任教官に申し出た。

「十五馬力ないし二十馬力の蒸気機関を製造したい」

主任教官は、「無謀だ」とあきれる。

「第一に蒸気機関を製作するには多量の鉄材を製造しなくてはならない。その設備がない。第二に実際の事業に関与するのはわれわれ教員の使命ではない。お断りする」

と応じなかった。

しかし、生徒の優秀さを信じる永井も引き下がらない。長崎の富裕者と相談し、製鉄所を設ける計画を立て、ライケンに諮った。教師団長は諭すように言う。

「製鉄の事業を新たに起こすには、莫大な費用を要します。むしろ必要な鋼鉄は外国

から求めたほうがはるかに安くあがり、便利です」

ライケンの忠告も日本人の起業熱には焼石に水だった。永井を中心に有志が集まって話し合った。

「造船の材料を他国に仰ぎ、はたしてわが海軍が外国の勢力から離脱し得ようか」

「事業を起こせば一時、多大な経費を要すべきも、さりとて多年にわたって他国より鉄鋼に高価な対価を支払う不利に比すればいかなるものか」

「むしろその一時の苦痛は甘んじて忍ぶべきであろう」

無謀な挑戦といわれても、自立するには、いま事業を立上げるしかない。永井は、有志と計って安政三年春、鉄工場を起こす。十月には約二十馬力の砕鉱器機二基に必要なシリンダーが製造された。永井は独断で大規模な製鉄所の建設に必要な機械類と資材、要員をオランダに発注する。翌年、資材に続いてヤパン号（咸臨丸）とともに建設要員が到着し、飽の浦の広大な敷地で「長崎鎔鉄所」の建設が緒につく。四年の歳月を経て鎔鉄所は完成し、長崎製鉄所、長崎造船所、こんにちの三菱重工長崎造船所へと発展を遂げていく。海軍の礎石は進取の気質と蛮勇で据えられたのだ。

「永井氏の区劃指揮、その宜しきをもって、教師の歓心を得、また数名生徒中苦情のある者なく、大いに学業の進歩を得」と勝は称讃している。

勝も、砲術の授業では無理を通した。オランダ人教師は通り一遍の砲術指導で終えるつもりだったが、満足せず、高等砲術、工兵科学を教えてくれと申し出る。「まだ習得できる予備知識がない」と教師は退けるが、かえって伝習生の向学心は燃え上がり、製図法を身につけて野戦砲術や堡塁の築造の知識を獲得した。

伝習生は、実用船舶の建造も積極的に手がける。これまた「知識と技能に欠ける」と教師側は消極的だったけれど、佐賀鍋島家の伝習生は八本梶《かじ》の短艇を自作し、幕府の船大工生も約六十トンのコットル船（帆走カッター）の建造にとりかかる。伝習生は、コミュニケーションのまずさや学問的な基礎の欠如を批判されながらも、驚異的な吸収力で海軍の「形」をこねあげる。

日本人の吸収の早さにオランダ人教師の態度も変わった。

伝習生が長崎に来て、一年が過ぎた。

膚《はだ》の潔《きよ》き雪をも瞞《あざ》むく、愛妾お久

勝は、伝習所の宿舎には起居せず、西役所から北へ十町ほどの筑後町、聖林山本蓮寺の境内にある大乗院に止宿していた。

ある日、教練を終えた勝は、秋時雨の降る石畳を上ってきて下駄の鼻緒を切った。大乗院はもうすぐだった。どうしたものか、と思案していると近くの商家から女が出てきて、「どうぞ、こちらへ。雨に濡れまする」と内へ招いた。女はしとやかに鼻緒を立てる。かんばせの彫りは深く、目もと涼やかで、ぞっとするほど美しかった。

「助かった。恩に着るよ。これは、ほんの志だ」

勝は女の家に大枚を置いて帰った。幕府の役人から謝礼をもらった女は返礼に行き、勝の身のまわりの世話をするようになった。勝と、長崎妻の梶玖磨《かじくま》、通称お久（旧名梶久子）との出会いは、このような脚色で語られてきた。

勝は多情だった。天下国家を冷徹に見つめるリアリズムと、ロマンティックな恋心を併せ持っている。婚外子のある妾だけで四人を数えるが、その一人がお久である。

お久の実家、梶家は御用米や唐貿易を手がける米穀商だった。一族で、上、中、下と三つの米屋を営み、筑後町から西坂町まで他人の土地を踏まずに行けるというほど繁盛していた。天保十三（一八四二）年に生まれたお久は、縁戚の小谷野家に嫁いだが、数か月後に夫が急逝し、梶家に戻っていた。数え年の十四、五歳で勝に見染められている。

勝はわれを忘れてお久を愛した。江戸には糟糠の妻、たみがおり、生まれたての次男、四郎を含めて二男二女の子どももいる。お久に入れあげる勝は家族を意識の彼方へと押しやった。男ばかりの伝習所でささくれだった心をお久との褥《しとね》で癒す。勝は大乗院には戻らず、お久の家に入り浸っていたと地元には伝わる。

宮地佐一郎の「恋と軍艦・長崎の海舟」（『現代視点　戦国・幕末の群像　勝海舟』所

収）には海舟研究家の勝部真長から借りた勝直筆の『掌記』が紹介されている。半紙四折の和綴じ小冊子に、勝は繊細な文字でお久への追慕をしたためた。情感を尊重し、原文表記のままに引いておこう。

私が長崎留学中、おりおり行かふ某《なにがし》の娘は、極めて美麗にして、立居しとやかにその母につかへて孝順なるさま、いまだ此地《このち》にてこのときを見ず。誠や此地の清泉佳景の気を受けたるにやよりけむ。膚《はだ》の潔《きよ》き雪をも瞞《あざ》むくべく、つやゝかなる目つき、額のあたり愛敬つきたる。

ふるさとの恋しきも忘れらるべきを、此僻境に老いらむとおもへば、いとものうく、そゞろにあわれなり（略）

たまのうらの玉なす君を見る目なき
あまの藻屑となすが悲しき

「ふるさと」江戸への恋しさも忘れるほどお久を愛おしんでいる。数学に悪戦苦闘し、教師と伝習生の意思疎通の悪さに煩わされながらも、勝が平穏に生徒監を務められたのは、お久との安らぎのひとときがあったからかもしれない。

勝は生涯に三度、長崎に滞在した。安政の海軍伝習時代と元治元（一八六四）年春、明治五（一八七二）年四月であるが、最後の長崎訪問時にはすでにお久は他界しており、勝は駆け抜けるように去っている。

伝習時代の三年四か月に及ぶ長崎滞在は、お久との愛を育む蜜月だった。お久との間に授かった女児は夭逝した。二度目の滞在期にお久は孕み、十月後に梅太郎を産む。「長崎来状。云う。生まる。丈夫《じょうぶ》」と勝は控え目に日記に書く。だが、産後の肥立ちも思わしくなかったのだろうか。お久は慶応二（一八六六）年四月、遺児を残して黄泉へと旅立った。『掌記』に勝は記す。

梶（家）より玖磨女（お久）の凶（死）を告ぐ。正月廿八日、汎然として死すと。嗚呼《ああ》、玖磨姉、生れて明媚、その志卓《すぐれ》、学びずして国歌を賦す。念々（一瞬一瞬）皆聞くべし、痛むべし、その死の速やかなる。享年二十六。

悲憤、痛哭する海舟の姿が目に浮かぶ。

「皆聞くべし、痛むべし、その死の速やかなる」と海軍を背負って立つ男が涙を流す。ここまで勝が惚れた女性は他にいない。遺児、梅太郎は長崎の豪商、小曾根家で九歳まで育てられた後、勝家の三男として東京赤坂氷川の邸に引き取られる。

勝はお久との日々を惜しんだ。思い出は悲恋に彩られている。いちずな恋愛の趣きも漂う。しかしながら勝の情の多さは麗しい恋物語の枠をもはみ出てしまうのだ。

じつは、海軍伝習の長崎滞在中、勝は別の女性との間に娘をもうけていた。娘の名は「逸子」という。宮地の前著は、「長崎側の言い伝え」を、こう解説する。

「逸子は海舟が安政時代に長崎伝習所にいた頃、身辺の手伝いをしていた、老舗高島屋（呉服店）の娘との間に設けた子であり、小曾根家の別邸で生ませた。素人の娘でのちに再婚したので、名前やその後のことは不明にされている」

逸子は幼少期に海援隊で活躍していた坂本龍馬に「お嬢ちゃん、お嬢ちゃん」と抱きあげられた。そのときの記憶では「龍馬は首を振る癖があり、胸毛が濃かった」とか。逸子もまた小曾根家で養育され、十三歳で梅太郎とともに氷川の邸に引き取られる。一緒にお久の母や妹もついてきたので海舟邸はてんやわんやの大騒動となる。「そのときは大変な騒ぎだったよ」と、のちに男爵夫人となった逸子は語っている。

逸子は女中で勝の妾だった糸（増田糸）が産んだ子とされ、三女におさまる。

勝の多情を「多恨」にせず、妻妾同居の邸を切り盛りしたのは正妻のたみである。勝より二つ上で、神田の砥目屋という商家に生まれ、深川の芸者をしていたともいわれる。旗本岡野孫一郎の養女となり、小普請組支配に届けて二十五歳で勝に嫁ぐ。赤貧の勝を支え、四人の子を産み、五人の婚外子もわけ隔てなく育てて「おたみさま」と妾たちからも慕われた。

「男だったら政治家としてやっていけただろう」と勝はたみを評している。

さて、そう言われてたみは嬉しかっただろうか。たみの胸に秘めた思い、我慢を重ねた末の本音がふきだすのは海舟が亡くなった後なのだが、筆が先走りすぎた。

話を長崎の海軍伝習に戻そう。勝麟太郎は、愛妾お久と夫婦同然の生活を送りながら船将（艦長）の技量を習得しようと研鑽を積んだ。

あわや海の藻屑に……

幕府は、伝習の成果を一刻も早く、ほしがっていた。長崎は遠い。伝習生を派遣するにも費用がかさむ。幕閣は将軍お膝元の江戸に軍艦教授所をつくって大がかりな訓練をしたほうが得策だと議した。幕府は、伝習を積んだ「熟練の士」をまとめて江戸に連れて帰り、軍艦教授所を設立するよう永井に命じる。

安政四（一八五七）年一月、永井はライケンと会談し、幕府の意向を伝えた。

「今年の三月上旬にも観光丸に拙者と成績優秀な伝習生が乗り組み、貴国の教師団の援助を受けずに自力で江戸に回航致したい。修業中途の伝習生と、新たに江戸から送られてくる若い生徒たちは引き続き、この地でご指導願いたい」

ライケンは、唖然とした。

「オランダ人の援助なしで江戸まで観光丸で航行するのは無茶です。伝習生はあと少しで予定のカリキュラムが終わります。学業半ばで江戸に帰るのはもったいない。今夏には、オランダから新たな教師団が来航し、われわれと代わる。製鉄所の建設要員もやってくる。資材も届きます。もうしばらく、お待ちになったほうが得策ではありませんか」

「さようか。江戸に具申致す」と永井は引き取った。だが、幕閣の考えは変わらず、自力での江戸回航が決まった。教師団は言いだしたら聞かない日本人を、少しでもサポートしようと観光丸の船体や機関のオーバーホールを行い、伝習生に見せた。せめてもの餞《はなむけ》である。

江戸に回航する観光丸の艦長には矢田堀景蔵が選ばれた。天体測量を小野友五郎が受け持ち、運航は浦賀奉行与力の土屋忠次郎が担当する。勝は観光丸には乗らず、陸路、江戸に帰る十数名のグループに入った。三人の艦長候補のうち永持は役人としての力量が認められ、前年に長崎奉行付組頭に転出していた。伝習生の幹部三人が全員長崎を離れることとなった。

ライケンは永井に異議を唱え、こう提案した。

「新任のオランダ人教師団は夏にきます。新入の生徒がきて師弟ともに新しくなってしまえば、また創設当初の困難がくり返されるではありませんか。コットル船も建造途中で、製鉄所の建設問題もあります。誰か一人残って師弟間で周旋の労をとっていただきたい」

永井は江戸に発つ直前、勝にライケンの提案を伝えた。勝は、もっともだと受け止める。オランダ人教師が長崎に残っているのに生徒が立ち去れば「信を失う」とも感じた。

「拙者が長崎に残り、ライケン氏らを見送り、新たな教師団をお迎え致し申す。新入生と教師団の周旋も承知仕りました」と勝は応じた。お久への未練もあっただろう。永井は肩の荷が下りて喜んだ。勝の残留が決定すると中島三郎助ら四名も希望して長崎にとどまる。遅れて伝習に参加した榎本釜次郎も残った。

三月四日、永井と矢田堀らが乗り込んだ観光丸は波止場を離れ、静々と外洋へと滑り出した。機関士は、観光丸が長崎湾口の神崎鼻の水道を通過するとき、蒸気機関の増減速や前後進の切り替えデモンストレーションを見事に行った。

「やるじゃないか」。ペルス・ライケンは教え子の旅立ちに顔をほころばせる。観光丸は二十六日、無事江戸に帰着した。

総督の永井と多くの同僚が去り、残った伝習生はいささか気が緩んだ。西役所の伝習所を離れて遊び歩く者が続出する。外遊にあけくれ、規律を冒して料亭や丸山遊郭にくりだす。

緩みきったところに新総督、木村喜毅《よしたけ》が着任した。木村は三代前から濱御殿奉行を務める旗本の家に生まれ、阿部正弘によって西ノ丸目付に抜擢された能吏だ。家は裕福だった。岩瀬忠震や大久保一翁らと同様に重用され、長崎に赴任してきた。性格は温厚、聞く耳を持ち、威張らない。なかなかの人格者である。いいものはいい、悪いものは悪いと判断した。

木村は、緩んだ風紀に愕然とし、長崎奉行と協力して引き締めにかかる。一方で、生徒が外出したがるのは住まいに問題があるとも考えた。「五、六畳敷きの間に、四人、五人も押込おき候ゆえ、炎暑などにもじつに堪え難く、それらより他出多きにも及び」と幕府に報告する。町役人の屋敷を借り上げ、伝習生の住環境を整えた。硬軟自在に風紀を正そうとした。

ところが、勝は、この七つ下の毛並みのよい上司が気に食わなかった。何かにつけて反目する。木村と勝は、のちに将官と艦長で咸臨丸に乗って太平洋を渡るのだが、どうも波長が合わないのである。

木村は、伝習生の夜遊びを防ごうと門に錠前をかけた。血気盛んな若者たちは、そのくらいではひるまない。日が暮れると塀を乗り越えて丸山へとくり出す。塀には忍び返しが取りつけられる。それならばと、榎本などは船で使うロープを松の木の枝に引っ掛け、ぶら下がってよじ登った。夜中に塀を越えようとして忍び返しをぶち壊し、ガタガタと音が鳴って大騒ぎになった。

勝は、「夜、拙者が外出しますから」と門を開けさせ、錠を叩き壊す。年下の上司にわけ知り顔で言う。

「技術ができれば、それでようございます。学ができるかできないで、お責めなさい。そんな、小節（つまらない節操）でかれこれ言うべきものではありません」

木村は苦虫をかみつぶしたような顔で聞く。勝は木村との位階や俸禄の違いにカリカリしていた。後年、木村も、こう語っている。

「勝さんは小普請と云うのでした。（略）長崎に行きなさる時に、ようやく小十人になったのです。ソンナ事で、終始不平で、大変なカンシャクですから……」

身分による格差が勝を剣呑にさせたようだ。

八月、フォン・カッテンディーケ以下三十数名の第二次オランダ派遣教師団が到着した。カッテンディーケは、かねて幕府がオランダに発注していた二隻の軍艦のうち先に建造されたヤパン号に乗ってきた。ヤパン号は、排水量三百トン（諸説あり）、スクリュー推進の新鋭艦で、外輪式のスンビン号（観光丸）よりも機能的に優れていた。蒸気機関による「汽走」と、風を受けての「帆走」が併用できる。

ヤパン号は幕府に渡され、古代中国の易経より君臣が親しみ合うことを意味する「咸臨」を取って命名される。ヤパン号改め咸臨丸は長崎海軍伝習所の練習艦となり、引き継ぎを終えたライケンは本国に帰って行った。

カッテンディーケが到着する前後から勝は艦長にふさわしい技量を身につけようと航海練習に励んだ。勝の弱点は船酔いである。航海術の習得と船酔い克服を兼ねて海に出たがった。ちょうど建造していたコットル船が完成したところだった。「天候が悪いから延期しろ」という教師の忠告を聞き入れず、伝習生七、八名と水兵六名を連れてコットル船に乗り、五島列島のちかくまで船を進めた。

突然、西の空がかき曇り、黒雲がひろがって暴風が吹き始めた。たちまち帆も、舵もきかなくなる。船を制御しようと勝が指図をしても、水兵は慌てふためくばかりだ。佐賀の海岸へ着けようと総がかりで帆を張るものの、風は荒れ狂い、船は大波をかぶって、瞬く間に沖へ流される。

「早く、錨《いかり》を下ろせ！」と勝は命じた。

「錨が、錨が、下ろせませぬ。海が深すぎて、三十尋（約五十四メートル）の錨綱がとうてい海底に届きませせぬ」

暴風に翻弄されるコットル船にズシンと重い衝撃が走った。

とうとう暗礁に乗り上げたのだ。舵は壊れ、船底に穴が開いて潮水がどんどん入ってくる。もはや、これまで。勝は、観念して大声を張り上げた。

「おれが愚かであった。教師の命令を用いなかったために、諸君にこんな難儀をさせておる。じつに面目ない次第だ。おれの死ぬるのは、いま、まさにこのときだ」

リーダーの率直な懺悔に水兵は奮い立つ。チームワークを取り戻し、勝の指示でどうにか暗礁を離れた。しだいに風雨はやみ、翌日、晴天になるのを待って長崎に帰港した。勝は、すぐにカッテンディーケに会って九死に一生を得た報告をし、教師の忠告に従わなかったことを謝った。

カッテンディーケは怒るどころか、相好を崩して言う。

「それはよい修業をした。いくら理屈を知っていても、実地に危ない目にあってみなければ、船のことはわからない。危ない目といっても、十度が十度違うものだ。危険に遭遇するほど航海の術はわかってくるものです」

カッテンディーケは、勝の調整型指揮官の資質を看破していた。自著『長崎海軍伝習所の日々』に総督の木村と比較してこう記している。

「大目付役（木村）は、どうもオランダ人には目の上の瘤であった。おまけに海軍伝習所長（木村）はオランダ語を一語も解しなかった。それに引き替え艦長役の勝氏は、オランダ語をよく解し、性質も至って穏やかで、明朗で親切でもあったから、皆同氏に非常な信頼を寄せていた。それ故、どのような難問題でも、彼が中に入ってくれればオランダ人も納得した。しかし私をして言わしめれば、彼は万事すこぶる怜悧であって、どんなぐあいにあしらえば、われわれを満足させうるかを、すぐ見抜いてしまった。即ちわれわれのお人よしをおだて上げるという方法を発見したのである」

薩摩の英明藩主、島津斉彬と会う

長崎には西洋、アジア周辺国の「情報」が入ってきた。ロシアの船も入港する。外国船が入るたびに将官がオランダ商館に来て日本側の情勢を尋ねる。そこに勝も呼ばれ、状況を説明した。外国側の用向きは勝を通して江戸の幕閣に伝えられ、返書が届く。埒が明かないとみるや勝は外国の将官に格式ばらずにこう語った。

「あなた方、今度そういうことを談判なすったところが、江戸の奴らには、とても分かりはしません、もっと先になさったらどうです」

「それじゃあ、そうしましょう」と相手は応じた。

勝は伝達係を超えた調整者に近づく。

長崎の勝は「たいそう必要な人」へと存在感を高めた。

その背景には、幕政の大きな揺り戻しがあった。ペリーの砲艦外交以来、幕政を担ってきた阿部正弘が、安政四年六月に三十九歳で急死した。阿部は、岩瀬や永井、大久保忠寛らの開明派官僚団を組織し、大胆な改革を行った。勝の登用を決めたのも阿部である。

扇の要だった阿部が亡くなり、幕府は迷走し始めた。改革路線に反対する譜代大名が巻き返しに出る。そこに病弱な第十三代将軍、徳川家定の後継をめぐって水戸の徳川斉昭の実子、慶喜を推す一橋派と、紀州藩主徳川慶福《よしとみ》（のちの徳川家茂）を擁立したい南紀派の政争が重なった。

折しもアメリカの駐日総領事、タウンゼント・ハリスは、日米の和親条約をより実効化した通商条約の締結に向けて執念を燃やしていた。江戸城で将軍家定に謁見し、大統領の親書を読み上げる。オランダ、ロシア、イギリス、フランスも幕府に通商条約の締結を迫り、開明派と攘夷派の対立が激化した。権力闘争は複雑に絡み合い、権謀術数が用いられる。一寸先は闇の状態だった。

もしも勝が、この状況で江戸にいたら、雲の上の政争に巻き込まれていた可能性が高い。長崎にとどまり、操船の腕を磨いていたことは僥倖《ぎようこう》であった。

明けて安政五（一八五八）年の春、カッテンディーケは、咸臨丸で精力的に乗艦訓練を行った。二月十六日から五島を経て対馬方面へ五日間、三月八日より平戸、下関、豊後水道を通って鹿児島、天草へ十三日間、四月二十六日からは天草方面に九日間、五月十一日より山川、鹿児島へ九日間と、航海をくり返した。

対馬ではあわや戦闘に突入するところだった。勝がボートを下ろして川を遡行中、同行のオランダ人教師が「ああっ」と叫んだ。地侍が敵愾心を燃やして、火縄銃で狙っていたのだ。まさに火ぶたを切ろうとした瞬間、勝はボートから飛び出し、鞭で火縄銃を打ち払う。事情を説明し、ことを荒立てずに帰ってきた。

波乱に満ちた航海訓練の最大の収穫は、鹿児島で英明な藩主、島津斉彬《なりあきら》と深く知り合えたことだった。

斉彬は、阿部正弘とも連携し、大船建造の禁が解かれると、洋式造船をいち早く手がけ、反射炉・溶鉱炉の建設、ガラスやガス灯を製造する集成館事業を立上げていた。阿部とは肝胆相照らす仲で、発想は気宇壮大だった。従妹の篤姫《あつひめ》（のちの天璋院）を養女にして近衛家を経由させて家定に嫁がせ、徳川家との関係も保った。勝は船酔いで反吐をはきながら大切な人脈をつかんだ。

薩摩には三月と五月に行ったが、二度目の訪問で勝は斉彬への信頼を深めた。

五月十四日、島津斉彬は、咸臨丸の教師と伝習生幹部を洋式帆船に招いて懇談し、夜は別邸の仙巌園で盛大な宴を催した。場が和み、斉彬と勝は連れ立って庭に出る。

じつは三月の薩摩訪問の後、斉彬は勝へ直々に手紙を出していた。内密に何でも知らせてほしい、長崎で鉄砲を注文したのだが奉行が邪魔をして引き渡してくれない、うまく口を利いてもらいたい、と書き送ったのだった。

勝は、外国から買う鉄砲は幕府や諸藩の注文と勘案して総数を割り当てるので、薩摩に渡せるのは注文された五百挺の五分の一になるだろう、と見通しを伝える。そうした手紙のやりとりを互いに謝した後、斉彬が何気なく訊いた。

「こんどの航海では、琉球まで足をのばすつもりであるか」

「さようでございます。航海のついでに琉球も見ておきたく存じます」

「じつは、いま、琉球には異国人が来て、こちらも人を遣《や》り、秘かに交易の談判をしておる。薩摩と外国の機微にかかわることゆえ、咸臨丸での琉球行きは取りやめてくれぬか。幕府の目付（木村喜毅）など引き連れて行かれては困るのじゃ」

と、斉彬は率直に語る。斉彬は琉球を舞台に貿易の裏工作を進めていたのだった。

幕末、薩摩が雄藩として飛躍できたのは、十九世紀初頭に莫大な債務を抱えて危機的だった財政を、「負債は踏み倒し、国産品開発と交易で増収を図る」路線で立て直したからに他ならない。薩摩の役人は、江戸、大坂の商人から借用証文をとりあげ、幕閣に根回しして二百五十年賦、無利子返済をのませた。

産物交易の中心は、奄美群島の黒砂糖である。十九世紀半ばには「黒糖地獄」といわれた苛酷な収奪を行い、十年間で二百三十万両（現在の約九千億円）を売り上げた。薩摩は、支配下に置く琉球を中国の「唐物（物産・工芸品）」や蝦夷地の「俵もの（昆布）」の密貿易の出入り口に使う。贋金づくりにまで手を出した。

琉球にフランス艦隊が開港を求めて来ると、藩主の斉彬は、世界との交易に夢を膨らます。「琉球は日清両属なので日本域外に置き、通交・交易を琉球王に限って黙許してほしい。ただし、キリスト教の布教は拒絶する」と老中首座の阿部に具申。これを阿部は承認し、斉彬に琉球との対応を任せた。

阿部が老中在任のまま急死すると、その四か月後、斉彬は家臣の市来《いちき》四郎を琉球に送り込み、密命を授けた。斉彬はその内容を勝に語って聞かせる。

・琉球のフランス人を手がかりにフランス本国から蒸気船を購入する交渉をせよ。
・琉球から清国に渡る船の寄港地の名目で台湾に拠点をつくれ。
・中国福州の琉球館を拡張せよ。
・フランス、イギリスなどに薩摩の留学生を派遣する下交渉をせよ。
・仏－琉、蘭－琉の貿易を、薩摩領の奄美大島、さらには本土の山川港へ引き寄せるように工作せよ。

つまり、斉彬は、近い将来、奄美大島、山川の港を開き、薩摩が直接外国と貿易を行う構想を立て、極秘に指揮していたのである。市来が琉球に渡った時点で、貿易を統轄する幕府は、ハリスと日米の通商交渉を始めてはおらず、外様大名が自らの港を開こうなどとは誰も想像していなかった。薩摩が貿易港を開けば、幕府へのとてつもない反逆行為になろう。

幕府がハリスと交渉を始めたのを知った斉彬は、安政五年正月、市来に「フランスから蒸気船を購入する交渉を急げ」と手紙で指示した。幕政の流動化で、一足飛びの薩摩開港は難しいと判断したものか、蒸気船という実を取りに出た。

こうした秘中の秘を斉彬は勝に打ち明けた。意気に感じた勝は琉球行きを取りやめたと伝わる。斉彬は、異母弟の久光を「自分の後継者だ」と勝に紹介した。腹心の部下に西郷吉之助（隆盛）という男がいるとも語る。西郷にも勝麟太郎の名前をしかと覚えておけ、と斉彬は申し送った。斉彬との邂逅は、やがて勝が幕府というタガを外して新しい日本の青写真を描く伏線となった。斉彬は勝に言う。

「人を用いるには急いではならぬ。一つの事業は十年経たねばとりとめがつかぬ」

咸臨丸で長崎に戻った勝は、薩摩とフランス、オランダの極秘交渉を息をひそめて見守った。秘密の書簡を斉彬と何度もやりとりする。

ところが……、安政五（一八五八）年七月、斉彬は急逝した。毒殺説もささやかれる。その遠大な構想は潰《つい》えたが、斉彬の遺志は薩摩藩士の胸奥にしみ込み、倒幕の伏流水へと変わっていく。

江戸では、南紀派の近江彦根藩主、井伊直弼《なおすけ》が大老に就いた。井伊は、家定の後継を慶福（家茂）に決めて将軍継嗣問題に終止符を打つ。ハリスが求める日米修好通商条約に関しては孝明天皇の勅許が得られないまま締結に傾く。幕臣の岩瀬忠震が米軍艦ポーハタン号の艦上で調印をした。横浜港が開かれる。条約はアメリカ側の領事裁判権を認め、日本には関税自主権もない不平等なものだった。

大任をはたしたハリスは、岩瀬と示し合わせて「一年以内に批准書交換のため日本よりワシントンへ使節を派遣せよ」と提議した。岩瀬や永井尚志は渡米に意欲をみせていた。永井は、蘭、露、英、仏との通商条約も締結に導く。長崎の勝は、永井や水野忠徳に手紙を送り、批准書交換の遣米使節団への随行を熱望した。

だが、尊王攘夷で固まる朝廷は、井伊のやり方に猛反発した。条約締結への天皇の不満を記した「戊午《ぼご》の密勅」を幕府と水戸藩に下す。朝廷の幕政批判は前代未聞のことだった。攘夷派の梅田雲浜《うんぴん》や西郷隆盛が公卿に働きかけて密勅は下された。

井伊は、これを幕藩体制を無視した朝廷の越権行為と憤り、策動者の捕縛を命じる。ここに「安政の大獄」の端緒が開かれた。梅田雲浜の逮捕を皮切りに京都と江戸で、尊王攘夷派の志士、公卿、一橋派の大名、家臣らが逮捕、投獄される。西郷は僧月照とともに京都から逃げ、錦江湾で入水する。西郷だけが生き残った。

水戸藩への弾圧は苛烈だった。藩主の水戸斉昭は永蟄居、一橋慶喜は隠居・謹慎、家老の安島帯刀《あじまたてわき》は切腹を命じられた。開明派の川路聖謨《としあきら》、岩瀬、永井も隠居・謹慎に処せられ、京都町奉行だった大久保忠寛（一翁）は志士の捕縛に抵抗して罷免される。土佐藩主の山内容堂、越前藩主の松平春嶽《しゅんがく》にも謹慎の命が下る。そして、攘夷派にとどめを刺すかのように翌年十月、吉田松陰の首が打ち落とされた。

大獄は尊攘激派に復讐心を植えつける。

こうした大獄の波も、長崎の勝には及ばなかった。

咸臨丸とともに幕府がオランダに発注していた軍艦エド号が長崎に入港した。排水量三百トン、最新鋭のスクリュー式軍艦で「朝陽丸」と名づけられる。勝に艦長として朝陽丸に乗船し、江戸へ帰るよう幕命が下った。愛妾、お久は、勝との後朝《きぬぎぬ》の別れに涙で袖を濡らす。安政六（一八五九）年一月五日、お久は大波止で勝が乗る朝陽丸を見送った。

長崎を出た朝陽丸は、一月十四日、品川沖に錨を下ろす。三年四か月ぶりに勝は江戸の土を踏んだ。長崎海軍伝習所は閉鎖され、総督の木村喜毅は後始末に追われる。幕府海軍の教育は築地の軍艦操練所に一本化され、勝は教授方頭取に迎えられた。

二転、三転する遣米使節の「別船」

勝が赤坂田町の家に帰り着いた。

「長きにわたる遠方での御勤め、ごくろうさまでした。お変わりございませぬか」

たみは夫をねぎらった。

「心配はいらねぇよ。つつがなく、暮してた」と勝は荷を解いて微笑む。

長男の小鹿《ころく》、次男の四郎、長女の夢、次女の孝子が並んで座り、「お父上、お帰りなさいませ」とかわいい声をそろえた。

「しばらく見ねぇ間に、皆、大きくなったな」。長崎に発つ直前に生まれた四郎が、兄や姉と一緒に端座している。勝は家のなかをぐるりと見まわした。子どもたちが成長し、手狭に感じられた。

「ここも窮屈になった。広い邸《やしき》に移ろうかえ」

たみが目を丸くした。「いつまでも小普請組の掘立て小屋でもあるめぇ。心当たりはあるぜ。氷川様の崖下の盛徳寺の隣にある邸だ」と、もう勝は独りで決めていた。

軍艦操練所は、築地鉄砲洲の武芸訓練機関、講武所のなかにあった。勝は鉄砲洲に通う傍ら、伊予松山藩が請け負った神奈川台場（諏訪砲台）の築造を指導する。勝自身が台場を設計し、現場で施工を監督した。

夏に勝家は赤坂田町から氷川坂下の邸に引っ越した。

勝は朝陽丸で駿府まで出張する。船が故障して修理に手間取った。そうしている間も、勝の頭のなかは批准書交換の遣米使節団への随行でいっぱいだった。

前年、水野や永井に手紙を送り、同行を志願した。水野から「確約」の返事をもらってはいたが、安政の大獄で雲行きが変わっている。

軍艦奉行の永井は隠居・謹慎で表舞台から消えた。外国奉行の水野は大獄を免れたものの横浜でのロシア海軍士官の殺傷事件の責任を取らされ、軍艦奉行に移っている。その下の軍艦奉行並に長崎から戻った木村喜毅が昇進した。

勝の心中は穏やかではなかった。家柄がよく、温厚さが取り柄の木村が軍艦奉行の補佐、自分より数段上の地位を得たのだ。船の知識はなく、外国語も喋れないくせに……。じわりと癪の虫がおこる。奉行の水野が篤実な木村を買っているだけに人事はなかなか難しい。

水野は、遣米使節に「別船」を立てる提案をした。別船に伝習所卒業生を乗せてアメリカに遣り、海軍の技量を実地で高めようと考えた。しかし財政面の風当りが強く、軍艦を「無用の長物」と批判する連中もいた。ならば米軍艦ポーハタン号に乗る正使に万一、支障が生じたときに代わる「副使」を別船で送るべきだと水野は切り返す。副使には軍艦奉行を当てるとした。別船案は、正使のリスクを減らす理由が付加され、ようやく幕閣の支持を得た。

勝は別船の艦長を望んだ。使う船には、慣れた最新鋭のスクリュー船、朝陽丸を推した。機械も新しく、故障しにくい。

方向が定まりかけたところで、またも人事の怪が起きる。十月二十八日、水野が西ノ丸留守居に転じ、代わりに日米修好通商条約の全権委員を務め、左遷されていた井上清直が軍艦奉行に返り咲いた。井上と奉行並の木村は、別船の乗組員の頂点に勝をすえる案を出す。別船の責任者の副使には木村が座る方向で調整が進んだ。

別船の乗組員トップを内示された勝は、初の遠洋航海に向けて朝陽丸の整備と、乗組員の編成にとりかかる。乗組員のほとんどを海軍伝習所の出身者が占めた。

　ここで、守旧の弊がしみついた勘定所とぶつかった。幕府財政を預かる勘定所は、別船を無駄な支出とみて、朝陽丸の修復や食料薪水の調達に難色を示した。勝は日夜激論を交わして勘定方を説き伏せる。

　勝と勘定方の対立を憂えた井上は、折衷案を思いついた。朝陽丸よりひと回り大きな観光丸に船を変更し、ポーハタン号の正使の荷物を「少しでも多く引き受ける」条件で妥協を図り、勘定所の反対を封じる。勝は旧式の外輪船の使用は気に食わなかったが、歯向かって外されたら元も子もない。やむなく承諾し、観光丸の整備と物資調達に奔走する。

　十一月二十四日、江戸城桔梗の間、老中列席のなかで大老井伊直弼が、恭しく木村喜毅に遣米使節を命じた。

「亜米利加《アメリカ》国へ御用のため差し遣わされ候あいだ用意いたすべく候」

　木村は軍艦奉行に昇進し、別船の責任者に選ばれた。役高は二千石に上がる。もっとも、木村に提督とか船将（艦長）の称号は与えられない。幕閣は、未熟な日本人だけで万里の波濤を越えるのは危ない、航海熟練の米国士官を同乗させせよ、と条件づけた。初の軍艦による太平洋横断である。出航準備は二転三転する。

　遣米使節を外れた矢田堀景蔵は朝陽丸に乗って長崎へと向かった。

勝や他の乗組員にも正式にアメリカ行きが命じられた。伝習所出身の士官たちは「艦内の指揮権は、木村軍艦奉行か、それとも勝軍艦操練所教授方頭取が握るのか、はっきりさせてほしい」と声を上げる。階級と権限をめぐって議論が沸騰した。

「船将の発令は無いが、拙者が船将の役割をはたさざるを得ない」

と、勝は言い渡し、士官たちを黙らせた。

十二月二十日、正使が乗るポーハタン号が横浜に入った。その直後、勝は二つの通達を受け、顔をこわばらせる。まず、米海軍大尉ブルック以下十一人の同乗を知らされた。ブルックたちは、測量船クーパー号で来航し、神奈川で投錨中に台風に遭った。クーパー号は難破して廃船を余儀なくされる。ブルック一行は帰国の便を探していた。幕僚はブルックが指導員を兼ねて乗船するのだと言う。勝は乗組士官の心情を代弁して抵抗した。

「かれらは難波した失敗者でござる。外国人に指導を請うのはわれら日本武人の面目を毀損致しまする」。上層部は、しかし折れない。結局、「単なる便乗者」として勝は受け入れた。もしここでブルックが乗らなかったらと想像すると背筋が寒くなる。

そのブルックが「外輪船の観光丸は遠洋航海には不向きだ。スクリュー船がよい」と言いだすと、幕僚は掌を返して「他の船にせよ」と勝に命じた。勝は怒りがぐっと込み上げる。

だから朝陽丸にしておけばよかったのだ。軍艦操練所の具申は斥《しりぞ》けられ、やむなく観光丸の出航準備を進めていたのに何をいまさら、と不満を溜める。

誰しも、理屈ではスクリュー船がよいのは百も承知である。まわりを見渡すと、朝陽丸と入れ違いに長崎から戻った咸臨丸が停泊していた。急転直下、乗艦は咸臨丸と決まる。じつのところ観光丸はボイラーに不具合を抱えていて、太平洋に乗りだしたら、大ごとになっていたかもしれない。ポーハタン号の遣米使節の正使には外国奉行の新見正興、副使は神奈川奉行の村垣範正、目付に小栗忠順《ただまさ》が選ばれた。

収まらないのは現場で働く水夫、火焚《かまたき》だ。急げ急げと尻を叩かれ、夜を徹して準備をしていたのに乗る船がころころ変わり、こき使われる。やっていられるか、船を下りると言いだした。勝がなだめてもソッポを向く。騒ぎが大きくなると、勝はわざと雲隠れした。やむなく軍艦奉行の木村が水夫頭を呼んで説得をする。木村から「勝は渡航を辞退するらしい」と聞かされた水夫頭はびっくり仰天。長崎以来の大恩のある勝がお上に逆らって罪を被っては相済まないと矛を収める。水夫たちは船に戻った。

大晦日に水夫に手当が渡される。下情に通じた勝らしい始末のつけ方だった。

勝は、安政七（一八六〇）年正月十一日から品川沖の咸臨丸に泊まり込んだ。夜を日についで荷物の積み替えの采配を揮《ふる》う。悪寒で身体がガタガタ震えた。

乗員は日本人とブルック一行で百人をこえる。観光丸の船底には食料の米だけで約二百俵。石炭は八万四千斤、水百石、薪千三百五十把、醬油七斗五升、味噌六樽……と、膨大な荷を積んでいた。それを甲板に担ぎ上げて陸に移す。そこから咸臨丸に運び、船腹に下ろしていく。勝は積荷の量と置き場所を帳簿につけて一々確かめる。気の遠くなる作業だった。

勝は高熱を発し、苦しんだ。現代でいう悪性インフルエンザであろう。ウィルスが胃腸を侵し、嘔吐と下痢を引き起こす。体力が奪われ、放置すれば極めて危険だった。寒気と高熱で朦朧としながら、ごった返す荷物を整理し、水夫に出航の準備を促した。

ちょうどそこに長崎から矢田堀が朝陽丸で戻ってきた。勝が体調を崩したと言えば、船乗りの力量では上の矢田堀と代わるのは難しくなかっただろう。だが勝は咸臨丸にしがみつく。アメリカに渡って、海軍の軍制や社会のありようを自分の目で見ることに命をかけていた。

武家社会の底から這いあがり、身分制度の歪みを感じて生きてきた。アメリカはどうなのか。島津斉彬と会って交易の渦が宇内《うだい》（世界）を巻き込んでいるのを知った。その大渦のまんなかに飛び込んでみたい。国を開くのは自明の理である。ならば、いかにして開くか、どのような国を目ざすのか、自問した末に渡米を決めたのである。

勝麟太郎は、開国の鬼と化していた。日本の軍艦が初めて挑む太平洋横断が成功するかどうかは未知数だ。よしや海の藻屑になろうとも悔いはない。勝は咸臨丸に泊まったまま、氷川の家には帰らず、一月十三日、品川出帆の指令を出した。
咸臨丸は横浜でブルック一行を乗せ、浦賀で水と生鮮食料を積み込んだ。

木村喜毅もまた「一死を決して」咸臨丸に乗ろうとしていた。木村は、渡航前に乗組員の俸給、位階の引き上げに心をくだいた。請願は認められず、出帆間際に勝の俸禄がようやく二百石十五人扶持に上がる。木村の俸禄は奉行昇進で二千石に達している。かたや士官たちは長崎で海軍伝習を受け、技量を高めたのに待遇は以前と変わらなかった。これで不平不満が出ないはずがない。格差を放置しておくと危険だ。

木村は、なんと水夫、火焚を含む乗組員への恩賞と、武士の面目が保てる滞米費用を自分で用意した。家宝の刀剣や書画を処分して三千両をこしらえ、幕府から五百両を借りた。三千五百両といえば、こんにちの二、三億円だろうか。短期間でこれだけの現金をつくれたのは、濱御殿奉行を継承する木村家が富んでいたからだった。

幕府は咸臨丸派遣に八万ドルの滞米費用と、必要な物品の購入費約七千七百両（一万ドル強）を支出した。こちらは公費である。木村は大量の現金を抱えて咸臨丸に乗り込んだ。

木村の供に中津藩士、福澤諭吉が加わった。福澤は大坂の適塾で学んだ後、江戸に出て蘭学塾の講師を務めた。日米修好通商条約が結ばれ、外国人居留地となった横浜の見物に出かけて衝撃を受ける。もっぱら英語が使われていて看板の字も読めない。独学で勉強し、アメリカへの憧れを募らせた。咸臨丸で木村が渡米すると聞き、木村の親戚の蘭学者に推薦状をもらって押しかける。木村は驚いた。家来は大海原を怖がって尻込みしているのに、奇特にも従者にしてほしい、と若い福澤が飛び込んできた。その場で「よろしい。連れて行ってやろう」と承諾する。福澤は、咸臨丸に乗ると木村の身のまわりの世話をした。

幕府が選んだ通訳は中浜万次郎だった。万次郎は土佐の漁師に生まれて漂流し、アメリカの私立学校で学び、捕鯨船の一等航海士を務めた。英語は抜群で航海術にも優れている。帰国後、旗本の身分を得た万次郎の通訳はまさに適材適所であろう。

咸臨丸の乗組員は、驚くほど若い。将官の木村が数え年で三十一歳、万次郎は三十四歳、ブルックが三十五歳、伝習所の卒業生は二十代、三十代前半が主体である。艦長の勝は三十八歳、天文方の小野友五郎が最年長で四十四歳だった。

厳冬の北太平洋、荒れ狂う波濤

正月十九日、空は青く澄み、富士山が神々しく輝いていた。

咸臨丸の上甲板に立った勝麟太郎は、右手を上げ、号令をかけた。

「メリケンへ向けて、出航！」

舵輪を握る当直士官、佐々倉桐太郎《とうたろう》は大きくうなずき、伝声管に「カラクリ廻せ！」と叫んだ。火焚が石炭を罐に投入し、轟音が響く。咸臨丸は日の丸を掲げ、浦賀を出帆した。勝は指揮官の決意を表明する。「わが諸君氏に少しく長たるをもって、万一危険に至らば衆議を公裁せんとす」。艦長の全責任を負って指揮を執ると言い切った。

が、しかし……凛々たる気概とは裏腹に熱病は悪化の一途をたどる。

咸臨丸は、強い西風を受けながら浦賀水道を南下し、城ヶ島の東南から針路を西へ向けた。しばらく航行してカラクリを止め、帆を開いて南西に転じる。夜、南東に向きを変え、伊豆大島沖に出た。荒れ狂う厳冬の北太平洋に船首を向けた。

江戸とサンフランシスコを直線で結ぶ「大圏航路」は、黒潮の流れに乗れば速度を上げられるが、上空には寒気団が居座り、寒風が吹きすさぶ。危険の多い海域だった。

操船と見張りの航海当直は、士官が二人一組、四時間交代の体制が敷かれる。佐々倉桐太郎（運用方兼鉄砲方）－赤松大三郎（測量方）、鈴木勇次郎（運用方兼鉄砲方）－松岡磐吉（測量方兼運用方）、浜口興右衛門（運用方兼鉄砲方）－小野友五郎（測量方兼運用方）、伴鉄太郎（測量方兼運用方）－根津鉄次郎（運用方）の四組が割り振られた。

しかし当直は厳格には行われず、「何かやりたくなった者が見張りに立つ」いい加減さだった。日本人の士官は沿岸航海の汽走に慣れ、外洋で帆走するための操帆、操舵の技量に乏しかった。

一方、同乗したブルックは、航海術の指南役を自任していた。経歴は申し分なく、規律を重んじる海軍魂のかたまりだった。

艦が太平洋に出ると風が強まった。高波が白い牙をむいて船体に打ちつける。日本人乗組員は外洋の大きな揺れを初めて体験した。勝は、大島沖を過ぎたあたりでデッキに立っていられなくなった。悪寒と高熱に腹痛が加わり、身体の自由を奪われる。

見かねたブルックが、「一睡されたらどうか」と声をかけた。「かたじけない」と勝は船室の床に入る。胸は閉息し、嘔吐したいが吐けず、苦悶するまま一日、二日と放置される。勝は病床に臥せった。

二十日の早朝、佐々倉・赤松組が当直していたとき、異変が生じる。ブルックが目を覚ますと船は激しく横揺れし、二段縮帆した大檣《しょう》（メインマスト）の帆が裂けていた。日本人には手に負えない状態だった。

ブルックは部下に命じて帆をたたませる。ほとんどの日本人船員が船酔いに苦しんで飯も喉を通らないなか、中浜万次郎は昔とった杵柄で甲板を飛び歩く。鼻歌交じりで船を操った。単なる通訳ではなく、事実上の航海士官の役割を担う。小野友太郎も天測を着実にこなしていた。浜口興右衛門は舵を握って離さない。浜口・小野組は最強の当直コンビと認められた。

この日、ブルックは日記に書く。

「提督（木村）はまだ（船酔いで）自室にいる。艦長（勝）も同様。午後七時、風が西向きになることを切に望んでいるが、まあこのくらいで満足していよう。日本人たちは船酔から恢復しつつある。私は夕方お茶の時間に、お茶、というよりご飯とイカを食べた」

さすがに米海軍大尉は余裕がある。木村には持ち場のない七人の従者がいたが、福澤以外は床に突っ伏した。福澤は、勝とは対照的に船に滅法強かった。

勝は気息奄々、誰にも構われず、二日二晩飲まず食わずで目まいに苦しむ。

一月二十二日、万次郎が粥を一杯持って勝を見舞った。万次郎は湯水薬も病床に運ぶ。船医が初めて勝を診た。薬が処方され、勝は一合も下血した。やっと胸の愁苦がやわらぐのを感じた。だが、翌日から病状は一段と悪化し、さらに十日間ちかく食べ物を口にできなくなる。蕎麦や芋を、ごく少量ずつ食べて生命をつないだ。

万次郎は、非常にデリケートな立場に置かれた。実直なブルックは、本音で喋れる万次郎に日本人乗組員の体たらくをなじる。

「艦長は寝たきり、提督も同様だ。士官はドアを開けはなし、それがバタン、バタンと煽って、自分たちのコップや皿や、やかんが床の上を転げるにまかせている。まったく、だらしがない。言語道断だ」。万次郎は弁解をする。

「日本の海軍は歩みだしたばかりです。改革しなくてはなりません」

「そうだ。日本人の教官がオランダ人だったのを忘れてはいけない。私は日本の海軍を改革しよう。日本人乗組員にはきみが命令しなさい。私はきみに知識を与えて援《たす》けてやるぞ」

万次郎は、心強さを感じた半面、よけいな摩擦が生じないかと案じた。長崎海軍伝習所あがりの士官は、必ずしもブルックを敬っていなかった。ペリーの砲艦外交へのわだかまりや、自力で太平洋を渡りたい願望、測量船の難破への批判などが入り混じり、ブルック何するものぞ、と敵対心をくすぶらせている。

英語を自在に使える万次郎は、帰国以来「アメリカの間諜ではないか」と嫌疑の目を向けられてきた。アメリカで教育を受けたのだから、向こうに有利な通訳をするにちがいないと疑われる。ペリーとの交渉に万次郎が呼ばれなかったのは、そうした理由からだった。

二十三日、ブルックは部下をマストに登らせ、帆をたたませる。その後で万次郎が日本人水夫たちに「同じように登檣《とうしょう》してみろ」と命じた。

「なんだと、こんど言ったら、おまえを帆げたに吊るすぞ」

水夫は逆上し、万次郎を脅した。もとは漁師だったくせに、と嫉妬の炎が立ち昇る。

万次郎の報告を受けたブルックは、「もしかれらが脅しを実行しかけたら私に知らせろ。命令に反抗するやつらは、艦長が私に権限を与えてくれ次第、すぐに吊るしてやる」と怒った。ブルックは謹厳で、実直なだけに、怒りのストッパーが外れると抑えがきかなくなる。ささいな話の行き違いで、サンフランシスコの領事と「決闘」しかけたこともある。

艦長の勝は寝込んだままだ。

万次郎は日米の間で諍いが起きないよう細心の注意を払った。

船はようやく低気圧の圏外に出た。波濤は鎮まり、青空がひろがる。二十六日、木村の従者たちは、陽光が降り注ぐデッキでブルックから贈られた豚肉を焼いて食べ、酒を酌み交わした。主人の木村も甲板に顔を出し、陽気にはしゃぐ。船酔いがおさまったようだ。海は凪《な》いでいた。ずっと吹き続けていた西風が止み、南から微風が吹く。日が落ちて、星が出た。水温、気圧を計ったブルックは、フォアマストとメインマストの帆の一部を部下にたたませる。日本人ができない作業を代わりにやらせた。

それは「嵐の前の静けさ」だった。南からの暖気が温帯低気圧を発生させていた。二十七日、咸臨丸は航海中、最悪の暴風雨に巻き込まれる。明け方から波高く、船体は大揺れに揺れた。船上を潮水が川のごとく流れた。

水平線に積乱雲がそびえ、強烈な南風とスコールが襲来する。船は木の葉のように荒波に弄ばれ、万次郎と数人の米水兵も体調を崩して床についた。艦橋に立てる舵手は、浜口、小野ら三人だけとなる。

帆が出すぎていた。夜が更けるにつれて烈風はいよいよ激しく、米水兵がマストに登ろうとして「無理だ。帆をたたもうとすれば、間違いなく、吹き飛ばされる」と諦める。船は低気圧圏内に入った。もはや手遅れだ。帆はビュービュー悲鳴を上げた。

「何とか、帆がちぎれないでくれ。もってくれ」。ブルックでさえ神に祈った。

ところが、日本人はハッチもろくに閉めず、羅針箱の灯りも暗くしたままだ。二、三人の水夫が甲板にうずくまっている。日付が変わり、スコールと波濤で船体がきしむ。ブルックには、真夜中の嵐のなかで船室にもぐっている日本人が「砂に頭だけを突っ込んで、全身を隠しているつもりの駝鳥」のように見えた。現実と向き合わせなくてはいけない。

ブルックは寝ていた万次郎を呼んで命じた。

「当直士官だけでなく、すべての士官を船尾に集めろ」

緊急招集がかかり、ようやく日本人乗組員も事態の重大さに気づく。総がかりの操船が始まった。浜口が舵を握る。突然、風が南から北西に変わった。士官は水夫を帆げたに取りつかせ、渾身の力で索を引かせる。船の命運を懸けた、帆げたの大転回だ。暴風は轟々と情け容赦なく吹きつける。

この作業に手間取ったら船は横波を食らい、転覆してしまう。全身ずぶ濡れの男たちが筋肉を強ばらせ、はぁはぁ、ぜぇぜぇ息を吐いて重たい索を引く。荒ぶる海との格闘は終夜続いた。

乗組員は悪戦苦闘の末に帆げたを回し、十数メートルもの高波を乗り切った。最大の難関を突破して船にルールらしきものが芽生えた。士官が必ず当直に立つようになったのだ。本人が立てなければ、代理を出した。代直には万次郎と浜口、帆走になって時間ができた蒸気方がしばしば指名される。

しかし、秩序というにはほど遠かった。

ブルックは、二月一日にも、非常招集をかけて帆げたの転回を指揮した。号令を下せば米水兵は飛び起きるが、日本人は動きが鈍い。ブルックの我慢もそろそろ限界にきた。自分が指揮権を握らねば、船が危うい……。


勝は、船室で寝ている。二月三日、吐剤を処方されて大いに吐き、熱が分離してやや楽になったが、相変わらず、食欲はなかった。四日、ブルックが勝にスープと葡萄酒を少々与えた。五日もブルックは勝の船室を訪ね、スープと葡萄酒を贈る。勝は寝床に座って礼を述べた。士官たちは勝を畏敬しているけれど、めったに近づかない。

七日、勝は船室から出てきたものの身体がふらついてデッキに立てなかった。八日、勝が起きてくる。ブルックに「一緒にワシントンへ行きたい」と言った。それはいい計画だ、と大尉は答える。

そして、重大な節目を迎える十日、向かい風が吹いていた。ブルックは日本人士官に風上に向けてジグザグに進む「上手廻し」を教えようとした。だが、士官はぐずぐず言いわけをしてデッキに出てこない。ブルックの堪忍袋の緒が切れた。「士官が協力しないのなら、もうこの船の面倒は見ない」と言い渡す。部下を全員集め、「私の承諾なしに何もするな」と告げ、船室に入らせた。罷業の強硬策に出た。

ブルックは、病気の勝に事情を説き、冷厳に言った。

「艦長の指揮権を、私にお譲りいただきたい。船内に規律はなく、水夫で働く者は少なく、士官も同様だ。規則を定めて航海術を学ばせるには、私に指揮権が必要です」

勝は足元が崩れるようなショックを受けた。「万一危険に至らば衆議を公裁せん」と宣言し、指揮官として乗船した。にもかかわらず、病気で露ほども役にもたたず、乗組員を掌握できない。そのあげく、指揮権を渡せとアメリカ人に迫られたのだ。

指揮権の移譲を認めれば、日本の軍艦で海を渡る大願は砕け散ってしまう。軍艦奉行の木村が代役を務めてくれたらいいのだが、船に疎《うと》いかれは士官や水夫の働きぶりに無頓着だった。顔を合わせたら怒鳴りつけたくなる。木村は木村で、勝の癇癪に辟易していた。後年、木村は「咸臨丸船中の勝」（海舟座談）で語っている。

「（勝は）終始部屋にばかし引込んでるのですが、艦長のことですから、相談しないわけにも行かず、相談すると『どうでもしろ』という調子で、それからまた色々反対もされるので、実に困りました。はなはだしいのは、太平洋の真中で、己《おれ》はこれから帰るから、バッテーラ（ボート）を卸してくれなどと、水夫に命じた位です」

勝は、太平洋のまんなかで「ボートで帰る」とわめくほど追いつめられていた。自ら指揮を執れないのだから、権限移譲を認めるほかない。断腸の思いでブルックの申し出を受け入れた。十一日の日記に勝は書く。

「我は生死の堺定まらず、奉行（木村）は寝室に安眠してあえて諸士水卒の勤動に注意せず、困難極まれり。しかず速やかに死せんにはと思慮すること再三。この際の苦心だれか知らん。また誰にか告げん」

熱病は峠を越えたけれど、勝は速やかに死のうと思いつめる。この苦しみを誰が知ろうか、誰に話せばいいのか、とのたうち回る。指揮権を渡した屈辱がのしかかった。ブルックに指揮権が移ったころ、事件は起きた。サンフランシスコへ近づくにつれ、水の管理が厳重になった。艦長命令で飲料以外の水の使用が禁じられる。誰もが水を惜しむ状況で、アメリカの帆縫水兵が自分の下着を洗濯していた。

それを見た公用方士官、吉岡勇平はいきなり水兵の顔を足で蹴りあげた。水兵は大声をあげて仲間を呼びに行く。加勢を得た水兵は、吉岡にピストルを向けた。吉岡も刀の柄を握ってにじり寄り、間合いをつめる。甲板に殺気が満ちた。

いったい何が起きたのか、と勝、万次郎、ブルックが甲板に飛び出してきた。万次郎を介して経緯を聞いたブルックは吉岡に告げた。

「よろしい。斬ってください。共同生活の掟を破ったのは水兵だ。処刑なさい」

その場は勝がブルックと握手をして取りなした。

ブルックの公正な態度に日本人士官の顔つきが変わった。ブルックに武人の心意気を認め、従うようになる。日本人もマストに登り、縮帆の作業を覚えた。操船技術は次第に高まり、意識の壁がとり払われていく。

二月二十三日の朝、測量方の小野が、一枚の書付をフォアマストに張りつけた。

「昼九ツ時より、サンフランシスコへ南九十五里半」

サンフランシスコ入港に測量方が太鼓判を押したのだ。

勝は猛烈な下痢の後、食欲が戻った。病状は好転する。

二月二十六日（陽暦・現地時間三月十七日）午前五時、左舷に小さな山が見えた。

カリフォルニアの大地であった。帆走中は静かだった蒸気機関がふたたび唸りをあげ、右舷に五つの島々の灯台を眺めながら咸臨丸は滑るように進む。スクーナー（複数マストの縦帆船）が迎えにきた。水先案内人が咸臨丸に乗り移り、サンフランシスコ湾へと針路を定めた。

その直後、掲揚旗をめぐって勝と木村の間で「論争」が起きた。将官の木村が自家の松皮菱《まつかわびし》の紋所の旗を上げると言うと、勝は徳川家の葵の旗を用いるべきだと反論した。木村は将軍家の旗を掲げるのは「僭上」、身分不相応の真似と突っぱねる。

勝は、「帝国の軍艦にはその官位に応じて定まった旗がある。これは『私』の物にあらず。いま、帝王の軍艦に私（木村家）の旗を用いるのは、かえって僭上不敬」と持論をぶつけた。軍艦は責任者の地位を示す旗を揚げるのが原則である。軍艦奉行の旗があればよかったのだが、準備されておらず、木村家の旗を掲げる方向で決着した。理屈の是非はともかく、木村家の旗を「私」、徳川の旗を日本を代表する「公」ととらえる勝の感覚は、後々、幕政を差配する重要な基軸をなす。病気が治った勝に艦長の気魄がよみがえった。

咸臨丸は、船尾に日の丸、メインマストに幕府船手組の中黒長旗、艦首に松皮菱の旗を掲げてサンフランシスコ港内に入る。大小、無数の船が行き交い、貿易の潮流が逆巻いていた。

中央のアルカトラズ島に堅牢な砲台が並んでいる。砲門は二百五十を数える。砲台に翩翻《へんぽん》とひるがえる星条旗が、ゆっくりと上下に動いた。歓迎の合図である。

日本側も応えて、三度、旗を上げ下げさせる。浦賀を発って三十八日目、太平洋四千里を航行してきた咸臨丸は、正使が乗ったハワイ経由のポーハタン号より十日以上も早く、波静かなサンフランシスコ港のヴァレーホ埠頭の沖合に錨を下した。

武士階級のないアメリカ社会の衝撃

サンフランシスコの海岸に蟻のように人が群れ、こちらを遠望している。アメリカ本土の人びとが日本武士の百人ちかい使節団を迎えるのは歴史上初めてだ。

将官の木村喜毅は、佐々倉桐太郎、浜口興右衛門、吉岡勇平、中浜万次郎にブルックとともに到着した旨を通知しに行くよう命じた。ブルックと士官は、航海を経験して距離が縮まった。

なかでも「逸男《はやりお》」の異名をとる佐々倉は、劇的に変わった。ペリー来航時、浦賀奉行与力だった佐々倉は単身黒船に漕ぎ寄せて「上様の御法度でござる。異国船の江戸入津まかりならぬ」と叫び、乗り込もうとした。佐々倉は下谷車坂の御家人に生まれた江戸っ子だ。勝と江戸弁で勇み肌のかけ合いもする。往路の航海中、鼻っ柱の強い佐々倉にブルックがピストルを向けた局面もあったが、いまや記憶の一断片にすぎない。衝突して、むしろ信頼が深まった。三人の士官にとって、ペリーの国への上陸は感無量であった。

士官たちはアメリカの役人にホテルへ案内される。サンフランシスコの人口は約六万二千、商業を営む者が多い。家々は煉瓦で築かれ、三階、四階まで人が住んでいた。窓からガス灯の光がもれ、丘へ続く道を街灯が照らす。士官たちは「白昼のようだ」

と目を見張った。文明の光を浴びて、三人とも夢見心地である。

　夕方、士官たちを連れて帰る小舟が咸臨丸から送り出された。七時に迎舟だけが艦に帰ってきた。水夫しか乗っていなかった。「士官の方々は、アメリカ人が案内して連れ帰ると申しております」と水夫は報告した。航海中同様に水夫の不寝番と、士官当直が配置につく。咸臨丸の乗組員は、佐々倉たちの帰りを待ち続けた。

　ところが、その晩、三人の士官は船に帰ってこなかった。木村や勝の上陸後の打合わせをしているうちに夜が更け、そのままホテルに泊まったのである。

　勝は、腹が立ち、あきれた。未知の土地に士官が上陸した日に帰船しないとは常軌を逸している。事情もわからないのに安易に外泊を認めれば、われもわれもと上陸者が出て収拾がつかなくなる。しっかり管理しなくてはいけない、と正論を吐く。ここは長崎の伝習所ではないのだ。気心の知れた佐々倉が一緒だけに「たわけ者め」と吐きすてるように言った。

　木村は前もってブルックから遅くなったらホテルに泊まると聞かされていたらしい。ブルックが一緒なら、と許した。木村は勝の怒気をよそに艦内の乗組員に告げる。

「明日、われは上陸、遊歩致す。士官諸士もかわるがわる上陸遊歩して苦しからず」

　勝は木村に食ってかかった。

「おおよそ軍艦は一城を守るがごとしと申しまする。たとえ和議条約の国に到りしなりとも、いまだこの地の官員等がいたらざる前、わが士官みだりに上陸遊歩すること、はなはだ然るべからず。たとえ上官は船内大病たりとも軽々しく船を立って上陸すべきではござらん」

木村は、また苦虫をかみつぶす。旗の件といい、上陸への異議といい、ことごとく勝は癇癪を起こして逆らう。うんざりだ。病気が治ったにしても、もうちょっとおとなしくしたらどうだ。偉そうなことがいえるのか。航海中、どれだけ艦長らしい働きをしたのだ。ずっと船室にこもっていたではないか、と当てこすりたくもなるが、むっつりと黙った。

従者の福澤諭吉は、そんな主人の嫌気をひしひしと感じる。晩年に至っても福澤は勝と相いれなかった。咸臨丸での出会いが決定的だったのだろう。

二月二十七日午前十一時、佐々倉たちが船に戻った。しばらくして、着船届けを受け取ったサンフランシスコ市長が咸臨丸を訪ねてきた。市長は木村と会えたのを喜び、ホテルに招待したいと言う。木村、勝、小野友五郎ら八人が埠頭に上陸した。

港に集まった群衆は、木村の絢爛な装いに「オォーッ」とどよめいた。着物は袴地のつややかな濃茶の羽二重で、絹の紺色の羽織を着て太い紐で結んでいる。幅広の袴に純白の足袋、麻裏の草履をはき、腰に大小の銘刀を差す。刀の鞘、印籠、根付に至るまで木村が身につけたものはすべて最高級の工芸品であった。木村一行はホテルでも泰然と構え、初めて異国の地を踏んだとは思えない外交使節ぶりを発揮した。

翌日付の現地紙、イブニング・ブレッティン紙は、「アダムラール（木村）は、頭上より足の指先にいたるまで貴人の相貌あり」と持ち上げた。

連日、木村や勝は、歓迎パーティに出席し、シャンパンと豪華な料理に舌鼓を打つ。式典では、対日貿易への期待が語られた。鉄道の学者が演説をぶつ。

「進行中の東からの大陸横断鉄道が開通すれば（完成は一八六九年）、いずれ江戸、北京、インドの諸都市がニューヨーク、ロンドン、アムステルダムに取って代わるのは必然である。その暁には、サンフランシスコは世界の都市になるであろう」

新聞社の社主も、東洋貿易でのサンフランシスコの地政学的有利さを力説した。

「日本とカリフォルニア州や諸州の間で貿易が始まれば、それがサンフランシスコに集中するのは明らかだ。いままでわれわれは正金（現金）をニューヨーク、ロンドンに送るのにパナマ地峡（運河開通は一九一四年）を経由せざるを得なかった。そして兌換のため高価な費用を払ったうえで、東洋の物資を購入してきた。望ましいのは、サンフランシスコと隣国日本、中国との間で決まった銀相場で、手形を東部に振りだせるようにすることだ。海運の発達は、わが都市が全世界の大中心のひとつになることを予告している。地理的位置から言って、東洋との大通商は、最終的にサンフランシスコの独占となるだろう」

中浜万次郎は、十年ぶりに訪れたサンフランシスコで堅実に通訳をした。前回の滞在中は日本への帰国資金を貯めようとゴールドラッシュに沸く金鉱で働いた。隔世の感がある。

晴れやかなセレモニーの裏で、過酷な航海の反動も現れる。上陸後も病人が後を絶たなかった。水夫の源之助と富蔵が入院先の病院で亡くなった。勝は、「二人の死は戦場《いくさば》での討死にまさる功名だ」と讃え、落ち込む水夫たちを励ました。源之助には二十両の航海手当の他に二十五両の香奠《こうでん》が操練所から送られる。富蔵の遺族にも同様の措置がとられ、二人の墓がサンフランシスコに建てられた。勝は口癖のように「上に立つ者は十倍の気遣いが必要だ」と言う。勝と水夫は心の絆で結ばれていた。

木村一行は、羽を伸ばしてばかりもいられない。長い航海で傷んだ咸臨丸の修繕が急務だった。

三月三日朝、咸臨丸は錨を上げて北へ七里、メア島のドックに入った。船体が船渠に引き揚げられ、丸裸にされる。こんな修理の方法があるのかと日本人は驚いた。米海軍の技術者や職人とともに士官、水夫、火焚も汗を流して急ピッチで修理をする。福澤が船内でサメの天ぷらを揚げていて失火し、あわや大惨事になりかけた。

九日、正使が乗るポーハタン号がサンフランシスコに入った。ハワイに寄って日数を要した。咸臨丸を探したところ、メア島にいると知り、そのまま北へ向かう。ほどなく、正使一行と、咸臨丸の面々は異国の地で再会した。副使の村垣は『遣米使日記』にこう記す。

「かかる異域にて御国の人逢いしは、常の旅と変わりて、いとなつかしく、とみに言葉も出ぬばかりなり」。互いに顔を見合わせたまま、絶句したのである。

正使は先を急いでいた。ポーハタン号が石炭の積み込みを終えたら、すぐにパナマまで送ってもらう予定だった。パナマで地峡鉄道に乗り換えて大西洋側のアスペンウォールに出て、ふたたび船に乗ってワシントンに向かう行程だ。

勝はポーハタン号と別れるのは忍びなかった。できればワシントンまで同行し、首都の活況を目に焼きつけたかった。しかし艦長が咸臨丸を乗り捨てるわけにはいかない。木村に「せめてパナマまで随行致そう」と提案した。木村は、首を横に振る。「船の修理が終わり、速やかに出帆せねば、台風に遭わんとも限らぬ」。どこまでも平行線である。勝は正使一行を見送った。

水夫二人を死に至らしめた病魔は、その後も艦内に巣くっていた。閏三月十三日、八人の水夫が、公用方下役の小永井五八郎に付き添われて病院に入院する。トラブルが後を絶たない。勝と小野、万次郎は病人を見舞い、米、味噌、鰹節、醤油、梅干し、砂糖に鍋など、必需品を届けさせた。翌日、勝は水夫がたむろする咸臨丸の甲板に上がり、水夫小頭の横に腰を下ろした。

「よう、達者かえ」と氷川の自邸にいるような気安さで話しかけた。

「へぇ。あっしは達者だけが取り柄で」と小頭が申しわけなさそうに答える。

「そろそろ帰帆しなくちゃならねぇ。病人が後から後から出るのは、汚れた蒲団で寝ているからだ。湿りがとれねぇのさ。新しい羅紗布団（毛布）を用意した。全員に一枚宛もっていけ。あったけぇぜ。古蒲団は海に捨てちまいな。いいかえ。船のなかをきれいにしろ」

「ありがとうごぜぇます」

「聞いているかもしれねぇが、養生所に入れた八人は船で連れて帰るのは無理だ。おれも散々な目に遭ったから、よくわかる。治して帰ってくればいい。付添いに小永井を残そうって士官どもは言ってるが、おれは反対だ。言葉の通じない小永井じゃ役に立たねぇ。ありがた迷惑ってもんよ。それより、貿易商のブルックスに十分な金を預けて、養生も帰国の手配も万事託すのがよかろう。ブルックスはハリス公使の朋友だ。悪いようにはすまい。お奉行とも談論して、そう決めたから、おめぇたちも承知してくんな」

「恐れ入りやす。病人どもも安心でやしょう」

「頼んだぜ」と勝は腰を上げた。

サンフランシスコ滞在中、勝は地勢から市街の建造物、郵船や病院、印刷所、劇場、金山、ダンス……と、ありとあらゆるものを調べ上げた。米海軍の軍制については、オランダのそれと比較しつつ、軍艦の種類や数量と配置、海軍局の場所、士官の数と階級別の俸給、人事制度などを調査しまくった。造船所の機械や器具も士官にスケッチさせ、寸法を計らせる。海軍をそっくり写し取らんばかりの勢いだったが、勝本人に強烈なインパクトを与えたのは、むしろ一般社会のしくみだった。

たとえば、「官員」と呼ぶ行政担当官や政治に携わる者は、「すべて士農工商の差別なく、鬻売《いくばい》（商い）交易」に関わっていた。生業のない武士が俸禄で生きる日本とはまったく違っていた。ビューゲル（士）は農業や商業も営み、自らが官途にあっても財産があれば子弟に交易をさせる。財産の少ない者は、数人が連合して一店、二店を設け、利益を分配していた。官員も引退すれば、商売に戻ってもいい。だから、官員でも大店を数か所も持ち、巨船を造り、他国と交易をしている。

勝は、帰国後、親友の竹川竹斎宛の手紙にこう記す。

「わが国士官員に絶えて為さざるところ、ただ郷士と唱うる者と相似て、その権勢こととなるのみ」

日本にも「郷士」と称する農村に住む武士もいるが、権勢はまったく違う。生産に与せず、権力をほしいままにする武士階級は、アメリカには存在していなかった。

同質の驚きを、福澤諭吉は、こう著した。

「いま、ワシントン(初代米大統領)の子孫はどうなっているかと尋ねたところが、その人の言うに、ワシントンの子孫には女があるはずだ、今どうしているか知らないが、なんでも誰かの内室になっている様子だと、いかにも冷淡な答えでなんとも思っておらぬ。これは不思議だ」(福翁自伝)

大統領の子孫でも、特別な存在ではなく、福澤は愕然とする。勝も福澤も社会のしくみにカルチャーショックを受けた。

閏三月十九日(陽暦五月九日)朝、正使がパナマに着いたと連絡が入った。咸臨丸は、サンフランシスコの港を離れる。小型のスクーナーが出航の祝砲を十四発放った。咸臨丸も十二発の礼砲を返す。

帰路は好調に滑り出し、帆と蒸気でぐんぐん距離を稼いだ。往路とはがらりと変わって海は静かで、順風満帆、ハワイのホノルルを目ざした。

四月四日、ハワイに着き、薪水や食料を積み込む。木村はカメハメハ国王と接見した。

七日にホノルルを発ってからも航海は順調で、実質的な指揮は、ブルックの信任が厚かった浜口と小野が執る。勝は健康を回復したけれど、積極的に指揮したようすはない。

五月五日、深い霧のなかを咸臨丸が用心深く進んでいくと、右舷に忽然と陸地が現れた。富津の岬だった。船内は「わーーっ」と大歓声に包まれる。針路を西にとり、日の丸をひるがえし、凱歌を唱和しながら浦賀の港に入った。

翌六日、咸臨丸は錨を上げ、横浜を経て、深夜、品川沖に帰りつく。正月に錨を上げてから、百四十日、海軍の基盤を築くための外洋航海はさまざまな試練を経て終わった。ワシントンに批准書を届けた遣米使節一行は、大西洋を渡って喜望峰を回り、蘭領のバタヴィア、香港を経由して九月に帰国する。

木村の従者だった長尾幸作は帰還の嬉しさと、悲しさが入り混じった感情を、こう書き残した。

「このときの心情、意外の喜び、意外の悲しみ、悲喜胸に交わり、じつにこの行をともにするものに非ざればともに談ずべからず」

板子一枚下は地獄といわれる荒海を乗り切った戦友にしかわからない心情だろう。

勝は、咸臨丸が浦賀に入って「胆が潰れる」ほどの変事を知った。

乗組員一同を入浴のために上陸させようとしていると、浦賀奉行の命で捕吏がどやどやと船に踏み込んできた。

「無礼者め。何をするのだ」と勝が一喝すると、捕吏が言い返した。

「井伊大老が桜田門で殺されたについては、首謀者の水戸人を厳重に取り調べねばならぬ」。ぎょっとした勝は、冷やかし半分で怒鳴った。

「アメリカには水戸人は一人もいないからすぐに帰れ」

捕吏は退散したが、「幕府はもうとてもだめだ」と勝は肩を落とす。片時も安閑としていられなかった。江戸に帰ると、アメリカの土産話もそこそこに幕僚に激論を吹っかける。このままでは攘夷の風が吹き荒れ、国が乱れて幕府は瓦解する、いかに対処なさるのか、と。

勝は、井伊を派閥的権力欲が強く、反対派を抑圧しすぎたと批判する一方で、その政治手腕を買ってもいた。とくに将軍継嗣を紀州の慶福（家茂）に決めた手際は「断然たる挙」「感服する」と讃えている。乱世にふさわしい宰相と評価した。日米修好通商条約の不平等さは痛いが、アメリカを見た勝は不利でも調印するしかない国力の差を感じて帰ってきた。

氷川の家には相変わらず多くの人が訪れる。誰もが、井伊大老は首を水戸浪士に掻き切られたそうだ、などと他人事のように言い、おもしろおかしく書き立てる瓦版に興じている。勝は、第二次アヘン戦争で、大砲の音に怯えて逃げ出した清の咸豊帝《かんぽう》を思い浮かべた。戦火が迫っているにもかかわらず、どこ吹く風と円明園で宴を張り、砲声が高まると慌てて逃げ出した咸豊帝。井伊の遭難をおもしろがっている者たちも、危機意識の薄さでは同じだと頭にきた。

軍艦奉行の木村を相手にもっと危機感を持つべきだ、と勝は詰め寄る。役人たちはあきれ顔で「勝は気が狂った」と言いふらす。井伊亡き後、老中の安藤信正と久世広周《ひろちか》が権力を握った。安藤・久世政権は、跡目相続をせずに藩主を亡くした彦根藩の家名断絶と、襲撃の実行犯を出した水戸藩の取り潰しを怖れて井伊の死を隠す。しかし、世間はとうに知っている。幕閣の危機意識は低く、ぶざまに怯えるばかりだ。

老中は、アメリカから帰った勝を呼び、尋ねた。

「そちは一種の眼光をそなえた人物であるから、定めて異国へ渡りてから、何か目をつけたことがあろう。詳しく言上せよ」

勝は、皮肉をこめて返答した。

「人間のすることは古今東西同じで、アメリカとて別に変わったことはありませぬ」

「さようではあるまい。何か変わったことがあるだろう」と老中はしきりに問う。

「さよう、少し目につきましたのは、アメリカでは、政府でも民間でも、人の上に立つ者は、皆その地位相応に利口でございます。この点ばかりは、まったくわが国と反対のように思いまする」

「この無礼者、控えおろう」。老中は顔を真っ赤にして叫んだ。

勝の抜き差しならない危機意識と、上司との冷え切った関係は、どこか虚無的だ。

勝は、咸臨丸の航海を通して深い傷を内面に抱え込んでいる。艦長に選ばれながら往路は病に臥して何もできなかった。帰路も浜口と小野に舵を任せた。首都ワシントンまで行きたかったが、それもかなわなかった。

松代に蟄居する佐久間象山には「せっかくアメリカに渡航しながら滞在が短すぎる。なぜ、こんなに早く帰ってきたのか」と手紙で叱りつけられた。悔しさばかりが募る。安藤、久世は上役に対して毒舌を吐く勝を嫌った。

年下の軍艦奉行、木村は、そつなく職務をこなした。公私ともに巨額の金を持参した木村は、帰国後、精算を行う。公金では、幕府から支給された七千六百三十四両一分のうち、千八百六十三両三分百十八文を「諸品買入」に使い、五千七百七十一両三十一文四分を返納。洋銀（ドル貨）では八万枚を支給され、使ったのは九千三十八枚七十三セント。差し引き、七万九百六十一枚二十七セントを返納した。じつに邦貨の七五・六パーセント、ドル貨は八八・七パーセントを幕府に返している。

その代わり、自分で用意した三千両と幕府から借りた五百両は使い果たした。サンフランシスコの物価は日本の七、八倍、ものによれば二十倍、三十倍も高い。木村は、懸命に節約をし、私財を削って乗組員にたびたび恩賞を与えて航海を支えた。木村は部下思いの能吏といえるだろう。

木村の従者だった福澤は、後年、自伝で咸臨丸の航海について、こう断言した。

「……航海中はいっさい外国人の甲比丹《カピタン》ブルックの助力は借らないというので、測量するにも日本人自身でする、アメリカの人もまた自分で測量している、互いに測量したものをあとで見合わせるだけの話で、けっしてアメリカ人に助けてもらうということはちょいとでもなかった。ソレだけは大いに誇ってもよいことだと思う」

アメリカ人にまったく助けてもらわなかったというのは明らかな嘘だ。事実を曲げている。船に強い福澤は、まわりが寝込んでいたなかで誰が操船しているか知っていただろう。脱亜入欧の愛国心が嘘をつかせたと思われる。

『福翁自伝』が刊行されたのは一八九九年、日清戦争の戦勝気分が蔓延している時期である。ナショナリストの福澤は、日清戦争に賛成し、日本人は自力で咸臨丸の航海を成し遂げたと胸を張る。

「今の朝鮮人、支那人、東洋全体を見渡したところで、航海術を五年学んで太平海を乗り越そうというその事業、その勇気のあるものはけっしてありはしない」とも記す。

一方の勝海舟は、日清戦争に反対し続けた。そして、咸臨丸の航海中、ブルックに指揮権を委ねたことには終生、言及しなかった。それほど屈辱的で、心の傷は深かった。ただ日記に「速やかに死せんにはと思慮すること再三。この際の苦心だれか知らん。また誰にか告げん」と書いたのみである。

勝は、咸臨丸の航海を終えて間もなく、「蕃書調所頭取助《ばんしょしらべしょ》」という役職に飛ばされる。蕃書調所は幕府の洋学研究機関だ。格としては、軍艦操練所教授方頭取の次のポストでもおかしくはないが、勝は海軍創設に身体を張ってきた旗本である。いまさら横文字の書物の研究でもあるまい。佐久間象山は、手紙で「御左遷」と図星をさす。海舟は、船を奪われた。海軍から追い出されたのである。

木村は軍艦奉行に留まり、海軍の出世街道を粛々と上っていく。

勝の海軍放逐は二年にも及んだ。

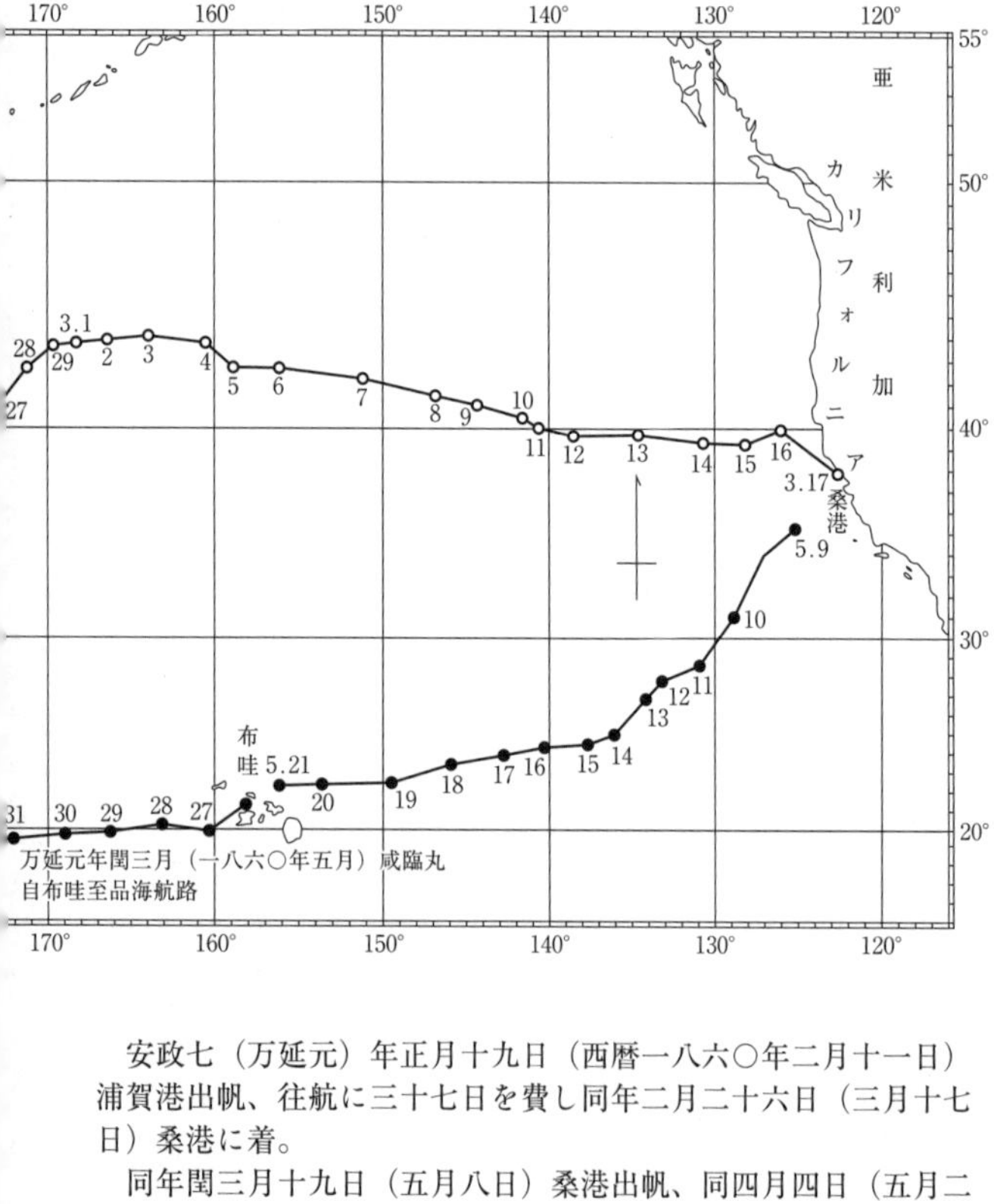

安政七（万延元）年正月十九日（西暦一八六〇年二月十一日）浦賀港出帆、往航に三十七日を費し同年二月二十六日（三月十七日）桑港に着。

同年閏三月十九日（五月八日）桑港出帆、同四月四日（五月二十三日）ホノルル港に着、この表には途中の日附となって居る。三日間碇泊して同四月七日（五月二十六日）ホノルル港出帆。同五月五日（六月二十二日）浦賀着、帰航に四十五日を費やした。

（文倉平次郎編『幕末軍艦咸臨丸』巌松堂、一九三八年より、日付ママ）

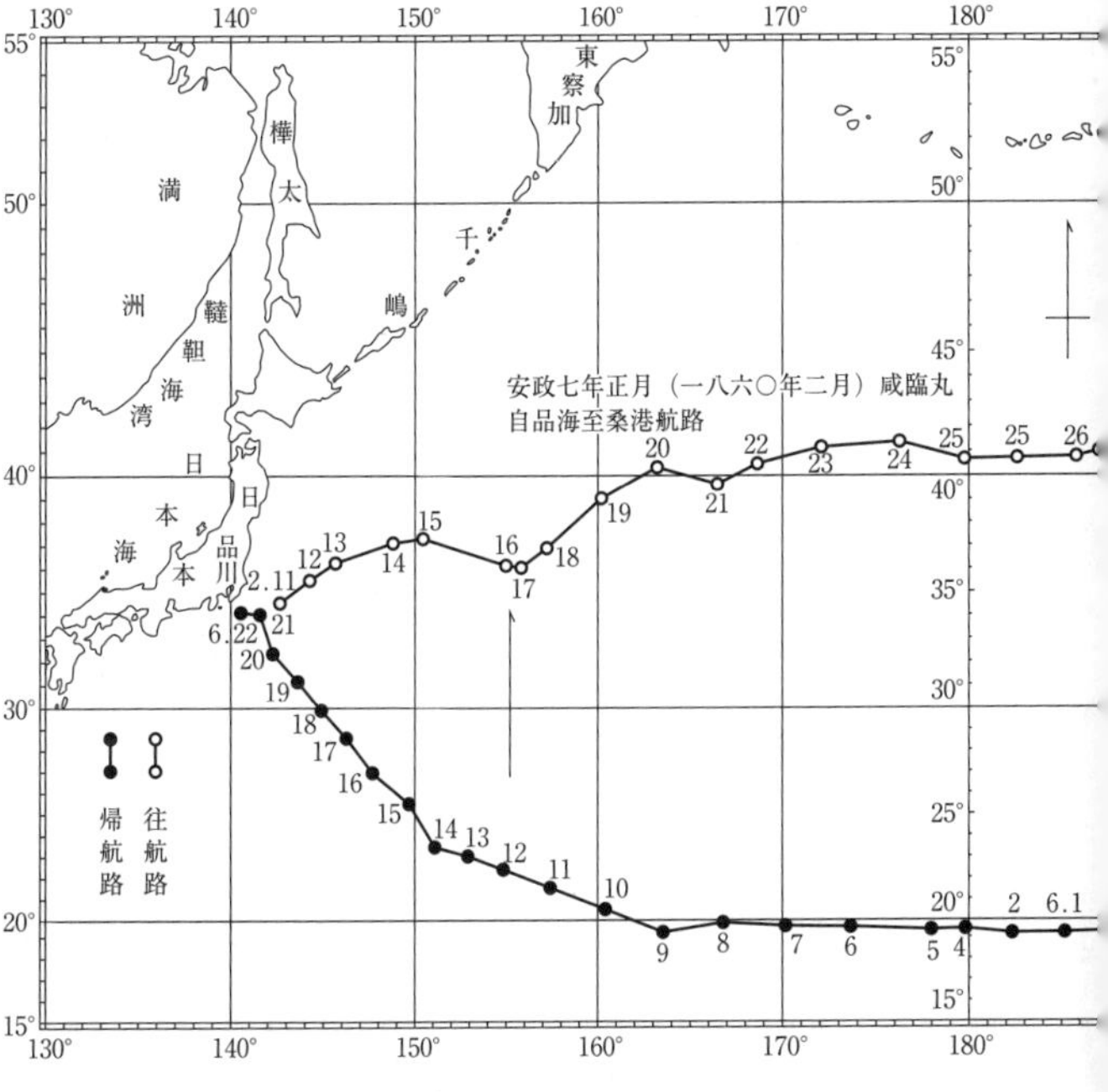

咸臨丸太平洋航程図

この航程図は陽暦に拠り経度百八十度通過の際の日附も増減してある。発着地は浦賀としたので従来刊行の航海日記とは日附に多少相違がある。

第三章　薩長同盟へ

尊攘激派

勝麟太郎は、江戸小川町の蕃書調所に出仕すると礼装の麻裃《あさかみしも》を着たまま、ごろごろ寝ころんでばかりいた。左遷されて研究に身が入らない。追い出された海軍への復帰の方途を探り続ける。サンフランシスコの残影が脳裏をかけめぐり、「閑人のやる仕事は一向に好まぬ」とふて腐れている。

蕃書調所には洋学の俊才がきら星のごとく集まっていた。頭取の古賀謹一郎はじめ松木弘安（寺島宗則）、村田蔵六（大村益次郎）、西周《あまね》、津田真道《まみち》……。勝が古賀に次ぐ「頭取助」で赴任したときは、ペリー初来航時に通詞を務めた堀達之助が脳漿をしぼっていた。

堀は日米和親条約の翻訳にも携わり、下田に詰めた。プロイセンの商人から交易を望む奉行宛の手紙を託され、独断で処理しようとして人生が狂う。分をこえた所業と咎められ、獄に四年もつながれた。堀を埋もれさせては惜しいと古賀が八方手を尽くして出獄させ、対訳辞書編輯主任の肩書で迎える。堀は日本初の英和辞書『英和対訳袖珍《しゅうちん》辞書』の編纂に心血を注いでいた。「袖珍」とは袖に入る小型版＝「pocket size」の意である。

英才が静かに洋書と向き合う蕃書調所は、国を開く最先端の研究機関だ。勝がその気になれば、ここを拠点に巨大な知のネットワークで権勢をふるえるだろう。が、しかし、勝は事務を古賀に任せきりで、昼行燈《ひるあんどん》のようにぼんやり過ごしていた。

役所は目付が見回っている。一種の見張り役だ。目付は、日がな一日、肩衣《かたぎぬ》もとらずに寝ころがる勝を見て、まゆを顰《ひそ》めた。まったくやる気がない。このまま放置しておくと、監督不行き届きで目付の責任が問われる。目付は、こっそり上司に注進した。

「勝がまた怠けて、事務を放擲しておりまする。いかがなさるか」

上司も「また勝が……」と老中に伝言する。「メリケンの風に当たって、気でもふれたか」。幕閣は勝をもてあました。結局、一年余りで講武所に異動させ、砲術指南役を命じた。サボタージュ戦法が奏効したといえなくもない。

講武所は、陸軍の系譜に連なる。勝は、講武所に移ると奉行に「海陸合一」の軍制改革を建白した。海軍を講武所に引き込んで統合し、自家薬籠中のものにしようと考える。

だが、虫のいい海陸の統合案は流れ、幕府は新しい陸軍の創設へと向かう。海軍の事実上の長官は、木村喜毅《よしたけ》だった。海軍に戻るにしても気が重い。政治状況が勝を海軍に引き戻すまで、もうしばらく、時間が必要だった。

世間を見渡すと「攘夷熱」が一段と高まっていた。

その要因のひとつは、諸外国と通商条約を結んで始まった貿易である。たとえば新開港場の横浜では、外国人がほしがる生糸の輸出が急増し、商人が生糸を買い占めた。たちまち価格は急騰し、桐生、西陣、博多、八王子などの絹織物業は大打撃を被った。

そこに「金貨流出問題」が追い打ちをかける。

通商条約では金貨・銀貨の輸出も認められており、運上所（税関）は外国人の洋銀（メキシコ銀）一枚につき日本の一分銀三枚の両替に応じた。これは実勢を無視した洋銀有利の比率で、外国側は商人だけでなく官吏や軍艦乗組員までも大量に洋銀を運上所に持ち込んで交換差益に顔をほころばせる。

鎖国経済が長かった日本では金貨も割安だった。金一に対して銀約五の交換比率である。諸外国は金一＝銀約十五だったので大きな差益が生じる。外国人は大量の一分銀を金の小判に替えて国外に持ち出し、濡れ手で粟の巨利を得る。十万両以上もの金貨が流出した。

慌てた幕府は万延元（一八六〇）年に金貨の品質を下げる改鋳を行い、事態の悪化を防ごうとした。だが、貨幣の実質価値が下がって物価はさらに上がる。庶民は生活に困窮し、外国貿易への怨嗟の声が巷に満ちた。怒りは外国人に向けられる。

攘夷熱は、「異人斬り」へとエスカレートした。

咸臨丸が出航準備をしていた安政七年正月、イギリス公使館の通訳伝吉が殺害された。伝吉は十数年前にアメリカに漂流して助けられた元漁民で、ボーイ・デイアスと名のり、雇われていた。長州藩士の桂小五郎（木戸孝允《たかよし》）は、同僚への手紙にこう記している。

「……（犯人は）後ろより短刀にて刺しつらぬき、そのまま短刀を刺しおき候て、いずくともなく逃げ去り候よし、誠にきび（気味）のよき事いたし候」

桂小五郎は「誠にきびのよき事」と快哉し、溜飲を下げた。

万延元年十二月、駐日アメリカ総領事館の通弁官、ヘンリー・ヒュースケンが、芝で「虎尾の会」の薩摩藩士、伊牟田尚平らに襲撃されて絶命した。英、米、仏の領事は老中の安藤信正に猛抗議を行う。英、仏の公使は江戸から横浜に退去した。幕府がヒュースケンの母に一万ドルを払って事件は決着するが、虎尾の会のリーダー、清河八郎は幕吏に追われて関東、東北を転々。その後、将軍警護の「浪士組」を率いて京都に上る。

翌文久元（一八六一）年五月には英公使オールコックが狙われた。水戸脱藩浪士十四名が、東禅寺の英公使館に侵入し、公使を襲った。公使館は外国奉行配下の旗本や郡山藩士が警備していた。日本人どうしが白刃を打ち当て火花を散らす。東禅寺の戦闘で警備兵二名、浪士三名が命を落とす。

難を逃れたオールコックは、英国水兵の公使館駐屯と日本警備兵の増強、賠償金一万ドルを幕府に認めさせる。事件後、英国艦隊の軍艦が横浜に常駐するようになった。

開国の風圧は、京都の天皇を中心に何世紀も禁域にまどろむ公卿殿上人も目覚めさせた。天皇と公家は幕府の京都所司代の統制下、「禁中並公家諸法度」で学問と芸能の世界に封じられていたが、「権威」に光が当たって息を吹き返す。

幕府は、ハリスと日米修好通商条約を結ぶに当たり、「列侯諸藩に至るまで、人心おり合いそうろう」ために天皇と公家にも条約承認（勅許）を求めた。朝廷とともに開国へ進もうとしたのだが、孝明天皇は幕府のやり方を批判し、攘夷を促す「戊午《ぼご》の密勅」で応える。のちに条約は承認されるのだが、孝明天皇は通商条約を破棄して和親条約の状態に戻す「破約攘夷」を幕府に迫った。どうみても無理筋の要求である。

天皇の攘夷方針を支えたのは下級公家の岩倉具視だ。岩倉は条約調印に反対し、堂上公家八十八名の先頭で抗議の座り込み（列参）を行う。若いころの岩倉は「貧寒」だった。公卿の邸には幕府の捕吏が入れないのをいいことに賭場を開かせ、寺銭を取っている。あくの強い岩倉は、詭計を案じて「権力」に手を伸ばした。

高まる攘夷熱は政局をかき回した。幕府は、攘夷の本丸である朝廷との連合「公武合体」に活路を求めた。老中の安藤は、孝明天皇の妹、和宮と将軍家茂の縁談を進める。幕府自ら、皇妹を御《み》台所《だいどころ》に迎えて「尊王」を体し、風当りを弱めようとした。

当事者の和宮は「何とぞ、この儀（降嫁）は、幾重にもお断り申し上げたく」と頑なに拒んだ。

すると幕府は「今後、七、八年ないし十年のうちに、必ず外国と交渉して条約を廃棄するか、戦争をして外国を打ち払う」と朝廷に誓う。とうとうできもしない破約攘夷を約束したのである。孝明天皇は、侍従、岩倉具視の献策で和宮降嫁を受け入れた。

見え透いた政略結婚に急進的な尊攘激派は苛立った。こんどは安藤が狙われる。文久二（一八六二）年一月、安藤の登城行列が坂下門で水戸藩浪士の一団に襲われた。安藤は背中に軽傷を負って城に逃げ込み、六人の実行犯は警護兵に全員討ち取られるが、幕府の権威は地に落ちた。安藤は老中を罷免され、政治生命を失う。

その直後の二月、十七歳どうしの和宮と家茂の婚儀が執り行われ、幕府は公武合体に辛うじて望みをつないだのだった。

攘夷熱は天皇のお膝元、京都でも高まっていた。尊王攘夷の志士が集まり、暴発寸前の緊迫感がみなぎる。朝廷は攘夷を掲げてはいるが、尊攘激派を警戒し、秩序の破壊を怖れた。このような状況をとらえ、時代の歯車を回したのは、薩摩の最高実力者、島津久光だった。文久二年三月、斉彬亡き後、藩政の実権を握った久光は、公武合体による幕政改革を構想し、約一千の兵を率いて京に上る。久光は「尊王」を装い、孝明天皇の歓心を買った。天皇の信用を得ようと薩摩の過激な藩士の排除を決断する。

久光は、伏見の船宿「寺田屋」に薩摩の尊攘激派が集まって、挙兵、討幕の計画を立てるという情報をつかんだ。尊攘激派は久光の上京を義挙の契機ととらえていた。四月二十三日、久光は刺客九人を選び、寺田屋を襲撃させる。大乱闘の末、尊攘派六名が即死、二名が重傷を負い、生き残った二十名は投降した。

尊攘激派を抑え込んだ久光は、孝明天皇の内勅を受ける。次の三項目、「将軍上洛による国策決定」「五大藩の大老を朝廷顧問に選定」「一橋慶喜を将軍後見職、松平春嶽（慶永《よしなが》）を大老に据えて幕政改革」のうちどれかを幕府に実行させせよ、と命じられた。久光は、勅使の公卿を護衛し、藩兵を率いて東海道を下る。迎える幕府は、天皇の意思を慮り、安政の大獄で排斥された開明派を呼び戻した。四月下旬、一橋慶喜と松平春嶽が接客、通信の禁を解かれる。五月、春嶽は幕政参与に就く。五年ぶりに政治の表舞台に戻った春嶽は、朝廷との関係修復のために「将軍上洛」を主張した。

ここで、情勢を眺めていた勝が動いた。春嶽の側近で旧知の大久保忠寛（一翁）に建白書を出し、将軍上洛案の勘所を突いた。

「和宮降嫁は陸路だったので沿道に多大な負担を強いた。将軍の上洛は、ぜひ海路にすべきである。蒸気船を使えば日数もかからず、早く京都に上れる。船は危険との意見もあるが、イギリスの王は女性ながらアメリカ大陸を蒸気船で視察に行っている」

勝は海路上洛を推挙し、春嶽の主張を巧妙にくすぐった。

さっそく大久保は春嶽や老中に勝の将軍海路上洛案を刷り込む。七月五日、勝は念願かなって海軍に復帰した。役職は軍艦操練所頭取だ。つづけて一橋慶喜は将軍後見職、松平春嶽が政事総裁職に就任する。朝廷は慶喜と春嶽に幕政改革、攘夷を託した。

「天下でおそろしいもの」横井小楠

江戸で役目を終えた島津久光は「生麦事件」という厄介な置き土産を残して京都に帰った。事件のあらましはこうだ。

久光の行列が横浜の手前の生麦村にさしかかると馬に乗った四人のイギリス人と行き会った。イギリス人は馬を行列に乗り入れ、怒った薩摩藩士がかれらを無礼討ちにする。一人が殺され、二人が重傷を負う。英国側からみれば傷害致死事件だ。幕府は弱腰で解決を先送りし、久光はそのまま京に上る。英国代理公使は本国に事件を伝え、指示を仰ぐ。幕府と薩摩は、とんでもない爆弾を抱え込んだ。それが炸裂するのは翌年のこととなる。

海軍に復帰した勝は、役高千石の軍艦奉行並に昇格し、海軍改革を審議する御前会議に出た。勝のいない海軍の改革を牽引したのは木村喜毅だった。この年、木村は初の国産蒸気式軍艦「千代田形」の建造に着手し、アメリカとオランダに三隻の軍艦（富士山丸、東艦、開陽丸）を発注した。六月には榎本武揚、赤松則良ら海軍伝習所出身者や文官の西周、医官の林紀《つな》らをオランダに留学させる。木村の軍制改革は極めて大仕掛けだった。御前会議で木村は意気軒昂だった。

「わが邦の周辺海域を六つに分け、防備の艦隊をことごとく配置。その軍備は、軍艦総数三百七十余隻、乗組み士官五千四百人、水夫火焚等を含めた総人員六万一千二百余人、運送船及びその人員は別とし、東西南北に艦隊を配備致す所存でござる」

と、木村は厳かに語り、さらに言葉を継ぐ。

「船将、仕官、兵すべて幕府の士をもって従事せしめ、海軍の大権を掌握。この策が成れば、強梁跋扈の大藩ありといえども、これを討滅致すこと難しからず」

徳川幕府が強大な海軍を一手に握り、「強梁跋扈」する大藩を討つ、と木村は高らかに宣言した。それは反抗的な雄藩を打ち負かすための大海軍構想だった。

勝は黙って聞きながら、心中「素人はこれだから困らぁ。どこにそんな元手があるえ」と半畳を入れたくなった。木村が財源に言及した。

「大海軍の費用は『海軍兵賦《へいぶ》』にて賄いまする。先般、政事総裁松平春嶽殿の知恵袋、横井小楠《しょうなん》先生の発案で、参勤交代が大幅に緩和されることと相成り申した。諸大名の妻子は国もとに戻られ、参勤交代の費用は相当に減ぜられまする。その削減分を『海軍兵賦』としてわが幕府が諸大名より徴収すれば、海軍盛大なること疑いなし」

勝は、苛々しながら聞いている。

「おいおい。小楠は兵賦を取るために参勤交代をやめようと言ったのかえ」と小声でつぶやく。

小楠は熊本藩士の儒学者で、請われて越前福井藩の藩政立て直しを指導し、春嶽の政策参謀を務めていた。小楠案は、従来の参勤交代をやめて、諸大名が短期間江戸にきて地方政治を報告検討する形態＝「述職《じゅつしょく》」に改めるものだ。その過程で有能な大名を見出して幕閣に抜擢せよ、と小楠は提案していた。大名の負担軽減と中央の人材の登用が参勤交代緩和の眼目である。徳川のための海軍兵賦とは次元が違っていた。

木村の陳述が終わり、幕閣が勝に問いかけた。

「幾年を経れば、海軍改革案は成就するや。全備せんや」

勝は、一呼吸おき、ずばっと言い切った。

「五百年の後でなくば、その全備は見えませぬ」。ほォーっと小さなどよめきが起きた。勝は、容赦なく木村改革案を批判した。

「海軍改革は幕府の士のみではかなわず、全国の人民より貴賤を問わず、有志を選抜すべし。諸大名とともに力を尽くさねばならぬと存じまする」

勝は御前会議で軍艦奉行、木村の顔をつぶした。すかさず、攻勢に転じる。

幕閣の最大の関心事は「将軍海路上洛」である。すぐに実現するのは難しいが、勝は布石を打つ。将軍の乗艦を確保すべく、最先端のイギリス商船を独断で買った。価格は総額十五万ドル。船は横浜で引き渡され、「順動丸」と命名された。

樹々の葉が散った晩秋、勝は、江戸常盤橋の越前藩邸に横井小楠を訪ねた。世間は開国か、鎖国かとかまびすしい。攘夷熱は高まるばかりだ。京都では薩摩の田中新兵衛や土佐の岡田以蔵が人を斬りまくっている。小楠も変わり者である。酒宴が好きで、嫌な来客は断る。他人におもねらない勝とは気が合った。勝は騒然とした世情について小楠に訊ねた。

「このごろ、世間は開鎖の論、鎔々として、皆、服そうとは致しませぬ。それ、開鎖は、往年、ペルリ来航の折に和戦を論ぜしと同断でござろう。ただ文字が変わりしのみ。何の益がありましょうや」

かつてペリーの砲艦外交に悩んだ幕府は諸侯に広く、意見を求めた。集まったのは単純な和戦論ばかりだった。同じことが開鎖の二者択一の論議でくり返されていると勝は嘆く。

「まことに然り、当今しばらく和戦の異同を言わぬともよろしかろう。それ攘夷は、興国の基を言うに似ておりまする」と、小楠は含蓄に富む返答をした。攘夷とは、国の勢いを盛んにする基盤だと解釈してみせた。卑屈な幕吏よりも攘夷論者のほうが開国論に転じる可能性が高く、頼りにできる、と言うのだ。

「しかるに世人、いたずらに夷人《いじん》を殺戮し、内地に住ましめざるをもって攘夷なりと思うは、はなはだ不可でござる。いまや急務とすべき、興国の業をもって先とするにあり。とりとめもなく開鎖の文字に泥《なず》んではなりませぬ。興国の業、大名諸侯の一致、海軍盛大に及ばねば、とうてい攘夷などなりますまい」と小楠は見通した。

勝は、目の前の霧がさーっと晴れる気がした。攘夷とは異人斬りではなく、欧米諸国と五分の関係を結ぶ国力をつけること、興国なのだ。もはや幕府だけでは国を興せず、薩摩、長州、土佐などの雄藩を含む侯伯一致が不可欠である。

勝は小楠を畏敬していた。後年、こう語っている。

「おれは、今までに天下で恐ろしいものを二人見た。それは、横井小楠と西郷南洲とだ。横井は、西洋の事も別に沢山は知らず、おれが教えてやったくらいだが、その思想の高調子な事は、おれなどは、とても梯子をかけても、及ばぬと思った事がしばしばあったヨ。おれはひそかに思ったのサ。横井は、自分に仕事をする人ではないけれど、もし横井の言を用いる人が世の中にあったら、それこそ由々しき大事だと思ったのサ」

小楠の論説は、徳川幕府の「私」ではなく、「公」の政治へと収斂していく。その思想は、福井藩政を再建しながら著した『国是三論』(富国論・強兵論・士道論)に骨格が示されている。富国論では、世界の海運が発達して自由に通商貿易が行われるなかで日本だけが鎖国を守れば、外国から武力攻撃を受ける、天地の気運に乗じ、万国の事情に従って「公共の道」をもって政治を行えば多くの障害が消える、と交易立国を推奨した。

では、産業を興し、流通のしくみをどうつくるのか。福井藩では「米以外の穀物、生糸・麻・漆の類。その他、民間で生産されるすべての産物」を、悪徳商人を介さず、藩と公正な商人合同の「物産総会所」で買い取った。生糸などは長崎、横浜から海外に売りさばき、莫大な利益を上げている。元手のない生産者には無利子で資金を貸し付けた。

小楠の「公」は西洋流のデモクラシーや民主政体に通じる。幕藩体制をこえて「公論(公平な論議)」を尽くせと説いた。一方で西欧の政治の根本は「利害」に発しているととらえ、西洋人は腹の底はともかく、目の前のことは道理(万国公法)に従って行動するので日本も道理をもって応じるしかない、と「国際法」を射程に入れる。

強兵論では、ユーラシア大陸を南下して大海を目ざすロシアと、世界に植民地を持つイギリスのトルコ、アフガニスタンでの武力衝突を解説し、極東ロシアのウラジオストク港が繁栄すれば日本海が戦場になりかねないと警鐘を鳴らす。「日露戦争」を半世紀ちかく前に予言している。そして、孤島の日本を守るには海軍より優れたものはないと主張した。

小楠は、単なる富国強兵論ではなく、士道論で行動倫理を示して欧米の覇道を乗り越えようと唱えた。文武はもと一源であり、武人や役人が士道を尽くせば人材が続々と生まれる、と語る。小楠は幕府側の儒学者でありながら、怜悧に西洋を透視していた。勝が「天下で恐ろしいもの」とふり返る所以《ゆえん》である。小楠との交流を通して、勝は、私ではなく公、興国、侯伯一致という思想的核心をつかむ。

それを海軍で、幕政でどう表現し、具体的な事業に結実させればいいか……。欧米諸国の武力を背にした圧力と、猛り狂う攘夷の狭間から新たな日本が顔をのぞかせようとしていた。本格的な海軍改革を志向する勝の脳裏にひとりの男の顔が浮かんだ。少し前に元氷川の邸に来た、大柄で顔じゅうあばただらけの脱藩浪人……。

「坂本龍馬、あの男に賭けてみるか」と勝は顎をなでた。

興国の飛び道具、坂本龍馬

郷士株を持つ裕福な商家に生まれた坂本龍馬は、文久二（一八六二）年三月二十四日、土佐藩を脱藩した。土佐藩庁は龍馬へ追手を放った。

脱藩前、朋友の武市《たけち》半平太は土佐勤王党を組織し、参政の吉田東洋を暗殺して藩論を尊攘一色に染め上げようとしていた。一緒にやろうと誘われたが、龍馬は気が進まない。東洋は山内容堂前藩主の股肱《ここう》の臣だ。容堂は安政の大獄に連座して江戸で謹慎中である。龍馬は島津久光の上京に合わせた討幕の義挙にも勧誘されたが、背を向けた。武市は刺客に東洋を殺害させる。殺し、殺し合って、どこに向かうのか……。龍馬の胸には虚ろな穴がぽっかりとあいていた。

土佐を出た龍馬は、長州下関から九州へ南下する。長崎、熊本と回り、通商貿易の実態を知る。薩摩では入国を拒まれ、六月ごろ、大坂に出て京都に潜入した。

京都では尊攘激派の「天誅」が始まっていた。大獄で迫害された志士の復仇《ふっきゅう》である。井伊の謀臣と協力して尊攘派を一斉検挙した島田左近が田中新兵衛に暗殺された。目明し、猿《ましら》の文吉は岡田以蔵が殺した。その殺し方に幕臣の背筋は凍りつく。

志士の捕縛で手柄を立てた文吉は、金貸しも営んでいた。以蔵らは捕えた文吉を「斬れば刀が穢れる」と素っ裸にし、かれの陰茎に竹串を突き通す。悶絶した文吉を以蔵が縊《くび》り、三条河原にさらした。幕府は恐れ戦いた。大獄で功績をあげた与力、同心の命が狙われる。かれらに江戸に帰れと通知した。与力、同心が逃げるように東海道を下っていると、二十数人の志士が追いつき、斬殺した。

天誅という人殺しで世直しができようか。龍馬は血なまぐさい京都を離れ、江戸に出た。閏八月二十二日、龍馬は、江戸藩邸の実力者で勤王党の同志、間崎《まさき》哲馬と酒を酌み交わす。吉田東洋門下の間崎は、容堂の信任が厚く、一方で武市半平太からも頼られている。間崎は単純な攘夷主義者ではなく、海軍に関心を寄せ、外に目を向けていた。

間崎は、勝の提案した将軍海路上洛が現実味を帯びたことを知り、土佐藩でも急いで蒸気船を買うようにと意見書を送った。長州の高杉晋作が上海でオランダに船を注文した情報も得ていた。

「高杉という人は、長さ二十五間の船を、七万ドルで買うたそうじゃ。近々、会うてみようと思っとる」

と、間崎はさらりと言った。龍馬は、目を輝かした。海に囲まれた日本が世界に乗りだすには船がいる。蒸気機関の大船は文明の利器だ。その先導役は幕府の海軍なのだ。脱藩以来、龍馬の胸にぽっかり開いていた穴を「船」がふさいだ。

「間崎さん、幕府の海軍を乗っ取れんじゃろか」。龍馬は真顔で問いかけた。

「奪《と》れるものなら奪ればええが、手ごわい船頭がおるぜよ」と間崎が答える。

「誰じゃ。船頭っちゅうは」。龍馬はしきりに首を傾《かし》げる。集中したときの癖である。

「勝麟太郎、海舟と号しちゅう。貧乏旗本から千石取りにのし上がった傑物じゃ」

「……会うてみたいねや。勝麟太郎」。龍馬はぼそりとつぶやいた。

「会いたいか。ならば松平春嶽殿におまんを紹介するきに勝殿への紹介状をもらえ」

文久二年秋、薄汚れた着物に大刀をぶら下げた龍馬は、春嶽の紹介状を携え、同志と元氷川の邸を訪《おとの》うた。勝は、龍馬を一目見て、並外れた魂魄を感じた。

「おいおい、えらく、おっかねぇ顔だのォ。おれを斬りにきたのか。物騒な世のなかになっちまったな。だけど、おれ一人を斬ったところでどうなる。乱れた国が鎮まるわけではあるめえ。おまえさん、何をしようってんだえ」

龍馬は、正面から打ち込むように言った。

「先生は、メリケンに行かれて異国にかぶれたのではありませぬか。開国を唱えながら、異国に追従し、日本を異国に売り渡そうとしていなさる」

「んん。何言ってやんでぇ。大ばか野郎め。そういう料簡の狭い唐変木ばかりだから、この国がいつまで経っても落ち着かねぇのよ。開鎖の論にとらわれて先が見えるものか。外国の力を知り、己の力を知らなきゃ国が滅びるぜ。耳の穴をかっぽじっておれの言うことを聞け」

勝は、幕藩体制の基である身分制度と生産の不釣り合いから、海外情勢、国を立て直すには「私」ではなく「公」の思想、産業を興して国を栄えさせる交易、朝廷・幕府・雄藩を連合させた体制づくりを諄々《じゅんじゅん》と語る。新しい国づくりの要に「海軍」があり、諸藩の有能な人材を身分に関係なく結集して教育しなくてはならないと論じた。肩ひじ張らず、開けっぴろげに自分の体験や見聞を語り聞かせ、念を押すように言った。

「どうだ、おれの話は間違っているか。たぶらかしだと思うなら、いつでも斬ってこい。こっちも直心影流《じきしんかげりゅう》の免許取りだ。相手をするぜ」

目玉を見開き、いまにも食らいつきそうな顔で聞いていた坂本龍馬は、

「先生。参りました。今日から、わたしを先生の門弟にお加えください。同志も連れて参ります。海軍を、船を、ご教授ください」と、畳に手をついて伏した。

「わかった。弟子にしよう。龍馬、おめぇも危ねぇ野郎のようだが、海を知れば、狭い国のなかでいがみ合っているのがばかばかしくなるぜ」

龍馬は、勝と出会って国の将来を見定めた。土佐の同志に勝のもとに集まるよう呼びかける。この時点から、後年の亀山社中、海援隊の主要メンバーは武市の勤王党を離れて龍馬と連動し始める。勝と龍馬は、幕府と諸藩の枠を取り払った神戸海軍操練所の創設へと歩を進める。

文久二年の暮れ、勝は順動丸に老中格の小笠原長行《ながみち》を乗せて品川を出帆した。翌年に予定される将軍家茂の海路上洛の予行演習を兼ね、幕府要人を初めて船で上方に運

んだ。順動丸は大坂天保山沖に投錨して小笠原を上陸させ、兵庫港に移動する。

明けて文久三（一八六三）年一月五日、将軍後見職の一橋慶喜が、陸路を上って京都に着いた。八日、勝が順動丸で大坂へ戻ると、京都から龍馬が仲間を連れて面談にくる。勤王党の望月亀弥太、千屋寅之助、龍馬の甥の高松太郎らが土佐藩から正式に「航海学修行」を命じられて勝門下に入った。

政局の重心は、上方の京都、大坂へと移った。将軍の海路上洛は、幕府海軍の力を示す恰好の機会だった。江戸の軍艦奉行、木村喜毅より勝に手紙が届く。将軍家茂、政事総裁の松平春嶽、そして謹慎を解かれた山内容堂がそれぞれ海路で上洛する予定なので、早々に帰れという。勝の順動丸は、一月十三日に兵庫を発ち、十五日午後、下田港に入った。

勝は下田で山内容堂に会った。容堂は、幕府が福岡藩から借りた大鵬丸で京へ向かう途中だった。大鵬丸は、咸臨丸で腕を磨いた小野友五郎が指揮を執っていた。

その日も容堂は酒に酔っていた。勝は上方の情勢をさらりと語り、用件を切り出す。

「侯家（山内家）の士、いささか過激ゆえ、亡命（脱藩）の罪を負う者が多く、現に坂本龍馬以下、八、九名、わが門下におりまする。かれらもとより、悪意はございませぬ。殿のお許しをいただければ、拙者がお預かり申し上げたく……」

龍馬が背負う脱藩の罪を赦してほしいと勝は頼んだ。容堂は酒をいれた瓢箪をつかんだ。

「まず一杯飲め、飲まねば、そのほうの申し出に返答せぬぞ」

下戸の勝が顔をゆがめてぐびりと盃を干す。容堂はからからと大声で笑った。

「龍馬は、そちに任す。ただ、また過激に失せしむるな。手綱をしめてかかれよ」

「ありがたきしあわせ、と申し上げたくも、殿は酔ってござる。信じてよろしゅうございまするか」。勝はねばった。免罪の証文がほしい。

ふん、と容堂は鼻息を吐き、傍らの紙に筆で瓢簞を描いて、大きく文字を入れた。

「歳酔《ニフ》、三百六十回、鯨海酔侯」

こうして脱藩への赦免状が出されたのであった。龍馬は京の土佐屋敷に七日間の謹慎ののち晴れて自由の身となる。藩のくびきを解かれた龍馬は日本中を駆けめぐる。勝は龍馬という興国の飛び道具を手に入れ、海軍改革に踏みだした。

生麦事件処理で「必敗開戦論」を説く

海軍の針路変更は、しかし一筋縄ではいかなかった。江戸に戻った勝は、将軍の海路上洛の前に春嶽を先に大坂へ送り届けよと命じられた。とんぼ返りで順動丸は、春嶽を乗せて品川を発つ。一月二十八日に兵庫に入港し、翌日、大坂天保山沖に回って春嶽を下船させた。

勝も上方に腰を落ち着けて情勢を窺いたいが、またも木村の「速やかに帰帆せよ」との急便を受ける。将軍の海路上洛が早まったので急げと督促された。乗船、下船のくり返しで目まぐるしく江戸と上方を往復する。冬の太平洋、遠州灘は荒れている。勝は風邪と船酔いに苦しみ、絶食を続けて品川に着いた。疲れ切って帰宅した勝は、城からの連絡を受けて絶句した。

将軍の上洛出発は、二月十三日に早められ、しかも「陸路」に変更されていたのである。

「この期に及んで何を慌てふためくか。天下の征夷大将軍が江戸から逃げてどうする」と痛憤にかられる。予定が変わったのは、島津久光の置き土産、生麦事件の処理に火がつき、イギリスが武力を背景に強硬な要求を突きつけてきたからだった。

イギリスは幕府へ圧力をかけるために江戸湾の軍艦を増やした。幕閣は超大国の武威を怖れ、海路を進めば何をされるかわからないと将軍を陸路、江戸から脱出させたのだった。

二月二十四日、勝は将軍を乗せるはずの順動丸に幕府要人を一人も乗せず、門人を伴って上方へ出帆する。こんどは「大坂に砲台を築け」と命じられていた。二十六日に大坂に着き、門人と摂海（大阪湾）を検分し、和田岬、湊川、西宮と砲台設置の候補地を決める。

その間も幕閣は、生麦事件の処理に手を焼いていた。イギリスの生麦事件に関する賠償要求は苛酷だった。幕府、薩摩双方への要求は次のようなものだった。

・幕府は条約上開放されている道路での殺人を防げなかったことへの謝罪と、賠償金十万ポンド（三十万両）を支払うこと。
・薩摩は犯人逮捕と処刑に英国士官を立ち会わせ、被害者へ二万五千ポンド支払うこと。

賠償金の支払期日は五月二日と指定された。

江戸の留守政府は、将軍不在を理由に回答期限の引き延ばしを図った。三月初旬に陸路、京都に入った将軍家茂は朝廷から「攘夷せよ、いまこそイギリスを討て」と促された。幕閣は評議を重ねたけれど、方針が定まらない。

交渉担当の老中、小笠原長行は、大坂の東本願寺に関係者を集めて対策会議を開いた。そこに軍艦奉行並の勝も呼ばれる。一座は、英艦隊の武力と尊攘激派の天誅、内と外双方の脅威に怯えていた。意見を求められた勝は激論を吐く。負けるのを承知で戦え、と主張したのだ。

「英国の算定は、戦争にあり。いまこの際におよび、何を怖れて、戦わざらんや。わが邦の政、因循弊積して、ついに万民の愁苦を醸し、また士人懶惰《らんだ》にしてその職掌（職務）を忘れ、ついに今日にいたれり。いまや朝命を奉じ、攘夷の儀定まれり。しかしてこの議もまた、草莽（在野）激論輩の鬱勃（内にこもっていた意気が高まって外にあふれ出ようとするさま）より生じて、上者、これを説解し、その可否を弁ずることあたわず。一時苟息《こうそく》をもって（ごまかしの政策として）ご採用なりし……」

幕臣は旧弊にこだわって決断を先延ばし、上に立つ者は草莽の激派が唱える攘夷について善し悪しを判断できず、その場しのぎのごまかしに終始している、と勝は痛烈になじる。そのうえで「戦」に踏みきれ、と声を励ました。

「いま幸いに彼の兵力をもってわが邦を圧せんとす。この好機会失うべからず。一敗地に塗《まみ》らば、数十年あるいは数百年の後、雄を天下にふるうべき国とならん。これはこれ人爵（人間が定めた栄誉）破れて天爵（生まれつき備わっている徳）に帰するをいうなり」

イギリスと戦えば必ず負ける。戦って敗けたほうが、後の日本の発展につながると勝は論陣を張った。外からの欧米の威圧に屈し、内では尊攘激派に震えているばかりでは諸藩を一つにまとめられるはずもない。イギリスが軍艦を寄越したのを「好機会」とみて戦えと奮い起こす。

開戦の手順も勝は示した。まず将軍が大坂城に移って、イギリスに「いまは京都の朝廷に仕えており、関東に大事を交渉できる者はいない。速やかに摂海に来たれ」と告げる。イギリスが来坂を拒んでも江戸で対応してはならない。英艦が大坂にくれば、かれらが求める「賠償金」を与えた後に、その「暴挙」をとがめて「断然としてこれを絶つべし」。条約の破棄だ。断交に持ち込み、相手が了解しなければ大坂で「一戦」を交えろと述べた。

敗れて「天下の人民をして勝算なきことをさとらしむべし」と勝は訴える。激論中の激論である。尊攘激派も負ければ現実を知る。「一敗地に塗れ、国内まことの奮発を待つ」と必敗開戦論を説いた。

勝は本気だった。目を覚ますにはこれしかない。しかし……、居並ぶ幕臣は沈黙し、目を伏した。「だめだ。金輪際、幕府に戦はできない」と勝は悟った。

内情を知らない朝廷は、「拒絶談判せよ」と後見職の慶喜に沙汰書を下した。通商拒絶だけでなく、賠償要求もはねつけろ、と命じる。拒絶談判すれば開戦しかない。朝廷は、将軍が大坂城に陣取って対英戦争を指揮せよ、と攘夷一本やりだった。孝明天皇は、イギリスと戦って勝てると信じていた。勝の必敗を見越した開戦論とは大きな隔たりがある。

攘夷論の前で立ちすくむ幕閣のなかで、政事総裁の松平春嶽ひとりが、イギリス相手の攘夷は無理だと天皇に上奏し、許されなければ政権を返上せよと主張した。大政奉還論の走りである。これも道理だが、誰も耳を貸さない。同調者のいない春嶽は孤立し、職務を投げ出して福井に帰ってしまう。淡泊でねばりのないところが春嶽のきずである。幕府の問題処理能力は著しく低下した。

生麦事件の処理は、意外な展開をみせる。担当の小笠原は、陸路、江戸に戻った。ふたたび対策会議を招集すると、賠償金支払い拒否が多数を占めた。幕臣は攘夷を小笠原に押しつける。京から帰府した慶喜も、表向きは支払い拒否を命じた。

ところが、である。五月八日、小笠原は船で横浜に行くと独断で支払いに応じた。翌日、賠償金全額、三十万両がイギリス公使館に運び込まれる。慶喜は支払いを黙認していたともいわれる。小笠原は老中を罷免された。幕府は決裁の過程が不透明なまま生麦事件に幕を引く。

もう一方の当事者、薩摩は、イギリスの要求に応じなかった。イギリスは七隻の軍艦を鹿児島湾に送って交渉するが、薩摩は引かない。英艦による藩船の拿捕をきっかけに薩摩藩が砲撃し、「薩英戦争」になだれ込む。鹿児島のまちは焼け野原にされ、イギリス側も被害を受けた。数日で英艦隊が退去して戦闘は終わる。講和の交渉で、薩摩藩は幕府から二万五千ポンド分の金を借りて払う。生麦でイギリス商人を斬った加害者は「逃走中」を理由に処罰されなかった。

薩英戦争を機に薩摩はイギリスとの関係を深める。長崎で海軍伝習を受けた五代友厚は、乗っていた船が拿捕されてイギリスの捕虜になったが、講和後、欧州への留学生派遣を藩に提案した。五代は一八六五年に密出国で十九人の留学生を率いて渡英する。敗北によって覚醒したのだ。

イギリスと戦った薩摩は、外国船排撃や異人斬りといった「小攘夷」を捨て、富国強兵で国力をつけて万国と競う「大攘夷」を選ぶ。藩論は劇的に変わる。勝の必敗開戦論を実践して世界に目を開いたのは、皮肉にも幕府ではなく、薩摩だった。

ちなみに欧米諸国は、当時、必ずしもイギリスの砲艦交渉を肯定してはいなかった。『ニューヨーク・タイムズ』("The Anglo-Japanese War." November 15, 1863, New York Times)は、次のように生麦事件を分析している。

「事件の非は（騎馬で久光の行列に乗り入れて斬殺された）リチャードソンにある。日本の最も主要な通りである東海道で日本の主要な貴族に対する無礼な行動をとることは、外国人どころか日本臣民でさえ許されていなかった。条約は彼に在居と貿易の自由を与えたが、日本の法や慣習を犯す権利を与えたわけではない」

勝は憂愁を深めた。決断できない幕臣連中から心は離れ、諸藩の志士との連携に手ごたえを感じた。日本をまとめるには敵方も動かさねばならない。龍馬は希望の星だった。文久三（一八六三）年三月二十日付で、龍馬は姉の乙女に手紙を書いている。龍馬らしい高揚感と、勝への信頼があふれている。

さてもさても、人間の一世は合点のいかぬはもとよりのこと、うんのわるいものハ風呂より出でんとしてきんたまをつめわりて死ぬるものあり。それとくらべてハ、私などハうんが強く、なにほど死ぬる場へ出てもしなれず、じぶんで死のうと思うても、また生きねバならんことになり、今にては日本第一の人物、勝麟太郎という人の弟子になり、日々兼ねて思付所を精といたしており申し候。

龍馬は、藩をこえた日本を見つめている。勝を「日本第一の人物」と評した。

日本《ニッポン》を今一度せんたくいたし申候

勝は、海軍を日本統合の要石にしようと手を打った。改革の中心は、上方での「海軍操練所」の新設であった。改革を進める好機が舞い込んだ。若き将軍家茂が順動丸で摂海を視察することとなった。将軍に新操練所の意義を伝えるには絶好の機会だ。

大坂城を出た家茂は、舟で堂島川を下り、天保山から艀で順動丸に乗りつける。勝は家茂を順動丸に案内して蒸気機関を稼働した。船は西へ走り、兵庫で碇を下ろす。家茂と勝はボートで上陸し、和田岬で休息をとった後、神戸に移動した。

勝は、神戸の海を眺めて、ここに海軍操練所をこしらえたいと将軍に語りかけた。

「大坂の天保山沖は水深浅く、川舟から艀に乗り換えられたように乗船に手間を要しまする。それに比して神戸は海が深く、和田岬が風を防ぎ、天然の良港を成しております。この地の利を生かし、海軍操練所を設けたく存じまする」

「なぜ、江戸とは別に海軍が必要なのか」と将軍は問う。

「恐れながら、江戸は徳川幕府の海軍でございます。神戸の海軍は、幕府と朝廷、薩摩、長州、土佐ほかの雄藩をも合わせた『一大共有之海局』。諸藩が所有する船や人も、身分によらず、神戸に集結させ、日本全体で共有致します。日本を束ねる海軍、それが神戸海軍操練所でございまする」

勝は、木村喜毅が「強梁跋扈の大藩」を討つために作った海軍改革案を、日本を統《す》べる「一大共有之海局」へ百八十度転換した。家茂は勝の腹案を聞き、「あいわかった。神戸に操練所を設けよ」と即断する。勝は、家茂の聡明さに感服し、日記に書く。

「直に英断あり。御前において仰せ出され儀、ことごとく成る」

神戸海軍操練所の建設は、将軍のお墨付きを得た。数日後、事業案がまとまる。新たな操練所には、大坂船手組（水軍）など畿内で海防を担う幕臣を移す。神戸操練所に支給される費用は年間三千両。幕府がイギリスに払った賠償金の「百分の一」に抑えられた。

施設運営とは別に勝個人に「神戸村の近隣に家を持って海軍私塾を開いてよし」と

許可が出た。操練所の建設には一年超の時間がかかるが、私塾は家が整い次第、開設可能となった。海舟は、龍馬を越前福井藩主の松平春嶽のもとへ送る。龍馬は、海舟と大久保一翁の紹介状を持って旅立った。神戸海軍操練所の運営資金を越前藩主に無心するためである。

龍馬は福井への途上、心躍らせて姉に手紙を書く。

この頃は天下無二の軍学者、勝麟太郎という大先生の門人となり、ことの外かわいがられ候て、まず客分の様なものになり申候。近き内には大坂より十里あまりの地にて、兵庫というところにておおきに海軍を教え候ところをこしらえ、また四十間、五十間もある船をこしらえ、弟子共にも四五百人も諸方よりあつまり候こと、私はじめ栄太郎（甥の高松太郎）などもその海軍に稽古学問いたし、ときどき船乗のけいこもいたし、稽古船の蒸気船をもって、近々のうち土佐の方へも参り申候……。

蒸気船で土佐に凱旋し、故郷に錦を飾ると龍馬は胸を躍らせている。

だが、その望みは京都を経て土佐に帰った山内容堂にうち砕かれた。容堂は、腹心の吉田東洋を暗殺した勤王党を許さず、龍馬と肝胆相照らす間崎哲馬を藩政改革を誤ったかどで捕え、死罪に処す。武市半平太も投獄され、やがて切腹へ追い込まれる。龍馬も土佐に戻れば、断罪される。里心は手紙にそっと添えるしかなかった。

越前に着いた龍馬は、春嶽と面談し、五千両もの資金を引き出した。幕府の海軍操練所への手当は年間三千両だから、いかに春嶽の龍馬への信用が厚かったか想像がつくだろう。「人たらし」坂本龍馬の面目躍如である。

世の趨勢は、激流が岩石に当たって曲がり、渦を巻くように転変する。薩摩と同じく産物交易で財力を蓄えた長州は、いわば流れにはだかる巌《いわお》のような存在だった。

海軍操練所の開設が許された日、勝は、長州藩の尊攘派、桂小五郎（のちの木戸孝允）と会った。桂は対馬藩士の大島友之允《とものじょう》を連れて勝の旅宿を訪れた。用向きは対馬藩の朝鮮政策の相談である。対馬藩は、鎖国下でも朝鮮通信使を迎えて日朝外交を仲介し、釜山の倭館で出貿易を許されてきた。山がちで平野の少ない対馬は、米の収穫量が少なく、藩収入を李氏朝鮮との交易に頼っていた。

しかし、朝鮮との交易に翳りがさし、二年前にはロシア軍艦が尾崎浦に深く入り込み、船体修理を理由に海軍基地を築いた。ロシア水兵の乱暴狼藉に住民は憤り、緊張が高まった。ロシア側は土地の永久租借を要求したが、幕府はイギリス艦隊に加勢を頼んでロシア軍艦を追い払った。この事件が尾を引いて対馬藩内の議論は入り乱れ、内紛が続いていた。

桂と大島は対馬の停滞を打ち破ろうと、私案を携えて勝を訪ねてきた。ふたりが語った私案は侵略性を帯びていた。攘夷の勢いを朝鮮に向けてはどうかというものだ。

勝は、朝鮮進出の誘いに乗らなかった。逆にアジアとの連帯を説く。

「当今の亜細亜《あじあ》州のなかに欧羅巴《ヨーロッパ》人に抵抗する者はござらぬ。どの国も規模が狭小で、西欧の遠大な策に及ばざるがゆえである。いま、亜細亜州のなかで紛争を起こすのは得策ではない。むしろ、わが邦より戦艦を出し、ひろく亜細亜各国の主に連携を説き、横縦連合とともに海軍を盛大にし、学術を研究しなくては、欧州による蹂躙を遁《のが》れられぬ。まず、最初に隣国の朝鮮より、この海軍盛大の連合を説き、のちに支那に及べばよろしかろう」

勝は征韓論の芽を摘もうとした。晩年の日清戦争まで、一貫してアジア侵略に異を唱える。思想、教養のベースである漢籍、儒学を生んだ大陸への敬意を失わなかった。むしろ神戸の海軍操練所をアジア連合の中軸にしたい、と夢を膨らませる。

文久三（一八六三）年五月十日、長州藩の尊攘派は、一気にはじける。幕命を無視して攘夷を決行した。夕方、横浜から長崎へ向かう米国商船が下関海峡を前に風波を避け、潮待ちをしていた。そこに長州藩の軍艦庚申丸が通りかかる。庚申丸に乗り込んだ久坂玄瑞《くさかげんずい》らは米国商船を襲撃した。船足の速い米国商船は豊後水道へ逃げた。

二十三日早朝には、壇ノ浦の長州藩砲台が火を噴いた。豊浦沖に仮泊中の仏国軍艦に砲弾を打ち込んだのだ。驚いた仏軍艦が事情を聞こうとボートを下ろしても、砲撃はやまない。仏艦は砲弾の雨をかいくぐり、応戦しつつ下関海峡を抜け、辛うじて玄界灘に達した。二十六日朝にはオランダの軍艦が長州藩の砲台や軍艦から猛烈な砲火を浴びせられ、死者四名、重傷者五名を出し、豊後水道に逃避した。

長州は戦勝気分で沸きに沸いた。朝廷も攘夷を讃え、諸藩に応援を命じる。

しかし、喜んだのもつかの間、外国勢が猛然と報復を行った。六月一日、米国軍艦が下関沖に入り、庚申丸、壬戌丸《じんじゅつ》を撃沈し、癸亥丸《きがい》を大破させる。亀山砲台も破壊した。六月五日には仏国軍艦二隻が下関海峡に進入し、長州藩の諸砲台を壊す。陸戦隊約二百五十名が上陸して壇ノ浦などの砲台を占領し、弾薬を海中に投棄。刀剣甲冑、火縄銃を奪った。たった三隻の軍艦に長州藩の軍事施設はめちゃくちゃにされた。

痛めつけられた長州の尊攘派は、武士階級だけでは太刀打ちできないと痛感し、草莽の人びとの登用に転じる。高杉晋作は「奇兵隊」を組織し、身分にこだわらない軍隊を創設した。長州はしたたかだった。外国船攻撃とほぼ同時期に、軽輩から身分を引き上げた伊藤俊輔（博文）や、藩士の井上聞多《ぶんた》（馨）、山尾庸三ら有望な若者五名（長州ファイブ）をイギリスへ秘かに洋行させる。列強の力を吸収するための密航だった。

伊藤、井上、山尾は前年暮れ、江戸御殿山の英国公使館を焼き討ちしていた。追及を逃れる意味もあり、アヘンから軍艦まで商うジャーディン・マセソン商会（英一番館）や長崎の武器商人、トーマス・グラバーの協力でイギリスへ渡る。長州ファイブはユニヴァーシティ・カレッジ・ロンドンの法文学部に聴講生入学し、攘夷の無謀さを思い知らされる。西欧社会を体験して「開国」へと切り替えていく。

だが、政治はよじれる。長州の尊攘派は、イギリスとの極秘交流などそ知らぬ顔で、下関の対岸、小倉藩の田ノ浦を占領し、海峡を封鎖。攘夷を曲げず、抗戦した。

政局は、長州の攘夷決行で急速に動きだす。

幕府は下関で砲弾を受けた外国の艦船を江戸で修繕した。条約に則った対応なのだが、間接的に長州攻めに加担したととられる。尊皇の志士は幕府の暴挙と非難する。龍馬は「あきれはてたる」「これ皆姦吏の夷人と内通いたし候もの」と怒り心頭に発し、「姦吏を一事に軍《いくさ》いたし、打殺、日本《ニッポン》を今一度せんたくいたし申候」と手紙にしたためた。

京都の越前福井藩邸に龍馬は出向き、幹部に長州との提携を持ちかける。

「長州が外国に占領されれば、奪回は困難でござる。傍観してはいけませぬ。外国人を内地から退去させ、国内の整理が先決。幕府の俗吏を退けねば。まず、勝麟太郎、大久保一翁が方針を決め、春嶽侯、容堂侯を巻き込んで大策を決行すべきかと」

福井藩の幹部は納得せず、言い返した。

「このたび、長州人は、軽挙し、ことを誤った。外国を退去させるには賠償金がいる。しかしながら、朝廷は攘夷を是としておられ、賠償金の支払いはまとまるまい」

「それは屁理屈。傍観すれば、長州人は憤怒して関東へ下り、江戸に火をつけ、横浜を砲撃いたしましょう。俗吏を処断し、夷人を退去させねばなりませぬ」

と、龍馬は譲らない。

「おぬしは、朋友数名と同道しておる際、一人が短慮で他人に暴行を加えれば、同行者皆に一緒に戦え、と申すのか」と相手はあきれた。

議論は平行線をたどる。

長州の巌のような攘夷観は一度の敗戦では微動だにしなかった。

八月十八日の政変

勝は、軍艦奉行並という職位の難しさに悩まされていた。将軍家茂は、孝明天皇に「攘夷実行」を確約し、江戸へ帰りたいと申し出た。天皇は了承し、六月十三日、急遽、家茂は大坂から順動丸に乗る。将軍の海路随行は勝の悲願とはいえ、後ろ髪を引かれる思いだった。上方にいれば、長州との人脈を使って事態の収拾にもかかわれようが、離れたら手も足も出せなくなる。無念さを押し殺して、将軍と江戸に帰った。

数か月ぶりに戻った江戸は暗澹たる状況だった。海軍の空気がよどんでいる。軍艦奉行の木村喜毅は、当てつけがましく引きこもり、職務を投げだした。海軍内部には勝への怨恨が沈澱していた。

勝は自分の城のような順動丸に咸臨丸経験者を乗せなかった。古参の海軍士官を遠ざけ、艦長以下、軍艦操練所の出身者を重用する。子飼いの乗組員で固めた。そうした人事への反発もあって、独断的な勝への恨みがじっとりとわだかまっていたのだ。

江戸に戻った将軍は攘夷不能を唱える幹部を叱りつけ、天皇との約束をはたそうとするが、諸説紛々。軌道が定まらない。勝は、神戸の海軍操練所の先行きに不安を感じた。大坂の門人と龍馬宛に「そちらの形勢如何」と手紙で問い合わせる。

七月下旬、門人から龍馬の動きが報告された。その手紙によれば、龍馬は長州の孤立を救おうと、福井藩や大坂町奉行、攘夷派の公卿に「名義を伴う戦闘」を外国に仕掛けるよう建言していた。神戸海軍については、朝廷直轄の新たな構想を立てたという。朝廷が総督を選任し、身分を問わずに人材を集め、勅命で関西の諸侯に運営費を出させる。そうすれば「関西之海局」ができると龍馬は提唱して回っていた。

勝の神戸海軍構想は、日本全体の共有、アジア連合を志向し、原点は将軍の「英断」にある。幕府とは切り離せない。龍馬は朝廷直轄を唱える。勝の立場と龍馬の志に一筋の段差が生じた。龍馬は「もっとも、(この構想は)先生のご迷惑筋になるかもしれず、精々、うまく取り扱いたく」と門人に伝えた。龍馬は勝に気をつかった。

江戸の勝は、一刻も早く龍馬と会って神戸海軍の構想を煮つめたい。けれども、本籍地の江戸海軍は沈滞している。鬱々とした八月半ば、前代未聞の不祥事が起きた。

講武所奉行が軍艦奉行に横滑りしたのを機に、海軍の頭取以下、軍艦組の艦長や士官が一斉に書面で退役、もしくは病気欠勤の届を出し、引きこもってしまったのである。表向きは不可解な人事への批判行動とされたが、勝への反感が噴き出したのは言うまでもない。木村軍艦奉行はすでに辞意を表明していた。

海軍上層部はもぬけの殻となり、勝の孤立は深まった。新任の軍艦奉行も、奉行並の矢田堀景蔵や木村謹吾も顔を出さなくなる。海軍始まって以来の大罷業であった。

勝は、即座に頭取以下に書面で真意を質《ただ》した。

「具拙(私は)、狐疑はなはだしく候。もし不肖(自分が)命令するところ各意に応ぜず候ゆえか。私怨をもって御大切の場合、故障致され候は、何とも恐れ入り候」

自分への私怨で海軍運営に支障をきたせば、取り返しがつかなくなるぞ、と脅す。

「もし不肖一人、大事を決するゆえをもって、かくのごとく切迫の場合、大切の御軍艦に故障これあり候ては、上へ対し奉り、恐れ入り候しだいに候間、否やの趣意、いま一応承りたく、そのうえにて不肖、早々退役いたすべくと決心いたし候。各々散居、一々面謁を労せず。一紙をもって決答をあい待ち候」

自分一人で大事を決しては、どのような差し障りが生じるかもしれず、上に対して申しわけない。職務を拒む理由を、いま一度、はっきり文書で回答してほしい。そのうえで、自分が早々に退役すべきと決めた、と意思を伝えた。果し状のような緊迫感が漂っている。

海軍の機能が止まった。そこに京都から怖ろしい報せが届く。孝明天皇自ら指揮を執って夷狄を討つ「攘夷親征」が布告されたのだ。天皇は大和にしばらく移り、諸藩から勤王の義軍を招集するという。江戸市中に戦慄が走った。攘夷親征は、久坂玄瑞や真木和泉ら長州系尊攘激派が公卿の三条実美《さねとみ》を動かして画策したものだ。親征軍が討幕に転じる可能性は高かった。江戸は戦乱の悪夢にうなされた。

いつ討幕軍が襲来するかもしれないのに軍艦組は引きこもったままだ。勝はあきれて「拙兵ことを解せず」とうめく。江戸の命運は風前の灯である。

勝は進退窮まった。打つ手がない。八方ふさがりの状態はいつまで続くのか……。

ここで政情は急テンポで変転する。江戸の閉塞は、京都で起きたクーデターで打開されたのである。

孝明天皇は、攘夷論者ではあるが、討幕による体制の変革を考えてはいなかった。

あくまでも幕府中心の公武合体で攘夷を行うつもりであり、秩序を破壊する尊攘激派を嫌っていた。

そこで政局の舞台裏で急上昇したのが会津である。藩主、松平容保は京都守護職を仰せつかり、洛中の治安維持と、御所や二条城の警備を担った。会津藩と薩摩藩が主体の公武合体派は、密かに尊攘派を京都から一掃するクーデター計画を立てる。

公卿を介して、その計画を知った天皇は、八月十七日、クーデター決行の密命を下す。十八日午前一時ごろ、数名の公卿と容保は参内し、黎明に武装した会津、薩摩、淀の藩兵らが禁門（御所の門）に入って厳重に警備を固めた。朝議が開かれ、親征延期、三条実美ら尊攘急進派公卿の禁足と、長州藩主毛利敬親《たかちか》、定広父子の処罰が決まる。宮廷内は公武合体派が多数を占め、尊攘派は失脚した。

長州藩兵二千七百は堺町門に駆けつけ、会津、薩摩藩兵と対峙する。睨み合うこと数時間、長州藩に「退去すべし」と勅命が下り、「八月十八日の政変」は公武合体派に軍配が上がった。十九日午前、三条実美、四条隆謌《たかうた》ら七人の尊攘派公卿は長州藩兵とともに伏見街道を下り、大坂から海路、長州に退散した。世にいう「七卿落ち」である。

尊攘派は、天皇という「玉《ぎょく》」を失い、京都から排除された。一部潜伏して地下活動を行う志士もいたが、公然たる活動が難しくなった。入れ替わって、浪士組から別れた新撰組が志士の取締りを本格化させ、新たな恐怖を洛中にふりまく。

江戸に政変の第一報が届くと、勝は「ああ、一雄倒れば一雄起る。まことに乱世の姿勢、朝威幕威ともに地に落つ」と日記につづり、将軍の「即時上京」を老中に具申した。権力の空白をつくってはいけない。将軍が天皇を守り、大坂城に入って旧弊を改め、大道を説けば公武合体の体制が樹立できよう。「海路、急いで御上洛を」と勝は呼びかけた。提案は見送られるが、老中の軍艦による上洛が決まった。海軍の大罷業もどうにか終息した。

九月初旬、勝は順動丸で老中を大坂に送り、そのまま上方に留まった。薩摩や福井の要人と連絡をとりつつ、神戸の住居と海軍塾の建築を現場で指揮する。十月に入って薩摩の島津久光、福井の松平春嶽、伊予宇和島の伊達宗城ら公武合体派の大名が京都に入った。

久光が大軍を率いて上洛して間もなく、会津の松平容保から勝に「呼び出し」がかかる。京都で会った容保は、諸侯に囲まれて戸惑っていた。とくに久光との相性がよくない。久光は、公武合体をふまえて、交易を進め、薩摩藩の富国強兵策をゆるぎのないものにしようと考えていた。

一方、容保は徳川将軍家への忠誠一筋に生きてきた大名である。そもそも幕閣から京都守護職への就任要請を受けたとき、「わが城は東北に僻在しており、家臣らは都の風習にくらく、大任に当たれば、万一の過失あった場合、累は（徳川）宗家におよび、すなわち国家におよび、一家一身万死をもってしても償い難い」と固辞した。春嶽にたびたび説得され、火中の栗をひろう覚悟で京都守護職を引き受けた。

「宗家と盛衰存亡をともにすべし」という会津藩祖の遺訓を守ったのである。純朴な容保は、幕府を軽んじる久光の言動にぬぐいようのない不信感を覚えた。

将軍家茂は江戸に戻り、後見職の慶喜も帰府している。京都で孤独な容保は、勝を心頼りにした。容保は勝に思いをぶつける。

「将軍のご上洛に死力を尽くしてくれ」

容保は徳川宗主の上京をいまかいまかと待っていた。

勝は容保の忠誠を胸に江戸へ帰った。横浜でイギリスの蒸気船ヤンツー号を十四万五千ドルで買い、将軍の乗艦含みで「翔鶴丸」と名づける。

十二月二十八日、将軍家茂を乗せた翔鶴丸は、幕府と諸藩の随行艦七隻を従えて品川を出帆した。待ちに待った将軍海路上洛である。ひと足先に慶喜も海路上方に入っていた。航海中に年を越し、文久四（一八六四）年一月八日、翔鶴丸は天保山沖に着いた。将軍を大坂城に送り届け、人心地つく間もなく、この航海を「大政一新」「海国興隆」の契機ととらえて勝は建白書の筆をとる。

京都では、雄藩と幕府が提携する新しい動きが生じた。島津久光、松平春嶽、伊達宗城と山内容堂、一橋慶喜、松平容保が朝廷参与に任命されたのだ。

勝は、侯伯一致の好機到来と心が高鳴った。イギリスが二、三十隻の軍艦で江戸、大坂、長崎を同時侵攻してくることを想定して建白書を著す。英国艦隊の燃料、弾薬の輸送路を断ち、補給基地を襲う艦隊編成の必要性を説いた。現状はその足元にも及ばない。勝は「江戸・神戸東西之海局」に有志を集め、諸侯の石高に応じて費用を捻出し、全国共通の海軍を設けようと訴える。もはや幕府、藩をこえた日本海軍の創設しか突破口はない。機は熟したのだ。

京都から勝に呼び出しがかかる。上洛すると、建白書への回答はなく、参与幕閣がいる前で「長崎へ行け」と慶喜から指令を受けた。フランスが近々下関を軍艦で攻撃しそうなので、これを止めろ、と命じられる。

長崎か……と、勝の胸にさまざまな思い出が去来した。

長州は、下関と対岸の小倉藩領を占領し、海峡を封鎖していた。フランスだけでなく、イギリス、アメリカ、そしてオランダも長州制裁を検討中だった。英国公使オールコックは、「列国に対する敵対行動が、いかに危険であり、また愚劣であるかを実地に示して、その迷夢をさまさせる」と語り、欧米諸国の対日外交をリードしていた。各国もイギリスに賛同し、長州を攻める四国連合艦隊が成されそうだった。

勝は龍馬ら十四人の門弟を連れて兵庫を出帆する。船は瀬戸内海を西進し、大分の佐賀関に投錨した。封鎖された下関海峡を突き切って玄界灘に出るのは危険だった。佐賀関から陸路、九州を横断し、阿蘇のカルデラを熊本へ抜ける。勝は熊本で龍馬を横井小楠の寓居へ遣わす。小楠は春嶽と袂を分かち、郊外の沼山津で暮らしていた。龍馬は、建設中の神戸海軍操練所や海軍塾のことを小楠に話す。龍馬と小楠は意気投合し、議論は盛り上がった。小楠は勝宛に「海軍問答書」を起草する。総督に海軍の全権を与え、幕府の役人には口出しをさせるな、と小楠は問答書に記した。

勝と龍馬は、二十三日、長崎筑後町の宿舎、福済寺に着いた。

隣は勝が長崎海軍伝習所時代に止宿した聖林山本蓮寺である。愛妾、お久こと梶玖磨の家は目と鼻の先だった。

「玉《ぎょく》＝天皇」を奪い合う

五年ぶりに再会したお久は艶やかさを増していた。かつて大波止で見送った麟太郎は禄高百俵の小十人組にすぎなかったが、いまや軍艦奉行並、千石取りに出世している。お久は勝とむつみ、梅太郎を宿した。龍馬は、勝が老舗の呉服屋の娘との間にもうけた幼女、逸子を「お嬢ちゃん、お嬢ちゃん」と抱き上げた。長崎には勝の愛と青春が脈打っている。

しかしながら、感傷にひたっている暇はない。勝の長崎入りを数人の長州藩士が待ち受けていた。かれらは藩主毛利父子の「悪意なき話」をしたいと面会を求めてきた。「暗殺されるから会うな」と友人に忠告されたが、勝は長州藩士と会う。世界の情勢を解説し、幕府の意向を語り聞かせると、かれらは「承服」して帰途についた。

勝は、長州を弁護する建言を幕閣に送る。長州は「頑勇の田舎人、いちずに攘夷決戦と存じ込み、これより士気も振りだし候ことにて、じつは憐生ずべく」と、同情を示した。「狭小の見識、一歩千里を誤り、いまにいたり候ては国弊と困難とに当恐（惑）いたしおり、取りつき情実を訴え候ところこれなく、気の毒千万と存じ候」とかばう。藩主父子を上京させ、寛大な処置をとるよう薦めた。

四国連合艦隊の下関攻撃については、「二か月の猶予」を引きだす。勝はオランダ領事と頻繁に会って根回しを図り、アメリカ、イギリスの領事とも会見した。オランダ領事との最後の会見で二か月の猶予を認めさせる。交渉中、オランダ領事は、「アジア諸国で日本の長所は同国人どうしが殺し合わないことにある」と語った。「この言、まさに頭上の一針（頂門の一針＝急所を突いた大事な戒め）」とわざわざ日記に書き残す。

勝は長崎を離れ、ふたたび熊本、阿蘇を経て船で大坂に帰った。一仕事を終えて京の一橋慶喜に長崎出張の報告に出向き、政局の移ろいの速さに茫然とした。望みを託していた参与会議が、あとかたもなく、雲散霧消していたのだ。

聡明な慶喜は権力を欲した。諸藩の参与が国政に手をだすのを嫌う。久光、春嶽、容堂、宗城が「早く政治一新を」と求めても「しごくごもっとも」とのらりくらり。天皇が示した攘夷の争点、「横浜鎖港《とざ》」をめぐって慶喜と諸侯は対立した。慶喜が朝廷の信任をバックに横浜港を鎖すと言うと、春嶽、久光、宗城は絶対にできないと抗う。慶喜とて、鎖港の難しさは百も承知だが、そう言ってでも幕府の貿易独占を守ろうとした。一方の諸藩は幕府の独占を破りたい。利害の衝突が腹の底にあった。

公卿の邸で開かれた会議に慶喜は酒気を帯びて出席した。いきなり「暴論申し上ぐべし」と言うや、春嶽、久光、宗城を指して「天下の大愚物、天下の大奸物」と罵った。「どうしてこのような人物を信用されるのか」と公卿に迫る。

この挑発に諸侯がのって腹を立て、参与会議は瓦解したのである。

一橋慶喜が幕政の実権を握った。京都守護職の松平容保、弟の京都所司代、松平定敬（桑名藩主）が慶喜の両脇を固めた。

勝は、しぶい顔で台頭する慶喜を見つめた。五月十四日、軍艦奉行に任命される。禄高は奉行並の倍、二千石に増えて「安房守」の称号を得た。以後、正式な名は「勝安房守物部義邦」、号は海舟。まわりは「安房殿」「安房様」「勝安房」などと呼んだ。

五月下旬、神戸海軍操練所がついに開いた。龍馬が塾頭に就き、紀州の陸奥宗光、薩摩の伊東祐亨《すけゆき》ら諸藩の有志が集まる。龍馬は勝に相談した。

「先生、京、大坂の過激輩数十人を、皆、神戸から船で蝦夷地（北海道）に運び、開発させる策を立てました。蝦夷地で通商、国家のために奮発させたく存じます」

「蝦夷地か……。金がかかろう」

「御所ならびにご老中も承知されております。入費三、四千両、同志の者、所々より取り集め、速やかに施策すべしかと」

「船の目途が立てば、やってみるか」と勝は応じた。

商家出身の龍馬は、志士が斬り合いで命を落とすのを惜しみ、生きのびさせて事業を起こす方策を考え続けた。それほど若者があっけなく死んでいたのである。


上方は暴力の応酬で、政局が沸点に近づき、抜き差しならない状態に陥った。六月五日には池田屋事件が起きた。

天治元（一八六四）年六月五日、京都守護職配下の新撰組は、京都三条の旅館、池田屋で密会中の尊攘派志士約三十名を襲撃した。熊本藩の宮部鼎蔵《ていぞう》、長州藩の吉田稔麿《としまろ》ら九名が新撰組に斬り殺され、二十数名が捕えられる。池田屋に早く着いた桂小五郎は、いったん外出し、対馬藩邸で面談をしていて難を逃れる。危険を察知した桂は形だけ顔を出して逃げたともいわれる。京都の尊攘派は壊滅的な打撃を受けた。

池田屋事件は、新撰組が声名を高めた一方でさまざまな反作用を引き起こす。勝にとっての痛恨事は、龍馬と一緒に門下に入り、神戸海軍操練所に参加していた土佐脱藩浪士、望月亀弥太が事件にかかわっていたことだ。望月は、長州系の尊攘派と連絡を取り、池田屋の密会に加わった。新撰組の刃をかいくぐり、傷を負って長州藩邸付近に逃げたが、追手に迫られて自刃する。享年二十七。勝は望月の死を悔やんだ。

幕府内で神戸海軍操練所に向けられるまなざしは一層厳しくなった。誰が言うともなく、「神戸海軍は尊攘激派、反幕派の巣窟だ」と風評が流れる。軍艦奉行勝安房守は、針のむしろに座った。

長州尊攘派は、池田屋の惨劇に猛り立つ。「八月十八日の政変」で都を追われた尊攘派は、もう一度、京都に入って「玉（天皇）」を掌中に取り戻そうと進発を唱えた。桂小五郎の反対や高杉晋作の慎重姿勢で京都進発論は後退したが、池田屋事件で一挙に再燃する。「仇敵、会津を討て」と諸隊が京を目ざして上ってきた。

尊攘と佐幕の政争は、「玉」の奪い合いをはらんでいる。幕府方で、この実相を見抜いていたのは勝の年長の義弟で、相談相手でもある佐久間象山だった。信州松代の九年間の蟄居を解かれた象山は、元治元年三月に慶喜に招かれて上京した。公武合体、開国進取の国是を定めようと要人に根回しをする。京都が戦場になると予想した象山は、孝明天皇を彦根に遷座し、そのあとで江戸に遷都する計画を立てる。幕閣や公武合体派の公卿の了承をとり、松代藩主に天皇の護衛を申し入れた。

その動きをつかんだ尊攘派はやきもきした。「玉」を江戸に持ち去られては万事休すだ。象山を殺せ、と指令が飛ぶ。七月十一日夜、木屋町の寓居に戻った象山は、肥後勤王党の河上彦斎《げんさい》らに斬殺された。

親族の勝は悲しんでいる暇もなかった。象山が京都に伴ってきた妾腹の息子、十七歳の恪二郎に神戸の海軍塾、もしくは江戸の勝家にくるかと声をかけた。元氷川の邸には象山の妻で妹の順が身を寄せている。恪二郎は「父の仇を討ちとうございます」と新撰組に入った。

京都で、長州と幕府の間合いはしだいにつまった。長州軍は三千に膨れあがる。久光に遠島を赦されて政局に復帰した西郷吉之助は、幕府方の軍師として薩摩の士卒を率いて入京した。慶喜は、長州軍に撤兵を求める。しかし、長州は拒み、七月十九日、伏見、蛤御門、堺町御門で戦闘に突入した。

「禁門の変」の勃発である。戦闘は一日で終わったが、京都市中は三日にわたって火が燃え続け、家屋二万八千軒、寺社二五三、武家屋敷五一が焼き尽くされる。俗に「どんどん焼け」と言われた。会津、薩摩の奮闘で幕府方が勝利を収めた。

神戸にいた勝は、京都方向の空が朱に染まるのを見て、観光丸に海軍塾生十二名を乗せて出航し、大坂に着いた。大勢は決しており、軍艦奉行の勝は京都への米穀輸送や大坂の流通確保、摂海警備の提言書をまとめる。江戸から来た老中と面談し、神戸に引きあげた。

幕閣は、勝利に酔った。権勢を回復できると自惚れる。実際は会津、薩摩の援護で勝てたにもかかわらず、長州征討（第一次征長戦争）を発動する。

強硬策の裏には外国の武力を利用する奸智が見え隠れした。英、仏、米、蘭の四国連合艦隊は、七月下旬に横浜を発って下関海峡に向かった。八月五日から七日にかけて下関と彦島の砲台を砲撃する。陸戦隊が砲台を占拠し、完膚なきまで打ち壊す（下関戦争）。四国艦隊に無力化された長州藩は、白旗を掲げ、ようやく列強相手の攘夷は自滅行為だと肺腑にしみた。

幕府は、八月八日、手遅れを承知で英仏の公使に「艦隊の帰航」を申し入れる。長州は幕府が討伐するので下関攻撃を中止してくれ、と体面をとりつくろった。神戸の勝に「豊後大分の姫島に行き、闘争を止めよ」と命令が届くのは、さらに遅い八月十日であった。京都の幕閣が、長州征討を発令したのに外国が先に戦争を仕掛けては不都合だと書状を寄越した。姫島に軍艦十七、八隻が集結しているので行って戦を止めてこいという。

泥をかぶるのは、勝である。八月十四日、勝は姫島に到着したが、四国連合艦隊は影も形もなかった。無駄骨を折って神戸に帰ると、沖を四国連合艦隊が意気揚々と凱旋していくではないか。勝は、悔しさと恥ずかしさで顔から火がでるようだった。

幕府は、いったい誰と敵対しているのだ。参与会議を潰し、朝廷にすり寄って鎖港攘夷を叫んだ末に外国艦隊に同胞が攻撃された。さらに長州に追い討ちをかけようとしている。道理もなければ、力もない……。

京都では「異国軍艦の砲撃は幕吏が頼んだものか。たとえ長州に罪があろうと、同じ皇天の地。異国人の手をかりてこれを征すのは、皇国の同人種のなすところか。幕吏の罪を糾問すべきだ」と人びとがこぶしを振り上げる。幕命に従わない藩も出そうな勢いだ。

それなのに幕府は、逆に威信が高まったと錯覚している。九月一日、何と参勤交代の復活を発令し、諸大名をたまげさせる。勝は驕《おご》る幕臣に愛想を尽かす。諸藩との連携を説く勝は、幕府内で危険人物視された。神戸海軍操練所の閉鎖が取り沙汰され、勝は薩長に通じていると包囲網が敷かれる。

ちょうどそのころ、大坂に滞在していた勝を、薩摩の大物が訪ねてきた。西郷吉之助である。長州征討の「総督参謀」に任命された西郷は、幕府軍艦奉行の器量を見極めにやってきた。

勝は、初対面の西郷に幕府の実情をあからさまに語った。

者を退ける」

「幕吏は、ずるく、悪賢くなり申した。どこに権限、責任があるか分からぬよう、一同持ち合いで評議を致す。正論を出せば、御もっとも、とうわべは同調し、裏でその者を退ける」

「ならば奸吏をのぞく方策とは？」と西郷が問う。

「一小人を取り除くのは容易だが、後の処置をつける者がなく、結局、正論を述べた者が倒されてしまう」と勝は率直に答えた。

「それでは諸藩の尽力で幕府改革はできませぬか」

「仮に薩摩から幕府の役人に意見を述べれば、すぐにその役人は薩摩に騙されておると言いふらされ、失脚の憂き目をみる。これでは諸藩の尽力も無益であろう」

西郷は手の施しようのない幕府内の混迷を知り、もはやこれまでと見限った。続けて「もし外国艦隊が摂海にいたり、条約勅許、兵庫開港を求めてくれば、いかが応接いたせばよろしいか」と先を見て質《ただ》した。勝は明言する。

「異国人は、すでに幕府を軽侮しており、相手にすまい。明賢の諸侯四、五人が同盟を結び、外国艦隊を打ち破るべき兵力をもって、横浜ならびに長崎の港をとざさず、兵庫開港は筋道を立てて談判を行うべし。条約も結ばれれば、皇国の恥にはなるまい。かえって異国人は条理に服し、天下の大政が立ち、国是も定まると存ずる」

西郷は勝の論立てに「感服」した。さらに勝は、

「もしこの策をとるならば、明賢侯が出そろうまで、拙者が異国人を引き止めよう」と、補足した。妙策、これに尽きる、と西郷は内心、喝采を送った。

西郷は盟友、大久保一蔵（利通）宛の手紙で、最初は勝を打ち叩くつもりで行ったが、頭を下げたと告白し、「どれだけ智略のあるやら知れぬ」「英雄肌合の人にて、佐久間（象山）よりことのでき候儀は、いっそうも越え候わん」と激賞した。

そして、一度この策を用いれば、「いつまでも共和政治（雄藩連合政権）をやり通さなくてはならない、薩摩は富国強兵に専念すべきだ、と書き添える。

西郷の胸奥に幕藩体制とは別の新しい「日本」の像が深く刻まれた。大藩、薩摩が動きだした。

諸藩の高評価とは裏腹に幕府内では勝の追い落としが加速した。池田屋事件に望月が関与していた事実が勝を追い込む。幕府は、危険な勝に帰還命令を出す。「悪くすれば切腹か」と噂された。

勝は、坂本龍馬と海軍塾生の身柄を西郷に託し、大坂を後にした。龍馬は、師と別れ、幕府もこれまでと断じた。大坂の薩摩藩邸に潜伏し、討幕の想を練る。

十一月十日、勝は軍艦奉行の罷免、寄合い入りの沙汰を受けた。働き盛りの四十二歳で無役にされ、閑居に処せられる。勝は、悄然として日記にしるす。

「われ微力をもって奉仕することここに三年。その間死生を弁ぜず、尽力すること無数。ただ邦国の安危損亡をもって任とし顧みず。言用いられず志達せず。ついに俗吏のために塞《ふさ》がれ如何ともすること能わず。しかれども一片の赤心天下豈《あに》知る人なからんや」

俗吏に行く手を阻まれた悔しさをにじませつつも、一片のまごころを知る人は必ず天下にいる、と自らを励ます。龍馬や西郷の姿を思い浮かべていたのであろうか。

西郷は、長州との開戦を避けて征討を終わらせた。

長州藩は、幕府に恭順し、禁門の変の償いとして三家老を切腹、四参謀を斬罪に処す。敗北を機に長州の巌は「開国」へと動いた。桂小五郎や高杉晋作、英国帰りの伊藤俊輔、井上聞多らは、いよいよ討幕に照準を定めた。

薩長の盟約成る

勝の無役、閑居期間は、じつに一年八か月にも及んだ。神戸海軍操練所は元治二（一八六五）年三月に廃止された。乱世の二十か月は平時の十年よりも密度が濃い。その間に情勢は「雄藩連合」へと急傾斜していく。仕掛けたのは龍馬であった。

龍馬と海軍塾生は航海術を身につけている。かれらは薩摩藩の援助で長崎の亀山に海運や交易を行う結社「亀山社中（のち海援隊）」を創設した。亀山社中の本拠を長崎の豪商、小曾根《こぞね》家に置く。小曾根家の主、乾堂と勝は昵懇《じっこん》の間柄である。伝承では勝の長崎伝習所時代の落とし子、逸子は乾堂の娘キクが十一歳まで育てたという。

龍馬は、勝の人脈をたどって大仕事に挑んだ。亀山社中の商いで利益を上げる傍ら、薩摩と長州を組ませる仲立ちをした。ただ、「八月十八日の政変」「禁門の変」「長州征討」と薩摩に攻められた長州には、敗れた怨念が溜まっており、壁は厚かった。

慶応元（一八六五）年閏五月、龍馬は、桂小五郎改め木戸孝允を三日がかりで口説き落とし、下関に西郷を迎える段取りをつけた。木戸と西郷が腹を割って話せば組める、と見とおした。

ところが、鹿児島を船で出た西郷は、寄港した佐賀で京都の大久保一蔵から「至急上洛せよ」の報せを受ける。大久保は、朝廷が将軍に「長州再征（第二次長州征討）」の勅許を与えようとしているのを阻止したい、急いで来たれ、と督促した。西郷は下関に立ち寄らず、大坂に直行する。

裏切られた、と木戸孝允は憤った。龍馬が薩摩側の非を追及しようと上洛の準備をしていると、木戸は機略に富んだ案を出す。長州藩は前年の征討以降、長崎での貿易ができなくなった。西欧から軍艦や鉄砲を購入したいが、滞っている。そこで木戸は、「薩摩名義で武器を買って長州に運んでほしい」と依頼した。薩摩がこれを引き受けるかどうかで本心がわかる。長州と組むつもりなら、了承するはずだ。

龍馬は京に上り、西郷に木戸の提案を伝えた。西郷は、即座にこれを受け入れる。

長崎で薩摩藩家老の小松帯刀と、長州の伊藤俊輔、井上聞多が引き合わされ、話はまとまった。亀山社中は、グラバー商会から最新式のミニエール銃四千挺、ゲーペル銃三千挺を薩摩名義で買い入れ、八月下旬、長州の三田尻へ船で運ぶ。長州藩は、アームストロング砲も十五門、グラバー商会に発注し、国内最強の武器を手に入れた。

薩摩側は長州に藩兵の糧米を下関で購入したいと申し入れ、ただちに認められる。つまり、欧州産の武器はイギリスの武器商人グラバーを介して薩摩が買い、長州に運ぶ。対価として薩摩は戦争に欠かせない糧米を長州から受け取る。その運搬を亀山社中が行う。欧州―薩摩―長州の三角貿易だ。発案は、アヘン密輸で財をなしたジャーディン・マセソン商会の長崎代理店を営むグラバーとみていいだろう。龍馬はグラバーと親密に接し、強い影響を受けながら薩長の仲立ちをしたのである。

九月下旬、朝廷は、幕府が求める長州再征の勅許を下した。これで幕府はいつでも長州に進軍できる。龍馬は急《せ》く。薩摩と長州に早く同盟を締結させねば……。

慶応二（一八六六）年一月八日、京都二本松の薩摩藩邸で、長州の木戸と、薩摩の西郷、大久保、小松との会談が行われた。しかし、どちらも提携話を切り出さない。薩摩側は連日、御馳走ぜめで木戸を歓待するが、肝心な政事にはまったく触れなかった。虚しく十日が過ぎて、木戸がもう帰ろうと「別盃」の用意をしていたところに龍馬が駆けつける。

「薩摩との同盟は成り申したか」。龍馬は声を弾ませて訊いた。

「一つも誓約するもの無し」。木戸が不機嫌に答えた。龍馬の顔色が変わった。

「われわれ亀山社中が両藩のために尽くしておるのは、薩長のためではない。天下のためじゃ。くだらぬ意地の張り合いをしてはなるものもならぬ」

「それは理屈にすぎん。長州は、これまで戦ってきた。どれだけの苦しみだったか、おぬしはわかるか。いまも長州は孤立しておる。まぁ、それはどうでもよいが、薩摩は長州とは立場が違う。大手を振って天子とも、幕府、諸侯とも交われるではないか。こちらから先に、ことを共にしようと申せば、助けてくれ、と薩摩に手を合わすも同然。それは長州人にはできぬ。たとえ長州が滅ぼうとも、できぬ。薩摩が本気ならば、あとを引き継いでくれるだろう。自分は決して先には口を開かぬ」

　龍馬は、聞き終えると西郷のもとに走った。そして直言する。

「誓約が成らぬのは、役目の弱い長州の魂情をくんでやらぬ薩摩が悪い。もし貴殿が長州人であれば、先に誓約を言いだせますか」

「そうか、わしが、迂闊だった。こちらから切り出そう」と、西郷はその場で態度を改めた。龍馬は「なるほど西郷というやつはわからぬやつだ。小さく叩けば小さく響き、大きく叩けば大きく響く。もし馬鹿なら大きな馬鹿で、その馬鹿の幅が分かり申さず」と改めて感心した。一月二十一日、六ヶ条の「薩長同盟」が成立する。その内容は、次のようなものだ。

一、長州藩と幕府が開戦したら、薩摩藩はすぐに二千の兵を送り、在京の兵と合わせ、大坂にも千人ほど配置して京、大坂の両所を警固する。

一、長州藩に戦況有利となれば、薩摩藩は朝廷に進言して調停に力を尽くす。

一、万一、長州藩が負けた場合でも一年や半年で壊滅することはないだろうから、その間は必ず長州藩を助けるために薩摩藩は尽力する。

一、戦争が終結し、幕府軍が東帰した場合には、薩摩は朝廷が長州藩の冤罪を免ずるよう力を尽くす。

一、一橋、会津、桑名などが兵力を増強し、朝廷を利用して薩摩の妨害に出るようなら、薩摩も決戦に及ぶほかない。

一、長州藩の冤罪を免じられれば、薩長双方は誠意をもって協力し、皇国のために力を尽くす。勝敗いずれの場合も、国と天皇の威光回復のために誠心誠意、力を尽くす。

誓約が結ばれた直後、龍馬は伏見の宿、寺田屋で幕府側の刺客に襲われ、危うく命を落としかけた。超大国イギリスの新公使、パークスは、長州、薩摩を訪ね、要人と時局について懇談をする。薩長同盟は幕末の乱世を維新へ推し進める原動力となった。

一方、幕府は、親仏派が実権を握り、フランスにカノン砲の製造を依頼して軍備を拡張する。四月一日、長州の藩主父子の江戸拘引が行われなければ、将軍が進発すると諸藩に通達した。

勝は元氷川の邸に閑居したままだ。来客が上方や諸藩の情報をもってくるが、聞きとめるしかなく、半ば世捨て人のような生活を送っていた。

長州再征が秒読み段階にさしかかり、幕府が大坂で兵糧米を買い占めると米価が急騰した。庶民はその日の米にもこと欠くありさまで、五月に入り、西宮での女衆の強訴をきっかけに打ち壊しが起き、伊丹、兵庫、大坂へとひろがった。江戸にも飛び火し、品川宿、内藤新宿で打ち壊しが行われる。

そのさなか、将軍家茂は、錦の陣羽織を着て馬にまたがり、江戸城を出発した。神君家康の関ケ原の合戦にならって、金扇と銀三日月の馬標を立て、東海道を京へと上る。壮麗な出陣は、しかし滅亡への道行であった。西郷は、薩摩藩家老の小松に宛てた手紙に「いよいよ出発のご様子、みずから災いを招くというもの、幕府の権威をはるどころか、これより天下の動乱となって、徳川氏の衰運は、このときと存じます」と記した。西郷は獲物を罠に追い込むように包囲網をせばめる。

五月二十七日の夜、客と話していた勝のもとに突然、奉書が届く。

「明朝四ツ時（十時）、礼服で登城せよ」という閣老からの達しであった。指示どおり城に登ると「軍艦奉行」に再任され、「大坂へ出立せよ」と命じられた。

「どのようなご用向きでございますか」と勝は訊ねた。何の前触れもなく、いきなり軍艦奉行に復職したのだ。甘い話ではないだろうと予想はついた。

「このたびのことは、上様直々のご命令だ。われわれにはわからぬ」と老中は言う。

「出立を仰せつかっても、手もと不如意で動けませぬ」。勝が資金不足を訴えると、翌日、三千両の金が届いた。生まれて初めて一度に三千両もの大金を受け取る。出立の直前、勝は、フランスとの提携を差配する勘定奉行、小栗忠順から「秘策」を打ち明けられた。

小栗は、フランスに資金や武器を提供してもらい、長州だけでなく薩摩をも討ち、諸大名を弱体化させ、郡県制に変えると言った。あなたは大坂で密命を託されるだろうから、この方針が幕府で内密に決まっていることを了解しておいていただきたい、と念を押す。小栗は幕府中心の統一政権構想を立てている。勝はフランスからの借款謀議に驚いたが、「議論は時間の無駄」と黙って聞いた。

家茂は、大坂城に入って大本営とした。しかし多くの藩は巨額の軍費負担や人心の離反を怖れて長州再征に従おうとはしなかった。笛吹けど踊らずだ。戦闘意欲がわいてこないのである。

六月二十二日、西上した勝は大坂城で老中首座の板倉勝静《かつきよ》と対座した。すでに長州再征の戦は始まり、最新の武器をそろえた長州に旧式の幕府軍は蹴散らされていた。

勝は板倉を前に小栗の秘策を厳しく批判した。

「郡県制の儀は、万国との外交を控えて当然でございましょう。しかしながら、徳川家が諸侯を削小し、自ら政権を持して天下に号令をせんとするは、大いに不可。しかも外国の金や力を借りるとは言語道断。世間の怨みを買い、無限の災いが生じるのは間違いござらぬ。真に邦家のために大事業をなさんと欲せば、まず自ら倒れ、自ら削小して顧みず、国政を担える賢者を選び、誠心誠意、天下に愧《はじ》なき位置に立ち、しかるのち成すべきである」

勝は、自分の意見を将軍に伝えてほしい、譴責を受け、たとえ死罪になろうとも自説を引っ込めるつもりはない、と席を叩いて数時間も論じた。「自ら倒れ、自ら削小」と大方針を示した。

老中首座の板倉は困惑する。郡県制はまだ先の話といなし、直面する悩みを打ち明けた。薩摩が長州再征にまったく応じず、それに会津が腹を立て薩摩を打ち殺せと昂奮し、収拾がつかないのだ。

「上洛して、薩摩に出兵させ、会津との諍いをとりなしてくれ。そちにしか頼めぬ」

と、板倉は紛争の処理を勝に委ねた。乱世に始末をつける働きが勝に求められる。

入京した勝は、まず会津藩主の松平容保に会い、徳川宗家が大切という考えを改め、日本全体をまとめる方向に頭を切り替えろと説く。そうすれば薩摩の反抗もやむと強調した。容保は反論しなかったが、会津の家臣は聞き入れない。反発は激しく、勝の宿にまできて議論をふっかける。勝は、奥の手を使う。いよいよ切羽つまれば自分が軍艦を率いて長州に攻め、局面を打開すると言う。純朴な会津の家臣は、そうか、そうだったのかと勝を見直した。薩摩への敵意を逸らしたにすぎないが、勝は会津を説得できたと思った。

続けて、薩摩の幹部と会った。薩摩は勝に抵抗しなかった。話がついたと受けとめた勝は大坂に帰る。しかし、薩摩の出兵拒否の姿勢は変わらなかった。秘かに薩長同盟を結んでいるから、長州と戦う気はなかったのだ。政局は深みにはまっていた。幕府の主流派はフランスから六百万ドルの借金をして戦争を続けると主張する。「かの術中にはまり、国家は瓦解する」と勝は嘆いた。

憂色たれこめる七月二十日、将軍家茂が二十一歳の若さで逝った。死因は脚気だという。慶喜が徳川家を継いだ（将軍宣下は十二月）。徳川慶喜は、「大討込《おおうちこみ》」と称し、自ら出陣して長州を屈服させると肩をそびやかした。

ところが、九州方面の指揮官、老中の小笠原長行は、家茂の悲報と、だいじな小倉の戦闘を担当させた肥後藩が兵を引いたことを知り、戦意を喪った。何と軍艦で戦場を離れ、長崎に逃げる。敵前逃亡したのである。要衝の小倉城はあっけなく落ちた。

慶喜は振り上げたこぶしを下ろせないまま、こちらも出陣をやめた。慶喜は、ずけずけとものを言う勝を嫌っていたが、敗色濃厚となって難題を押しつける。

「長州に停戦の交渉に行ってくれ。天朝でも、そちのほかにいないと仰せである」

勝は、あまりの馬鹿馬鹿しさに断ろうかとも思ったが、亡き家茂の恩に報いようと密使を受けた。広島に向けて発つ前に、自分の使命の覚書を慶喜に渡して確認を取る。覚書には悲壮な決意がつづられていた。

もし殺されるか生け捕られれば、乗って行った軍艦は引き返させる。今後の国政の方針については「天下の公論御採用」のこと。将軍独断で決めてはならない。戦争使者なので遭難は覚悟しているが、殺害が判明するか、生き延びて復命するまでは、風評に惑わされないでほしい。長州が停戦に応じなければ、将軍直属の軍隊で討ち入る手配をしていただきたい。

慶喜は、「承知した、後顧の憂いなく、停戦交渉に臨んでくれ」と勝を送りだす。

崩れゆく幕府のなかで

講和の談判は、長州の使者が広島の厳島（宮島）にきて行われると決まった。早々と厳島に入った勝は、旅館の広間に座って、じっと使者を待つ。宿の老婆に襦袢をたくさんつくらせ、頻繁に着替え、髪も毎日、結い直させた。幕府方の使者は勝ひとりであった。

「お武家様、どうしてこんなに襦袢がいるのですか。きれい好きかね」と老婆が聞く。

「おれの首はいつ斬られるかわからぬ。よって死に恥をかかぬためにこうするのだ」

ひぇーっと老婆は後ずさる。待つこと数日、勝がしびれを切らしていると長州の交渉団が到着した。九月二日、勝が待つ大願寺の大広間に広沢兵助（真臣）、井上聞多ら八人が入ってきた。軍艦奉行と対面した広沢たちは、縁側に座って恭しく一礼した。

「そこではお話ができませぬ。どうぞ、こちらへお通りなさい」と勝が声をかける。

「ご同席は、いかにも恐れ入る」。広沢は遠慮した。

「かように隔たっては、お話ができぬ。貴下がお否《いや》とあれば、拙者がそこに参りましょう」。勝はずかずかと縁側の一団に割り込んで座った。一同、大笑いである。

「それでは御免こうむります」と談判が始まった。

後年、勝は円滑に交渉が進んだかのように喋っているが、じつは難航している。

「慶喜公は今後『天下の公論』を採用して衆議を尽くすと約束した」と勝が言っても、長州側は信じなかった。「慶喜殿が間違いに気づき、正すのであればすぐに実行できる。慶喜殿の一存でできるはずだ」と言われると返す言葉がない。勝は受けにまわり、突破口が開けなかった。勝は、自分が復命したら慶喜に「幕府の反省の実」、つまり独善的な政事の一新、公論による雄藩連合の体制を受け入れさせる、と確約する。ここには大政を天皇に奉還する意味が含まれていた。「幕府の反省の実」が決まれば、改めて周防に行くと請け負った。

長州側も周防で再会できると聞き、ようやく折れた。談判の終了間際に勝が言った。

「拙者が帰京したらただちに貴藩の国境にある幕兵を一人も残さず、引き揚げさせる。貴藩においても、その機に乗じて、請願などと唱えて大勢で押し上げることは決してないようにせられよ」

撤退する幕軍を追撃しないでくれ、と注文した。広沢は承諾し、談判は終わる。長州は撤退する幕府軍を追わず、約束を守った。

長州と和を結んだ勝は、京都に帰り、慶喜に復命した。慶喜の態度は冷淡だった。また、裏切られたのか……。勝が「幕府の反省の実」を示すよう報告しても上の空だ。それもそのはず、慶喜は、勝を広島に行かせた直後、講和交渉とは別に朝廷から休戦命令の勅書を出させた。朝廷の力を借り、勝を見放していたのである。休戦の勅書は、将軍の死を悼んでしばらく戦闘を中止せよ、長州は侵略した土地を引き払え、という居丈高なものだった。

慶喜は、フランス公使ロッシュにも手紙を送り、「強幹培根の大策」を施行する、と連携強化を呼びかけていた。フランスと組んで長州を倒すつもりだ。勝は梯子を外されたのである。勝は撤兵の追撃を防ぐ駒に使われ、講和の約束とは逆方向に幕府は振れる。勝の面目は完全に潰された。

長州は、ひたすら「幕府の反省の実」が示されるのを待った。周防での勝との再会を信じて。しかし、届いたのは高圧的な休戦勅書だった。長州はその受け取りを拒む。他藩の領地を侵略した覚えはなく、攻め入ったのは幕府である。将軍の死を悼む休戦なら、喪があけたら、また戦争を再開するのかと疑う。勝の約束は空手形に終わった。

勝は、もうやっていられないと辞表を叩きつけた。十月中旬、上方を去り、江戸に帰った。ふたたび閑居してもよいと考えていたが、軍艦奉行に留め置かれる。

十二月二十五日、長州嫌いで公武合体を望む孝明天皇が崩御した。死因は天然痘とされるも、毒殺説が流れる。十五歳の睦仁《むつひと》親王が践祚《せんそ》の儀を行い、皇位に就く。「玉」が替わった。あるいは、替えられたのか……。

慶応三（一八六七）年、幕府は崩壊への急坂を転げ落ちた。フランスからの借款も実現しなかった。

勝は、江戸で海軍伝習掛を命じられ、幕府海軍の指導層を従来のオランダからイギリスに切り替える。急な方針転換で英、蘭両国とトラブルが生じると、その処理に当たった。気がつけば、紛争の処理ばかり担わされていた。神戸海軍操練所に託した「一大共有之海局」や、公論による雄藩連合の公議政体はどんどん遠ざかっていく。

勝の夢を具体化したのは龍馬だった。紆余曲折を経て、脱藩の罪を赦された龍馬は、亀山社中を土佐藩傘下の「海援隊」に改組し、独立不羈《ふき》、身分に関係なく隊員を受け入れる。思うまま国事にかかわった。諸説あるが、山内容堂に進言するため、土佐藩参政の後藤象二郎に洋上で「船中八策」を口頭で伝えたといわれる。

船中八策の新国家構想は、横井小楠の思想や、勝海舟の実践論を土台にしていた。幕末の血煙と、開国の活力や古い秩序が入り乱れ、勝者と敗者がめまぐるしく入れ替わった。その産みの苦しみのなかから、新生日本の骨格が立ち現れてくる。

手を組んだ薩摩と長州は、ついに江戸に向けて討幕の兵を挙げた。

官軍が錦の御旗を立て、江戸に迫ってくる。

百万都市江戸が、火の海となれば阿鼻叫喚の地獄絵がくり広げられるだろう。

どうする、勝海舟。

第四章

江戸開城の大交渉

江戸の濱御殿は夜明け前の深い闇に包まれていた。賊軍の汚名を着せられやつれはてた徳川慶喜が、茫然と焚火に手をかざしている。軍艦開陽丸で大坂から帰りついたばかりだった。慶喜は薩摩と長州の同盟を甘く見すぎていた。

京都の二条城を本拠とした慶喜は、薩摩の大久保利通や公家の岩倉具視が謀《はか》って「討幕の密勅」が薩長に渡るのとときを同じくして、大政を奉還した。天皇に政権を返上し、薩長の武力倒幕の大義名分を打ち消した。政権返上を説く慶喜の弁舌は爽やかで、水際立っていた。江戸で大政奉還を知った勝も、過去の行きがかりを捨て、「上様、よくぞご決断なされました」と心のうちで快哉した。

慶喜は、朝廷が樹てる新政権の重要な地位に就き、諸侯会議で合意を図りながら日本国家の意思を統一して、欧米列強とわたり合おうと展望していた。侯伯一致は勝の持論でもあった。

ところが、薩摩はあくまでも慶喜抜きの新体制を樹立しようと「王政復古」のクーデターを敢行する。王政復古の大号令で、幕府の廃止、京都守護職・所司代の撤廃などが宣告される。慶喜は「辞官」「納地」を突きつけられた。内大臣を辞めるのはともかく、徳川四百万石の領地を奪われたら丸裸になってしまう。二条城を守る会津、桑名の藩兵は激高した。

暴発を懸念した慶喜は、二条城に集まっていた大軍を連れて大坂城に移る。「時」をかけて事態の推移を見守り、優位にことを運ぼうと構えた。

だが、薩摩は、幕府を武力で打ち倒そうと謀った。西郷吉之助は、薩摩の工作者、益満休之助や伊牟田尚平を江戸に送り込んだ。益満は、浪士や荒くれ者を集めて、放火に略奪、暴行と市中を攪乱する。庄内藩邸には鉄砲が撃ち込まれ、死者が出た。

慶応三年十二月二十三日（陽暦一八六八年一月十七日）、江戸城二ノ丸が不審火で炎上した。瞬く間に「薩摩藩士が火をつけた」と噂が広まる。諸悪の根源、三田の薩摩藩邸を焼き討ちすべしと幕論は沸き立った。

勝も報復論の高まりを抑えられず、二十五日、庄内藩士が三田の薩摩屋敷を焼き討ちした。徳川方は、とうとう一線を越えた。

薩摩藩邸焼き討ちの飛報が大坂に届き、城内は「薩摩討つべし」と鬨の声が響きわたる。慶喜も主戦派に引きずられた。

慶応四（一八六八）年一月二日、諸藩の兵が加わり総勢一万五千に膨らんだ徳川の大軍が京都へと進発した。翌日、鳥羽・伏見で薩長軍とぶつかり、二年におよぶ「戊辰戦争」の幕が開く。緒戦は一進一退だったが、五日に岩倉具視が秘かに作らせた「錦の御旗」が薩摩軍にひるがえると、徳川軍は慌てふためき、戦況が一変した。

薩長軍は「官軍」とみなされ、鳥取、津の藩兵が寝返った。「賊軍」となった徳川軍は淀城に入って態勢を立て直そうとしたが、淀藩に戦意はなく、城門を閉じて入城を拒まれる。行き場を失った徳川軍は追撃を受けて、多数の戦死者を出した。

徳川方は全軍総崩れとなる。慶喜は、「朝敵」にされるのを怖れた。自軍の将兵が命がけで戦っているにもかかわらず、天皇に歯向かうつもりはないとばかりに側近の老中板倉静勝、会津藩主松平容保、桑名藩主松平定敬兄弟ら数人を従え、夜陰に乗じて大坂城を脱け出る。敵前逃亡を図った。

慶喜と従者は、天保山沖の開陽丸に乗り込んだ。艦長の榎本武揚は上陸中で不在だったが、副艦長に命じて出航させ、一月十一日、江戸に帰港し、濱御殿の海軍局に入ったのである。置き去りにされた榎本は、大坂城内の書類や重要什器、現金十八万両を別船に積み込み、二日遅れで品川に帰った。

慶喜は、濱御殿で焚火に当たりながら、自分がしでかしたことの重大さに震えた。「勝を、呼べ」と慶喜は傍らの士官に告げる。この難局で頼れるのは、偏屈で毀誉褒貶は激しいけれど、勝しかいなかった。

かすれていた。

「安房守様は、ただいま謹慎しておられます」と士官が不安そうに応じた。

「蟄居でも何でもかまわん。呼べ、勝を呼べ。勝を呼んで評定すべし」。慶喜の声は

勝は、早馬の使いを送られても邸を出ようとしなかった。二人目の使いがきて、将軍直々に呼ばれていると伝えられ、やっと腰を上げる。

慶喜や松平兄弟の前に現れた勝は、ねぎらいの言葉をかけるどころか、いきなり

「あなた方、なんということだ。これだから、私が言わないことじゃあない」と罵倒した。誰も言い返せない。「どうなさるおつもりだ」。勝は慶喜を責めた。

新政府の官軍が、江戸に攻めてくる。まさに国難、この難局にいかに立ち向かうのか。江戸城内の評定は、抗戦派と新政府の命に従う恭順派に割れた。

ただ、ほとんどの家臣は慶喜が再挙を期していると信じ込み、主戦論が一段と高まった。勝を主戦派の家臣たちがぐるりと取り囲んだ。

駿河湾から軍艦砲撃で官軍に勝てる、が、しかし……

抗戦派の急先鋒は、勝にフランスとの密謀を耳打ちした小栗上野介忠順《ただまさ》だった。

小栗は、勝が咸臨丸で太平洋を渡ったときに正使の遣米使節目付としてポーハタン号で渡米している。日米修好通商条約の通貨交換比率が不当だとアメリカ側を論破し、

現地紙に称賛された。ワシントンの海軍工廠を見て、幕府軍の近代化に手をつけた。

帰国後、フランスと提携し、横須賀製鉄所（後の横須賀海軍工廠）の建設を推し進める。幕府陸軍の力を強めようと小銃や大砲の国産化にも取り組んだ。フランス軍事顧問団を招き、陸軍の指導を委ねる。小栗は「親の病気が治る見込みがないからと薬を与えないのは孝行ではない」が口癖で、崩れかけた幕府を軍備の近代化で支えた。

小栗は「武士の本分」に忠実に生きようとした。慶喜に戦術を建策する。

「恐れながら、海軍において薩長軍は、わが幕府艦隊の足元にも及びませぬ。敵軍が東海道を下ってくれれば、箱根関内の海岸線の難所、薩埵《さった》峠で待ちかまえ、駿河湾の艦隊から砲撃を加える。そのまま敵軍を孤立させ、殲滅するのみ。甲州街道の敵は小仏峠で、中山道を進んでくる敵は碓氷《うすい》峠で迎撃し、打ち破るのが良策と存じます」

徳川家にはまだ十分、予備戦力が残っていた。小栗の戦術を実行する力はあった。

開陽丸艦長の榎本武揚は、満座の評定で「慶喜公には腰が抜け申したか。いまさら恭順とは何事でござる」と罵った。慶喜は、大坂脱出の際、榎本においてきぼりを食わせながら愛妾はちゃっかり連れ帰っている。榎本の腸《はらわた》が煮えくり返るのも致し方ない。若年寄兼外国奉行の堀直虎も、慶喜が再上京して「君側《くんそく》の奸」を討ち、政治の主導権を奪うよう主張した。

徹底抗戦論に圧倒され、居たたまれなくなった慶喜が席を外そうとすると、その袖を小栗がつかむ。慶喜は、ええい、放せ、と袖を振り払って奥へ引き上げた。

慶喜は朝敵の汚名を着るのが耐えられない。その「血」が拒絶反応を起こすのだ。

慶喜の父は、水戸徳川家第九代当主の徳川斉昭で、正室の母は京都から嫁してきた有栖川宮熾仁《たるひと》親王の娘吉子である。父の姉は、長く関白職を務めた鷹司政通《たかつかさまさみち》の妻であり、母吉子の姉、楽宮喬子《さざのみやたかこ》は第十二代将軍徳川家慶《いえよし》の正室だった。

幕府と朝廷の血があざなわれた水戸徳川家には、藩祖の徳川頼房、二代目の光圀《みつくに》以来、尊王思想の水戸学が息づいている。天皇に弓を引くことは自分に流れる血の否定である。すでに新政府は慶喜追討令を出している。慶喜は足もとが崩れるような精神的な危機を感じていた。

朝敵の汚名を怖れる慶喜は、小栗を罷免した。背後で小栗の天敵、勝が更迭を仕向けたともいわれる。小栗は、フランスからの借款が潰されて、勝を憎んだ。あっさり江戸を引き払い、知行地の上州権田村に移る。外国奉行の堀直虎は憂憤に悶え、江戸城内の雪隠で喉を突いて自害した。

主戦派が一線から退くと、勝は海軍奉行並に任命され、徳川家の統御を委ねられた。崩れた幕府のなかで凄絶な権力闘争が展開される。勝は、信頼する越前藩主、松平春嶽を通して新政府への嘆願を試みた。春嶽に「自分は一死あるのみ」、新政府の要人に伝えてほしい、と手紙を書く。

「昨今、アメリカ人の報告によれば、兵庫で官軍と駐留外国人との衝突があったために、外国側は城を築き兵士を分けてその地を固守し、軍艦を呼ぶという。長崎地方もおそらく同様。自分はこれを聞いて胸が張り裂けるようで悲しみにたえぬ。このままではインドや中国で国内の争いに西欧諸国がつけこんだのと同じ状態になろう」

勝は、インド大反乱の後にイギリスがムガール帝国を滅ぼしたことや、隣国の清がアヘン戦争後の太平天国の乱につけこまれて英仏の深い介入を許し、衰退したことを念頭に置いている。文面に植民地化の危機感がにじむ。さらに「口で勤王を唱えながら『大私』を挟み、皇国の崩壊、万民が塗炭の苦しみに陥っているのを察しておらぬ」と正面から斬りつけるように筆を運ぶ。

もちろん、「大私」に囚われているのは薩長である。徳川は大政奉還し、戦争は好まない。半ば降参している。そんな相手を追討しようと軍隊を送ってくるのは権力の私物化だ、と言い切った。たとえ「玉（天皇）」を擁した新政府でも、政治は「私」ではなく、「公」に帰結すると哲理を示す。

海舟は新政府に交渉の条件ではなく、大局観をぶつけた。

その鷹のような目は、歴史の奔流をとらえていた。

だが、動乱は、勝の論立てをあざ笑うかのように拡大していく。

海軍奉行並に就いた六日後、勝は陸軍総裁を命じられる。陸戦を行う軍隊のトップに就任したわけだが、一月下旬から二月にかけて、現場は大荒れに荒れた。

江戸市中の人びとは、いつ官軍が攻め込んでくるかと戦々恐々、浮足立っていた。不安が昂奮をもたらし、戦いを求めて徳川の兵隊たちが暴れだす。

旧幕府陸軍八千人を指揮する勝は、現場の「脱走兵」に手を焼いた。

幕兵は、機会があれば屯所の塀を越えて逃げようとしていた。陸軍とはいえ、現代の軍隊とは大違いだ。西洋式軍備が採用されて日が浅く、兵隊は旗本や御家人が石高に応じて頭数をそろえた「兵賦《へいぶ》」に頼っていた。寄せ集めの傭兵部隊は統制に欠ける。逃げて身を隠したい者もいれば、官軍を迎え撃てと頭に血がのぼった者もいる。

二月初旬、三番町（現千代田区）の屯所の二大隊、およそ千人がざわつき始めた。一大隊は勝本人が説諭して踏みとどまらせたが、もう片方の大隊の二百人ばかりが脱走した。二日後、残り三百人も、夜、塀を越えて大通りに出て、鉄砲を撃って暴れだす。士官も手がつけられず、困り果てた。

そこで勝は、先に説諭した一大隊を千鳥ヶ淵の土手際に整列させて、こう命じた。

「きさまたちのなかにもおれの説諭が分からない者がいるのなら、勝手に逃げろ」

神妙に聞き入る兵隊を後目に、塀を乗り越えた一団が九段坂をどんどん駈け下りていく。土手際に並んだ連中もじっとしていられない。隊列の後ろの数十人が闇にまぎれて勝に向けて発砲した。すると九段坂の脱走兵たちが立ちどまり、勝の提灯めがけて射撃をしてくる。勝の前に立っていた従卒が二人、胸に弾丸を受けて倒れた。

運の強い勝は、かすり傷ひとつ負わなかったが、提灯が消えてあたりが真っ暗になると、土手際の隊列は崩れ、兵隊は蜘蛛の子を散らすように逃げてしまった。

この騒ぎで四人が死亡、六、七人が負傷したと勝は『氷川清話』で語っている。

九段坂の騒動の二日前には、小川町（現神田小川町）の精鋭部隊、フランス軍事顧問団から直接指導を受けた伝習隊の兵卒が、やはり乱暴をしながら脱走していた。逃げた兵が高田馬場に整列していると聞いた勝は、深夜、単騎、追いかける。どしゃぶりの雨のなか、高田馬場からさらに板橋まで追い、夜が明けて、やっと脱走兵の一団をつかまえる。勝はあれこれ説き聞かせ、三十六人だけ連れて帰ることができた。

二月中旬には赤坂屯所から甲州へ逃げていく兵隊たちに勝は八王子で追いつき、新宿の宿まで率いて帰る。そこで勝が訓戒を垂れていると、脱走の首謀者が、もう志を遂げられぬと覚悟したのか、突然、反対派の伍長を刺して自殺してしまった。

開戦前夜の昂奮が伝染病のように江戸市中を覆う。のちに勝は、こう語っている。

「全体この頃の人気《じんき》は、老人でも子供でも、ただ戦争とか、自殺とかいうことを、無暗によい事に思って、壮士に酒を飲ませたり、飯を食わせたりなどして励ますものだから、脱走などということもいわゆる騎虎の勢いで、容易に止めることはできなかっ

たのだ」（氷川清話）

東に脱走兵あれば、追いかけて連れ戻し、西に評定あれば出席して新政府への対応策を語る。まさに東奔西走、勝が元氷川の邸に帰れるのは夜半を過ぎ、徹夜もしばしばだった。四十代半ばの働き盛りとはいえ、心身ともに消耗する。そのうえ昼夜を分かたず、来客が日に四、五十人もやってくる。たいていの客が勝を「徳川を売る者」と疑い、殺気を帯びていた。もし暗殺されたことが世間に知れたら、思いがけない災難の非命の死と憐れみ、思いやってほしい、と珍しく気弱な一文を日記にしるした。

勝の根本策は、内戦の回避である。戦乱が起きれば、薩長と親密なイギリス、徳川側のフランス、あるいはアメリカやロシアまでもが干渉してくるだろう。日本国家の自立は遠のく。徳川家は戦いたくない。その思いを新政府にわからせたい。だが、薩長が「私」の欲にとらわれて攻めてくれば……、戦うしかない。和戦両にらみで、勝は戦争の「勝算」を立てた。

そして、慶喜が、ついに腹を決める。一時は抗戦に傾きかけたが、二月五日、慶喜は自分の「恭順」の意思を新政府に伝えてほしいと松平春嶽に嘆願書を送った。鳥羽・伏見の戦い以降の行動を深く恐縮し、謹慎しており、「伏して朝裁を仰ぎ奉り候」と記した。謹んで朝廷（新政府）の裁定をお受けします、とこうべを垂れたのである。

慶喜の恭順が明らかになり、膠着をとく糸口が見えてきた。

各部門の正副総裁が慶喜に呼ばれた席で、勝はあえて「勝算」を口にした。

「いま、もし戦に決すれば、上下、ただ一死を期すのみ。私は、軍艦を率いて駿河湾に出向く。陸上では東海道の海岸に二、三百の兵を出してわざと負け、敵兵を清見ヶ関（現静岡市清水区興津）あたりにおびき寄せ、そこへ軍艦を進めて横あいから攻撃を加える。艦隊が敵の中央を突破すれば、必勝は疑いない。関東の士気は高まり、東海道の味方を励まして敵の行軍を妨げる。その後、軍艦三隻を率いて摂海（大阪湾）に乗り入れ、九州、中四国との海路を断てば、敵は万策尽き、われわれの勝利は間違いござらぬ」

小栗の建策と同じく、勝も駿河湾からの砲撃を推奨した。海軍力では徳川方が薩長を圧倒していた。たとえば、幕府がオランダで建造した開陽丸は、最新鋭の砲、二十六門を備える。補助蒸気機関もあるシップ型帆船で、スクリュー船だ。かたや薩摩が大枚をはたいて購入した春日丸は、元イギリス船籍の貨物船。時代遅れの外輪船で、排水量は約千トンで開陽丸の半分以下である。これに六門の大砲を積んで軍艦に仕立てていた。

海軍力を使えば、徳川軍が勝つ可能性は高い。だが、海舟は、こう言葉を続けた。

「戦を主張する者は、一時の勝利に酔い、算段を見失う。海路を断たれ、万策尽きた敵、九州の諸侯はどうするか。やすやすとは引き下がるまい。イギリスに助けを求め、反攻を試みるであろう。そうなれば天下の瓦解、とどまるところなし。軍艦を用いれば勝てる。それをわかったうえで、戦わぬ。すなわち『公』である。誠意をもって、城を渡し、領地を納めよう。天下の公道に任せれば、敵もまた公で応じざるをえないのだ。ただし、このことは至難。安易に取り組んではなりませぬ」

徳川家の内戦回避の方針が決まった。翌十二日、慶喜は江戸城を出て、上野寛永寺塔頭の大慈院に蟄居した。後事は勝海舟に託される。

そのころ、京都は、「東征」一色だった。

慶喜が寛永寺に蟄居しても、太平の堤を切って流れ出した時勢は止められなかった。新政府は、全国諸藩を朝廷に従わせるために山陰道、東海道、東山道、北陸道に鎮撫総督を置いた。正副総督に青年公卿を任命し、参謀には薩摩、長州、土佐の倒幕派指導者をつける。東海、東山、北陸三道は慶喜征討の要路と位置づけられ、それぞれの鎮撫総督は「東征大総督」有栖川宮熾仁《たるひと》親王の指揮下に置かれた。

二月十五日、大総督有栖川宮は、錦の御旗をひるがえし、東征へと進発した。参謀は、薩摩の西郷隆盛、長州の広沢真臣《さねおみ》、伊予宇和島の林玖十郎《くじゅうろう》と公卿がふたり。西郷が実質的な統率者だ。諸道の官軍は総勢約五万、薩長土の藩士が主力をなしている。

東征軍が江戸へ近づくにつれ、長州出身の品川弥二郎が作詞したといわれる「都風流節」、別名トコトンヤレ節が人から人へと歌い継がれた。

宮さま宮さま　お馬の前の　ひらひらするのハ　なんじゃいな
トコトンヤレトンヤレナ
あれは朝敵征伐せよとの　錦の御はたじゃ　しらないか
トコトンヤレトンヤレナ
一天万乗の　一天万乗の　帝に手向かいする奴を
トコトンヤレトンヤレナ
狙い外さず　狙い外さず　どんどん撃ち出す　薩長土
トコトンヤレトンヤレナ……

雅楽風の笛の音とともに流血の危機が東海道を進んでゆく。

「おれは常に一身を死生一髪という際においていた」

東征軍を指揮する西郷隆盛は、慶喜の首を取ると公言していた。二月二日には「慶喜退隠の嘆願、はなはだもって不届き千万、ぜひ切腹までには参り申さず候では相すまず」と極刑を求める手紙を大久保利通に送っている。慶喜の恭順姿勢にかえって憎悪を募らせる。

新政府の重鎮、大久保も、薩摩藩幹部への手紙で、慶喜が退隠して紀州公に徳川本家を譲りたいと願ってきたことを「まことにあほらしき沙汰」と切り捨てる。「(慶喜の罪は)天地の間容るべからざる大罪なれば、天地の間を退隠すべし」と憤った。

大政奉還といい、鳥羽・伏見の戦いといい、策士の慶喜に薩摩は苦しめられた。士農工商の身分制度が苔のようにはびこる世を一新するには、慶喜の首をとるしかない。辞官、納地の手続きを待たず、武力で徳川家の領地を奪えばいい。東山道からは剽悍《ひょうかん》な土佐藩士、乾(板垣)退助や薩摩の伊地知《いじち》正治らの精鋭部隊も進軍していた。

官軍が迫る江戸府下は、釜の湯が沸きかえったようだった。大小の藩邸でも、庶民の家でも家財を荷車に積んでどこかへ運んでいく。荷物は船で諸侯の国もとへも送られている。街なかに倉庫を持つ者は、荷を密封して簾《すだれ》をおろし、若衆を屋根に上げてあたりを見張らせた。江戸を離れる者は畳一畳を十六文で売って行く。畳は船で近郊の村に運ばれ、雨にさらして腐らせて肥料にするのだという。無頼漢の盗みや暴力沙汰も頻発した。

その江戸で、勝は東征大総督の進発を聞き、

「いよいよ西郷が出てきたか」と、感慨にふけった。

西郷と初めて会ったのは元治元(一八六四)年の九月だった。大坂で顔を合わせた西郷は「もし外国艦隊が摂海にいたり、条約の勅許、兵庫開港を求めてくれれば、いか

が応接いたせばよろしいか」と率直に訊ねてきた。海舟は、江戸には私利私欲を離れて公論を立てられる人物がなく、幕府に当事者能力はない、と断言し、こう伝えた。

「明賢の諸侯四、五人が同盟を結び、外国艦隊を打ち破るべき兵力をもって、横浜ならびに長崎の港をとざさず、兵庫開港は筋立てて談判を行うべし。条約も結ばれれば、皇国の恥にはなるまい。かえって異国人は条理に服し、天下の大政が立ち、国是も定まる」

勝の答えを聞いた西郷は、心臓を鷲づかみにされたような感動を覚えた。大久保宛の書簡に「海舟はじつに驚きいる人物、どれだけ智略があるのやら底知れぬ」「英雄肌の人」と褒め言葉を並べた。勝もまた幾度も死地を脱して天下の政《まつりごと》にかかわる西郷の肝の太さに驚嘆する。勝は弟子の坂本龍馬がしきりに西郷に会いたいと言うので紹介状を書いてやったことがある。西郷と会った坂本は、戻ってきて、「なるほど西郷というやつは、わからぬやつだ。小さく叩けば小さく響き、大きく叩けば大きく響く。もし馬鹿なら大きな馬鹿で、その馬鹿の幅が分かり申さず」と報告した。

龍馬め、うまいことを言うわい、と鑑識眼を見直した。その龍馬は暮れに京都の近江屋で殺されてしまった。生き急いだ一生だった。とうとう西郷は軍を率いてくる。

天下の交渉人、勝海舟は、西郷の動向に神経をとぎすました。交渉ごとはキーパーソンを見誤ると迷走する。官軍で西郷を凌ぐ交渉相手はいない。

勝は、西郷への手紙を薩摩藩士華川某に託して送った、と二月十七日の日記に書いている。手紙の現物は確認されておらず、歴史家によって、その有無に関する意見は分かれるが、西郷の配下にあった東征軍先鋒総督参謀・渡辺清（清左衛門）は『幕末動乱の記録「史談会」速記録』で、手紙の内容を次のように語っている。勝は非常に高飛車な手紙を送った。

「そもそも徳川慶喜が大坂を引き払って江戸に帰ったのも、朝廷への恭順の実を捧げるためである。われわれ（幕臣）も、その意を体してどこまでも恭順を主としている。しかるに堂々と征討の兵を向け、いまにも江戸城に打ちかかる勢いでおられるが、どういうお考えなのか。もし徳川家が朝命を拒むのなら、いかようにもやり方はある。徳川家は軍艦十二隻を所有している。まず二隻を大坂近海に派遣し、二隻をもって九州、中国から上る兵を妨げ、また二隻を東海道筋のしかるべきところに置き、さらに二隻で東海道を下る兵を攻撃し、残る四隻を横浜に置き、同港をしっかりと防御しておく。このようなことをすれば、九州から上る兵も、東へ下る兵も、躊躇するぐらいのことではあるまい」

これは、威嚇である。旧知の西郷に、こっちはその気になれば軍艦十二隻を出動させるぞ、と脅した。勝は、西郷に問いかける。

「拙者は、貴公とは従来知己である。天下の大勢は十分理解しておられよう。しかるに手を束《つか》ねて拝している者に兵を差し向けるとは何事か。じつに平生には不似合いの挙動と考える。ともかく、征討の兵は箱根以西に留めてくれなければならない。そうしなければ慶喜やわれわれの意図をまったく理解しない、いかなる乱暴者が暴れだすやもしれぬ。いま、江戸の人心はじつに沸いた湯のようだ。人びとの右往左往をどうにも制することはできぬ。いま、官軍の兵が箱根を越したならば到底われわれは恭順の実を挙げられぬ。よって、ぜひ箱根の西に兵を置いていただきたい」

駿府（現静岡市）に着いた東征軍の西郷が、この手紙を読んだのは二月二十八日だった。官軍の弱点が海軍にあることを西郷は憂えていた。そこをずばりと指摘された西郷は、海舟の手紙を掲げ、怒りで顔面を紅潮させて、将兵を前にこう吼《ほ》えた。

「諸君は、この書簡をみて何とお考えあるや。じつに首を引き抜いてもたらぬのは、かの勝である。一体、官軍をどうみているのか。はたして恭順の意図をもっているなら、官軍に向かって注文することはないはず。かれの嘘つきはいま始まったことではない。勝は、申すまでもなく、慶喜の首を引き抜かねばおかんじゃないか。まして箱根を前にして停滞するのはもっともよくない。諸君、いかがであるか」

「いかにも、そのとおり！」と諸隊の隊長は勇み立った。

「しからば明日より、東征じゃ。その覚悟でご出陣なされい」と西郷は号令を下した。

西郷は遅れてくる大総督有栖川宮を駿府で待ち、東征軍先鋒隊の渡辺らを先に進めた。勝への私情を捨て、敵意むきだしに部下を鼓舞している。東征軍の総司令官として当然の采配であろう。箱根をまえに躊躇すれば士気にかかわる。

勝は、威嚇をこめた手紙で徳川の陸軍総裁の「立場」を明らかにした。「慶喜以下、徳川は恭順している」のだから「討つな。箱根を越えるな。いざとなれば軍艦を出すぞ」と脅した。恭順の「和」と軍艦の「戦」の両論を述べ、後者に重きを置いている。

勝は疑心暗鬼にとらわれていた。そとでは薩長のために策動していると疑われ、命を狙われる。家に戻れば、激論をふっかけて殺害しようとする連中が押し掛けてきた。

軍人の勝は「人心恟々《きょうきょう》として、おれは常に一身を死生一髪という際においていた」と記す。味方を説得するためにも戦闘姿勢をとらざるをえなかった。まずは立場を鮮明にし、その先に本格的な談判が待ち受けているとにらんだ。


ひたすら恭順の「和」を請うのは三十二歳にして寛永寺にこもる慶喜自身であった。慶喜の助命嘆願のルートは、宮廷人脈と、気心の知れた諸侯人脈の二つに大別される。宮廷人脈では、和宮改め静寛院宮《せいかんいんのみや》が女官を介して近親者や公家に働きかけた。和宮は仁孝《にんこう》天皇の皇女で、公武合体策で徳川家茂の御台所に迎えられた。家茂の死後、静寛院宮と名乗っていた。

徳川家の存続を願う静寛院宮の手紙は二月上旬に京都に届いたが、東征大総督の進発を抑えられなかった。朝廷の返書には「願いの儀については朝議を尽くす」とのみ。慶喜の期待は裏切られた。静寛院宮本人の処遇が新政府と徳川の問題に浮上する。

続いて輪王寺宮（のち北白川宮能久《よしひさ》親王）が、慶喜の助命と東征中止の嘆願のために江戸を発った。東海道を京都に上る途中で官軍に追い返されるのは明らかだった。

慶喜は、松平春嶽や山内容堂ら親しい諸侯にも助命の裏工作を依頼する。こちらの筋もやぶ蛇で、逆にうるさがられて後退した。八方ふさがりだった。

命は惜しい。願いが届かず、鬱屈した慶喜は、二月二十五日の昼、勝を寛永寺に迎えた。困ったときの勝頼みである。

「そのほうは京都へ使者として赴き、わが恭順の意を朝廷に諄々と説き、江戸進撃を食い止めよ。ただちに発ってくれぬか」

慶喜は、寛永寺大慈院の十二畳半の上の間で、消え入りそうな声で勝に命じた。慶喜の月代《さかやき》はのび、髭が顎を覆っている。覇気が失せ、気落ちした主君を前に勝は言う。

「承知仕りました。しからば御使命に立つからは、陸軍総裁職を免じていただきたく存じます。要職にありながら、江戸を出るわけにはいきませせぬ」

「聞き届ける」と慶喜は応えた。

官軍は日に日に迫っており、一刻を争う事態だ。元氷川の邸に帰った勝は、大急ぎで旅支度を整える。日は落ち、翌早朝の出立に向けて荷造りをしていた。

と、そこへ慶喜の使いがやってきて、「京都行きも陸軍総裁免職も取り消す」と告げられた。このまま江戸にいろ、と言う。家臣団が慶喜の決定に反対したようだ。勝を京都に送って、途中で行く手を阻まれたり、京都で拘留されたら大ごとだ、と言い立てたらしい。「勝を遣《や》れば官軍に寝返るやもしれませぬ」とささやいた側近もいたようだ。

またも優柔不断な慶喜に勝は翻弄された。毎度のことで慣れてはいたが、肩透かしに気も萎える。勝には新たな役職、「軍事取扱」が与えられ、全軍の差配を任せられた。江戸城の意思決定機関は大久保一翁らが構成する若年寄集団「参政衆」とされ、その下に軍事取扱が置かれた。若年寄たちは勝にほぼ全権を委ねたといえよう。

三月一日、勝は会計総裁の大久保一翁と連携し、新撰組の近藤勇や土方歳三に甲州の鎮撫を命じて出立させた。官軍が江戸に入る前に甲州で脱走兵や農民が騒擾を起こすのを防げ、と申し渡す。新撰組は度重なる戦闘で兵力を損耗していたが、浅草新町の被差別民の頭領、十三代弾左衛門（のち弾直樹）の配下を引き入れ、二百名で甲府城へと向かう。名を「甲陽鎮撫隊」と改めた。

だが、先に甲府城に入ったのは東山道を進軍してきた官軍、板垣退助らの「迅衝《じんしょう》隊」だった。迅衝隊と勝沼でぶつかった甲陽鎮撫隊は敵の圧倒的な火力の前に数時間で敗れ去る。

近藤を甲州に送った翌日、勝は、益満休之助ほか二名の元薩摩藩士を自邸に預かった。筋金入りの尊王攘夷派の益満は、三田の薩摩上屋敷に陣取って江戸騒乱の指揮をとった。いわば戊辰戦争の仕掛け人だ。薩摩藩邸焼き討ちの際に捕えられ、死罪の裁断が下っていた。その益満を、官軍との間でいずれ役に立つかもしれないと勝は預かったのである。

できることは何でもやろうと心を砕いた。しかしながら官軍との直接交渉の道は断たれ、勝にも手詰まり感が漂う。西郷は、すでに駿府にきて、大総督有栖川宮の到着を待っている。東征軍先遣隊は箱根を越え、小田原、横浜へと近づいていた。六郷川（多摩川）を越えれば、江戸は目の前だ。徳川家ののど元にじわじわと刃が突きつけられていた。

勝は和戦両論で対処したいが、肝心の和の意思が相手に伝わらない。駿府は遠い。ひとりの大男が、この閉塞状況を打ち破る。

身の丈六尺二寸（約一八七センチ）、体重二十八貫（約一〇五キロ）の巨軀ながら微禄の御家人、山岡鉄太郎（鉄舟）である。

時勢の奇跡、海舟、鉄舟、益満の出会い

天保七（一八三六）年、江戸本所の蔵奉行の家に生まれた山岡鉄太郎は、幼いころ

から直心影流の剣術を学び、書に親しんだ。長じて槍術家の山岡静山の妹、英子と結婚して山岡家へ婿養子に入る。静山の弟で、英子の兄、高橋泥舟《でいしゅう》に剣術の技量を認められて講武所の世話役を務めるも、色を好み、無頼の気質抑えがたく、清河八郎らと尊王攘夷の「虎尾の会」を立ち上げた。幕府が新撰組の前身、浪士組を結成すると、取締役に就いて三百人の荒くれ者を率いて京に上る。

浪士組の不穏な動きを察した幕府は、これを呼び戻す。首領の清河は暗殺された。山岡は謹慎に処せられ、禅の修行を積む……。

山岡の半生は豪胆な逸話にこと欠かないが、いかんせん悪名が轟いていた。慶喜が蟄居後は、その身辺警護を命じられ、評定の蚊帳の外に置かれる。山岡は「私は弱冠不肖の身で、機密にあずかるどころか、ただ一個の浪人、反逆者として見られるのみ。役人は一人として私を用いず、かえって私が近づくのを怖れるようすだった」と後年述べている。

徳川家のために一肌も二肌も脱ぎたいのに機会を与えられない。欲求不満な山岡のもとに使いが訪れ、ただちに慶喜の寛永寺の御座所へ出頭せよと告げた。周旋したのは高橋泥舟のようだった。

山岡が寛永寺に急行すると、そのまま慶喜の面前に導かれる。側に泥舟が控えていて、駿府の東征軍総督府への使者を命じられた。

「余は朝廷に対し、公正無私の赤心をもって謹慎しているにもかかわらず、朝敵の命が下り、もはやとても生命をまっとうできまい。ここまで衆人に憎まれたことは、かえすがえすも嘆かわしい」

と、慶喜は、涙を流した。

当年三十三歳、血気盛んな山岡は、同世代の君主の落魄ぶりにわが目を疑いながらも、感情に流されはしなかった。

「何を弱き、つまらぬことを申されますか。かように仰せられますが、謹慎と申されるのは偽りで、何かほかに計画されていることでもございませぬか」

小禄の御家人にすぎない山岡が、謹慎中とはいえ元将軍に「二心があるのではないか」と追及した。あなたは本気で恭順しているのか、と詰問したのだ。

「余は別心なし。いかなることにても朝命には背かない。二つとない赤心。伝えてくれよ」

と、慶喜が答えると、山岡は江戸っ子の俠気をこめて言った。

「まことの誠意をもって謹慎されているのであれば、不肖、鉄太郎承りたるうえは、必ず朝廷に御意を貫徹し、ご疑念を氷解させるのはもちろんでござります。この鉄太郎の目の黒きうちは、決してご心配なされますな」

寛永寺を出た山岡は、さっそく駿府への使者に発とうと二、三人の重臣を訪ねた。

けれども、かれらは山岡を危ない浪人者とみて、居留守を使い、会っても話が煮つまらない。そこで山岡は、胆略に優れると聞きおよぶ勝海舟を訪ねた。

三月五日、ようやく寒さがゆるみ、桃の節句が終わったばかりだった。山岡は赤坂元氷川の邸の門をくぐり、急いで勝に取り次ぐよう妻のたみに求めた。しかしたみは山岡を刺客と疑って、なかなか勝に会わそうとしなかった。山岡は早く面談をとせっつき、ようやく座敷に通される。勝とは初対面であった。

勝も札付きの山岡を怪しみ、言を左右して本題に入ろうとしない。つかみどころのない会話に業を煮やした山岡が、大喝した。

「こんにちでは、朝廷だの、幕府だの末節に拘泥している場合ではござらん。挙国一致、国難に処すべきである。何を躊躇しておられるのか」

不遜な物言いは、勝の常套手段だったが、将軍さえ呑んでかかる山岡の叱声に勝もいささか面食らった。聞きしに勝る大胆不敵な男である。こいつはおもしろい。警戒心というつっかい棒が勝の胸の内でストンと外れた。

では、どのようにして、この難局を切りひらくのか、と勝が問う。山岡の意見は単純明快だった。

「それがしが駿府の官軍の陣営に行き、話をつけて参る。将軍慶喜公が赤心をもって恭順の意を表しているのに、それを討つという法があるもんじゃない」

猪突猛進の山岡に勝は忠告する。

「そりゃ、貴殿の言うことは書生論だ。世のなか、そう単純に片付くものじゃない」

「心配は御無用でござる。鉄太郎、赤誠をもってきっとこの難関を解決してお目にかける」

「しからば、どのように解決するのか」

「それは、ここでは分かりませぬ。万事先方の出よう次第で、臨機の処置を取るのであるから、あらかじめ計画しても難しゅうございましょう」

出たとこ勝負でやる気だ。山岡は慶喜の命を受けており、止めても駿府へ行く。ただ、いくら剣術の腕がたつとはいえ、たった一人で官軍の真っただ中に乗り込めば、即座に殺されるか、捕えられるに違いない。西郷のいる駿府にはたどり着けまい。まして生きて帰るのは不可能だろう。みすみす死地に向かわせるようなものだ。勝は頭をめぐらせた。

ふと、邸内をみれば、人質にも等しい益満休之助がいた。益満は西郷に命じられて江戸騒擾を行った薩摩藩士。難解な薩摩弁を喋れるし、理解できる。こいつは使える。

しかも、ここが歴史の妙なのだが、益満と山岡は旧知の仲だった。八年前、ともに尊王攘夷の集団「虎尾の会」に名を連ねた同志だったのである。虎尾の会は、横浜外国人居留地を焼き討ちし、アメリカ公使館通訳のヒュースケンを暗殺して幕府の監視対象となった。その後、同志は離散したが、若き山岡と益満は、お玉が池の清河塾で、仲間が辻斬りに行くのを防ぐために素っ裸の「豪傑踊り」をした間柄だった。海舟邸で顔を合わせた山岡と益満は「休之助！」「鉄太郎さん！」と飛び上がらんばかりに驚いた。

歴史のめぐり合わせは不思議だ。紙一重のタイミングで流れが決まる。勝がそのうち役に立つかもしれないと打った布石が、早くも効いた。益満に、山岡を西郷に会わせるための露払い、通行手形の役が託される。益満もそれを受け入れ、山岡に同行することが決まった。

そして、勝は「西郷に手渡してくれ」と山岡に書簡を預ける。

この手紙こそ、「無偏無党、王道堂々たり」で始まる、勝海舟が西郷隆盛に対して切った一世一代の大見得であった。

「無偏無党、王道堂々たり。いま官軍鄙府《ひふ》（江戸）に迫るといえども、君臣謹んで恭順の礼を守るは、わが徳川氏の士民といえども、皇国の一民なるをもってのゆえなり。かつ皇国当今の形勢、昔時に異なり、兄弟墻《かき》（垣）にせめげども、その侮りを防ぐの時を知ればなり」

いまの日本は徳川と薩長の兄弟が垣の内側で争っても、外敵には一致して当たるべきときであると考え、徳川の君臣は恭順している、とストレートに切り出した。しかしながら、江戸は交通が四通八達の地で数万の士民が往来しており、「不教の民」が主君の意を解せず、今日の大変に乗じて何をするかわからない。自分はその鎮撫に全力を尽くしているが、ほとんどその道がない、と現状を打ち明けて、徳川と朝廷の間の懸案事項をもち出す。

「しかれども、後宮（奥御殿－天皇の叔母・静寛院宮）の尊意、一朝不測の変にいたらば頑民無頼の徒何らかの大変墻内に発すべきか、日夜焦慮す」

静寛院宮の身に不測の事態が起きないかと、日夜、気をもんでいると勝は記す。これは京都の朝廷、わけても実力者の岩倉具視を強く牽制する文言であった。

岩倉は、将軍家茂への降嫁を嫌がる孝明天皇や和宮を「公武一和」と攘夷を理由に説き伏せた。和宮の江戸下向にも随行して万事手配し、朝廷の意思を幕府に伝える勅使を務めている。岩倉にとって和宮は静寛院宮と名を変えても特別な存在だ。その身に何かあれば、公家である岩倉は立場を失くし、権威は失墜する。そこを、ぐさりと勝は刺した。

そして、勝は、西郷らにこう呼びかける。

「軍門参謀諸君、よくその情実をつまびらかにし、その条理を正されんことを」

勝の書簡は、一文字も徳川家の存続や、慶喜の助命に触れなかった。嘆願調ではない。西郷という人間を知り抜いたうえでの高度な政治的知性と交渉術の結晶だった。

往々にして交渉ごとは条件を先に出したほうが風下に立つ。慶喜が命を惜しがっているのは百も承知だが、まだ機は熟していない、と勝はみた。「大きく打てば大きく響く」西郷に対し、大上段に振りかぶって書簡を送った。剣と禅で胆力を鍛えた勝らしいやり方だった。後年、勝は、『海舟語録』で、こう語っている。

「機先を制するというのが大切だが、機先に後れると、後の先（相手が仕掛けてきた技に合わせて掛ける技）というものがある。角力取りを見ても、直にわかる。このこつを知るものが勝つのだ」。

三月六日、駿府への出立を前に腹が減った山岡は、妻の英子に「飯はあるか」と訊ねた。英子は、いつものように一升飯のお櫃と大根葉の漬物を出す。山岡は、冷や飯に大根葉をぶっかけ、茶漬けにしてさらさらと十数杯もかきこむ。益満が顔を出すと、「ちょっと出てくる」と言って、家を出た。英子は、あとで夫が重い使命を帯びて旅立ったと聞かされ、心配でたまらず、神仏にひたすら無事を祈るばかりだった。

この日、駿府では、前日到着した大総督有栖川宮が東海道先鋒隊の正副総督や参謀を集めて軍議を開いた。

その結果、三月十五日をもって江戸城総攻撃を行う、と決定した。

日本の運命が決定するまで、あと九日しかなかった。

攘夷の激情と外国人襲撃

日本人のほかにも、新政府と徳川家の確執を、固唾をのんで見守る重要人物がいた。イギリス公使、ハリー・パークスと、通訳で情報員のアーネスト・サトウである。

日本は黒船の来航で国を開かれ、安政五（一八五八）年にアメリカを筆頭にイギリス、フランス、ロシア、オランダと通商条約を結び、国際市場に投げ込まれた。はじめはアメリカが外交的優位を保っていたが、南北戦争が起きて脱落する。代わって対日列強外交の首座を占めたのがイギリスだった。フランスが幕府との関係を露骨に深めるのに対し、イギリスは薩長とのつながりを重視した。

薩摩藩は、藩士がイギリス人を斬り殺した「生麦事件」の補償問題がこじれ、鹿児島湾で英国艦隊と砲火を交えたが、それを機にイギリスと密接に連携する。寺島宗則や、五代友厚ら総勢十九名の薩摩スチューデントをイギリスに派遣した。

長州も、アヘンの密輸で儲けたユダヤ系のジャーディン・マセソン商会や、武器貿易のグラバー商会などの協力を得て伊藤俊輔ら「長州ファイブ」と呼ばれる留学生をイギリスに極秘裏に留学させた。薩長同盟の裏にグラバーがいる。

薩摩の寺島は、イギリス政府のクレランドン外相と面談し、諸侯を招集して将軍が独占する貿易権を各大名に拡げるようミカドに要請してほしい、と伝えた。「外圧」

を利用する。クレランドン外相は、日本のパークスへ「幕府以外の諸藩も通商に参加させることが、国内の安定に欠かせないと幕府に主張せよ」「もし内乱が起きた場合は、厳正な局外中立を維持せよ」と訓令を送った。

イギリスの対日外交の主眼は、貿易による利益の獲得である。じじつ、一八六五年の日本への艦船の輸出割合を比べると、イギリスが八三パーセントと群を抜き、オランダ一〇パーセント、フランス六パーセント、アメリカは南北戦争で一パーセントまで落ち込んでいる。

パークスは、本国の指令に忠実な公使だった。パークスの右腕で通訳官のサトウは、一八六六年にジャパン・タイムスに薩長寄りの記事を三回連載した。記事は「英国策論」と名づけられて日本語に翻訳され、幕末の政局に大きな影響を与えた。

その内容は、

・将軍は日本の主権者ではなく、諸侯連合の首席。現行の通商条約はその将軍とのみ結ばれたものであり、条約のほとんどの条項は主権者でない将軍には実行できない。

・他の雄藩の大名たちは、それぞれ外国との貿易に多大な関心を寄せている。

・現行条約を廃止し、新たに天皇及び諸大名と通商条約を締結し、日本の政権を将軍から諸侯連合に移すべきである。

というものだ。貿易権の「天皇及び諸大名」への拡大を唱えた。「英国策論」は寺島のクレランドン外相への要請内容と重なっている。二十代のサトウが公使の了承を得て記事を書いたのかどうかは不明だが、イギリスは「局外中立」のカードも持っており、薩長一辺倒でもない。幕府に肩入れをしたフランスとの違いがここにある。薩長と幕府、どちらに転んでも損をしないよう手を打つのがイギリス流といえるだろう。

そのパークスとサトウは、鳥羽・伏見の戦端が開かれたころ、本拠地の横浜を離れ、関西で攘夷派の外国人襲撃の嵐に巻き込まれた。

慶喜が大坂城から逃げて間もない一月十一日、備前藩兵の隊列が神戸三宮神社の前にさしかかった際、フランス人水兵二名が行列を横切ろうとした。武家諸法度にいう「供割《ともわり》」という無礼な行為であり、砲兵隊長の滝善三郎が槍を持って制止しようとしたが、言葉が通じず、軽傷を負わせてしまった。

民家に逃げ込んだ水兵たちが拳銃を取り出し、それを見た滝が「鉄砲、鉄砲」と叫んだことから銃撃戦が始まる。備前藩兵の鉄砲は、開港直後の神戸で外国人居留地の建設予定地域を視察していた欧米諸国の公使たちにも向けられる。

現場に居合わせたパークスは激怒し、開港祝いで集まっていた各国の艦船に緊急事態を通達する。米英仏の兵隊が備前藩兵を居留地の外まで追撃し、生田川の河原で撃ち合った。互いに死者はなく、負傷者もごく少数で銃撃戦は終わるのだが、欧米列強は居留地防衛の名目で神戸中心部を軍事占領。港に停泊する日本船舶を拿捕した。

勝海舟が、越前藩の松平春嶽宛の手紙に「兵庫で官軍と駐留外国人との衝突があったために、外国側は城を築き兵士を分けてその地を固守し、軍艦を呼ぶ」と書いたのは、この「神戸事件」を指している。

新政府は、まだ諸外国に徳川幕府からの政権移譲を宣言しておらず、右往左往するばかりだった。慌てて政権が新政府に移ったと表明し、列強と事態収拾の交渉を行った。二月九日、兵庫の永福寺で列強外交官の臨席のもとに滝が割腹して一応の決着をみた。新政府は混乱のなかで攘夷から「開国和親」へと方針を転換する。

二月十五日、こんどは堺港で事件が起きた。入港したフランス軍艦の士官以下数十名の水兵が上陸して、騒いだ。夕方、住民の苦情を受けた土佐藩兵が帰艦するよう促したが、言葉が通じず、フランス水兵の捕縛を試みる。水兵が土佐の藩旗を奪って逃げようとしたため、土佐藩兵はとっさに発砲。十一名のフランス人水兵が死亡した。

フランス公使レオン・ロッシュは、水兵たちの葬儀で、復讐を誓う激烈な弔文を読み上げ、十五万ドルの賠償金の支払いと土佐藩士二十名の死刑が決まる。新政府に大金を払う余裕はなく、堺の住民や酒造組合などが募金を集めて工面した。堺の妙国寺で執行された土佐藩士の切腹ぶりは凄まじかった。イギリス公使館の二等書記官でサトウの同僚、アルジャーノン・ミットフォードは『英国外交官が見た幕末維新』に、次のように記している。

「最初の罪人は力いっぱい短剣で腹を突き刺したので、はらわたがはみ出した。彼はそれを手につかんで掲げ、神の国の聖なる土地をけがした忌むべき外国人に対する憎悪と復讐の歌を歌い始め、その恐ろしい歌は彼が死ぬまで続いた。次の者も彼の例にならい、ぞっとするような場面が続く中を、十一人目の処刑が終わったところで――これは殺されたフランス人の数であったが――フランス人たちは耐えきれなくなって、デュ・プチ・トゥアール艦長が残り九名を助命するように頼んだ。彼はこの場面を私に説明してくれたが、それは血も凍るような恐ろしさであった。彼はたいへん勇敢な男であったが、そのことを考えるだけで気分が悪くなり、その話を私に語る時、彼の声はたどたどしく震えていた」

幕末の攘夷感情の激しさは想像を絶するものだった。

さらにパークス自身が刺客に狙われる。二月三十日、京都に上ったパークス一行は、初めて天皇への謁見が認められた。午後一時、薩摩藩士の中井弘とピーコック隊長を先頭に騎馬護衛兵十二名の先導でパークスは土佐藩士の後藤象二郎と並んで馬で知恩院を出発した。パークスの後ろには陸軍中尉が続き、そのあとに歩兵約五十名。その前後を諸藩の兵が警備する物々しい行列が仕立てられた。

パークスは知恩院の門前を下り、突き当りの道を騎馬護衛兵が曲がり切ろうとした刹那、テロリストが躍り出る。サトウは日記に襲撃のようすを書いている。

「道の向こう側から二人の男が飛び出してきて、刀を抜き、人馬に襲いかかった。そして、列に沿って走りながら、狂気のように斬りまくった。それを見て中井が馬から飛びおり、右側の男と渡り合ったが、かなり手ごわい相手であった。斬り合ううちに、中井は足が自分の袴にからまり、仰向きに倒れた。敵は中井の首をめがけて斬りおろしたが、中井は頭皮に傷を受けただけで、切っ先をかわし、逆に敵の胸に刀を突き刺した。これにひるんで、その男が中井に背を向けたとき、後藤の刀がその肩に一撃を加えたので、その男は地上にどっと倒れた。そこへ中井が飛び起きてきて、その男の首を掻き切った」（遠い崖6　大政奉還）

もう一人の襲撃者は民家に逃げ込み、陸軍中尉に撃たれて負傷し、後日斬首された。パークスに怪我はなく、騎馬兵九名と歩兵一名、中井とパークスの別当が傷を負った。

知恩院は急造の野戦病院に変わり、天皇への謁見は三月三日に日延べされる。パークスは、スタンレー外相への報告（三月二十五日付）で襲撃事件の感想をこうつづる。

「わたしはこれを、単純に狂信が生んだ事件と考える。日本政府は当然この事件に責任を負わなければならないが、しかしこの事件をひきおこしたような精神を取り締まることができるのは、この国の政府がたんに名目ではなく、現実になったときであろう」

「わずか二名ほどの男が、七十名もの武器を携行した外国人の一団に襲いかかる無鉄砲さは、じつにおどろくべきことである」

「……他方、現在も進行中の革命が勃発して以来、新政権が外国人に向けられた種々の暴力行為を処置するさいにしめした強さは、満足すべきものがある」

パークスは旧幕府よりも新政権のほうが「期待がもてる」と本国に書き送る。襲撃者の一人は、斬首される前に「神戸、堺の事件で日本人の命が絶たれ、皇国人として誰かが怒らねばならないと思っていた。飲酒をし、憤怒の気を発し、外国人が宮中を汚すのを見るに忍びず、前後の見境なく、このような一挙に及んだ」と供述した。

若き天皇に拝謁したパークスは、京都を離れ、三月八日、約三か月ぶりに横浜に帰った。上陸すると東征軍の先遣隊は、江戸まで二十キロ前後の地点に達していた。パークスが帰還する前に、公使館の書記官はイギリス陸軍の大佐に要請して横浜に通じる主要な橋の入口に衛兵を配置していた。パークスは、次の二つの理由をあげて武力の誇示を評価した。

第一に旧幕府の役人と警吏にそれぞれの部署に踏みとどまる勇気を与え、恐慌状態の下で日本人町が略奪と混乱に襲われるのを防げること。もう一つは官軍の乱雑な、規律がいいとはいえない兵士に横浜が旧幕府軍以外の外国軍隊にも守られていると明示できたこと。

関西で狂信的なテロの洗礼を受けたパークスは、治安の確保を最優先した。幕府は崩壊し、新政府が成立したとはいえ、実際の統治は行われず、無政府状態だ。このまま官軍と徳川軍が江戸で衝突し、内戦が拡大すれば横浜にも間違いなく累が及ぶ。パークスは、横浜に帰った翌日の九日、サトウを江戸に送り込み、情勢を探らせた。

虎穴に入って虎児「降伏七条件」を得る

東海道の街道筋は、官軍の兵で埋まっていた。

山岡鉄舟は益満を従えて駿府へ急ぐ。この敵陣を無鑑札で突破して行くのは至難の業と思われたが、豪胆な山岡は、間道を使う誘惑を振り払う。まっしぐらに本街道を進み、品川を越えた。六郷川を渡ると官軍の鉄砲隊が街道の両側にびっしりと並んで警備していた。

大男の山岡は、そのまんなかをどんどん歩く。偉丈夫ぶりに気圧《けお》されて、誰も止められない。本陣の前にくると山岡は踏み入り、隊長らしき男に向かって、

「朝敵徳川慶喜家来、山岡鉄太郎、大総督府へまかり越す」

と、大音声で訴えた。わざわざ朝敵と名乗るのが山岡らしい。国民救済の大願から

立ち上がった山岡には敵も味方もなかった。

本陣の隊長は、山岡の見幕に圧倒され、「慶喜、慶喜」と小声でつぶやいただけで悄然と見送った。まわりに居並ぶ百人の兵士も勢いに呑まれて手も出さず、ひと言も発しなかった。勇猛な薩摩兵には益満の薩摩弁での介添えが効いた。

ふたりはひた走りに街道を進み、神奈川宿に入ると薩摩藩兵が消え、長州勢に変わった。そこからは随伴の益満が「薩州藩！　薩州藩！」と先に立って名乗り、昼夜兼行で歩き抜く。

三月九日、駿府にたどり着いた。

すぐに山岡は東征軍参謀、西郷隆盛に面会を求める。西郷はすんなり会ってくれた。山岡は西郷とは初対面だった。海舟の手紙を渡し、劈頭《へきとう》、気合をこめて語りかける。

「先生、このたび、官軍進撃の御趣旨は、ぜがひでも徳川をうち滅ぼすお積りか。もしそうだとすれば、徳川にも旗本がいることだから、いくら主君慶喜が恭順して家士どもを説諭しても、鎮撫ゆきとどかず、官軍を迎撃しようと図るのは当然で、そうなったら徳川慶喜の公正無二の赤心も朝廷へ徹底せず、そのうえ天下はいっそう乱れまする。このことが残念で慶喜恭順の赤心を達したく、まかり越し申した。先生の御意見はいかがでござりまするか」

「徳川は恭順の意を表すといいながら、甲州ではすでに兵を挙げ、東山道の官軍と戦っているということではないか」

西郷は、勝沼での板垣退助の迅衝隊と、近藤勇の甲陽鎮撫隊の衝突をとりあげた。

山岡が弁解する。

「いや、あれなどは幕命に従わぬ脱走兵の仕業、いくら騒いでも仔細は、ござらぬ」

「そうか。それならよろしい」と西郷は言ったまま、詮索せず、黙った。

「ところで先生は、どこまでも人を殺すのを専《もっぱ》らとなされますか。それでは王師とは言われますまい。天子は民の父母である。理非を明らかにするのが王師の王師たるところである」

「さよう、われわれとて闇雲に進撃を好むわけではない。徳川方において恭順の実効さえ立てば寛典の御処置あるべきは、もちろんである」

西郷は「恭順の実効」に言及した。ここが転換点だった。すかさず山岡が突っ込む。

「して、実効と申すはどういう筋でござりますか。もちろん慶喜はいかなる朝命にもそむきませせぬ」

「それは一応、総督宮殿下にお伺い申さぬと、何ともご返事致しかねる」

と、西郷は、実効の筋、すなわち降伏条件を提示するか否か、しばし考え、こう言葉を続けた。

「先日、江戸から静寛院宮や天璋院（薩摩島津家に生まれた篤姫、第十三代将軍徳川家定の正室）殿の使いなどが嘆願に見えたが支離滅裂で話の筋が分からず、貴殿に会って江戸の事情がわかり、大いに都合がよろしい。しばらく、お待ちください」

西郷は座を去り、本営へ伺候しに行った。山岡と益満は、その夜、駿府に泊まった。

翌十日、西郷は参謀の林玖十郎《くじゅうろう》と打ち合わせていた降伏条件を山岡に示した。

それは苛酷な七項目だった。

一、慶喜は備前藩に預ける
二、城は明け渡す
三、軍艦は残らず渡す
四、武器はすべて渡す
五、城内住居の家臣は向島へ移す
六、慶喜の妄挙を助けた家臣を取調べ、厳罰に処す
七、旗本で徳川家の力で抑えられず、暴挙を働くものがあれば、官軍が鎮圧

これに従えば慶喜の命は奪わず、家名を救ってやるというのだ。徳川は武装解除され、城も、自慢の海軍も武器もすべて差し出さねばならない。七条件を引き出したのは山岡の大手柄ではあるが、かれに交渉権はない。ただ、「一箇条だけは、いかんと

も承知いたしかねる」と山岡は食い下がった。

「その箇条はどれか」と西郷。

「さよう主君徳川慶喜をひとり備前に預けるという一条で、これはどうあっても承諾致しかねる。かようなことをしたならば鉄太郎はもとより徳川恩顧の士は承知しませぬ。こぞって主君を擁し、城とともに討ち死にすることは必然である。つまるところ兵端を開き、むなしく幾万の生命を絶つことであり、王師のなすべきところではない。さすればあなたはただの人殺しを行うというものだ。鉄太郎、この一条に対しては全然反対である」

「されども朝命である」。西郷は厳しく断じた。

「たとえ朝命といえども、承知できぬ」と山岡は引かない。

「朝命じゃ！」と西郷は押し倒すように言う。山岡は、声を静めて返した。

「では、先生と私と位置を換えて論ずることとしよう。仮に先生の主君島津公が誤って朝敵の汚名を受け、官軍が討伐に向かったとして、先生が私の地位となって主君のために尽力されるとなれば、命令だからといっておめおめ主君を差し出し、安閑としてそれを傍観しておられるか。君臣の情としてそれができますか。鉄太郎、この儀ばかりはとうてい忍びうるところではござらぬ」

西郷は黙り込み、ややあって答えた。

「いかにも、ごもっともである。徳川慶喜殿の一条は、吉之助きっと引き受け、貴意のとおり取り計らうことと致そう。ご心配めさるるな」

西郷が「貴殿は官軍の陣営を破って来たのだから、本来縛るべきだが縛らない」と茶目っ気を出すと、「縛られるのは望むところ。さぁ縛って頂きましょう」と山岡。

「まぁ一杯やろう」と西郷がくだけて、一献傾けた。山岡は江戸に飛んで帰りたい。盃を伏せ、「しからば、御免」と立ち上がる。西郷は帰りの道中を慮って大総督府陣営通行の鑑札を与え、

「虎穴に入って虎児を得て帰らるるは本望でござろう」と山岡の肩を撫でた。

そして、官軍は十五日をもって江戸城に進撃する。自分はそれに先立って江戸に行き、勝安房、大久保一翁両氏と商議したい。この条書を両氏に示し、私が江戸に至ったら回答を提示されよ。降伏か、戦争か決しようと伝えてくれ、と山岡を送り出した。

帰途も益満は山岡に随伴した。西郷と親しい薩摩藩士なのだから、そのまま大総督府にとどまってもよさそうだが、勝との「義」を通す。山岡と益満は、神奈川宿で馬を二頭手に入れ、鞭を当てて先を急いだ。品川に着くと官軍の番兵が両者を見とがめて「止まれ」と合図した。構っていられるものかと馬を進めていると兵が三人走り出て行く手を遮った。一人の兵隊が馬の平首に銃を当て、騎乗する山岡の胸板めがけて撃った。

「しまった」と山岡は思う間もなく、もんどりうって落馬するかと思いきや、幸運なことに不発弾だった。雷管は発火したけれど弾丸が出ず、一命は助かった。

仰天した益満は馬から飛び降り、その兵隊の銃を叩き落とし、怒鳴りつける。

「総督府の西郷殿に御面会なされた方だ。無礼をするな！」

兵隊は退かない。上長らしき男が出てきて諭し、やっと兵隊は不承不承引き上げた。

三月十二日、山岡は江戸に帰りつく。助命が確実となった慶喜は欣喜雀躍して喜んだ。勝もまた山岡の大胆不敵な行動と、降伏七条件を持ち帰ったことを絶賛する。それから勝は山岡への態度を改め、何くれとなく、相談を持ちかけるようになる。

江戸市中の要所、要所には、こんな立て札が掲げられた。

「恭順謹慎実効、あい立ち候うえは、寛典御処置あいなり候につき、市中一同、動揺いたさず、家業致すべき」。徳川家は、恭順の実効が認められれば寛大な処分を受けられることとなったので、江戸の市民も動揺せず、家業に励めと通知したのである。

山岡を追うように西郷も駿府を立ち、江戸郊外の池上本門寺の先鋒総督の陣営に入った。勝と西郷の距離は、たちまち縮まり、役者がそろった。

江戸総攻撃まで、あと三日。

「江戸焦土作戦」を支える下層の力

山岡が持ち帰った降伏七条件は、さっそく江戸城内で会計総裁の大久保一翁、川勝備後、浅野美作、向山隼人ら若年寄の評議にかけられる。条件を緩和した対案が練られる一方で、下々の情に通じ、世知に長けた勝は、幕臣と離れ、恐るべき秘策を胸に独自に動いた。

勝は、西郷を圧倒する気魄で談判に臨むために途方もない戦術を立てていた。もしも交渉が決裂して官軍が攻撃に移ろうとしたら、即座に四方八方へ秘かにしらせ、「江戸市街を焼き、敵の進退を断ち切り、焦土となす」作戦の準備をしていたのである。火炎の壁で官軍の進軍を阻む「江戸焦土作戦」は、一八一二年にナポレオン・ボナパルトがロシア遠征でモスクワに侵入したときに炎上する街をあとに退却した史実を参考にしていた。

現代のビジネスにおける「交渉学」では、しばしば「BATNA（Best Alternative To a Negotiated Agreement）＝合意が成立しなかったときの最善策」が重要だといわれるが、百五十年も前にケタ外れの規模で、勝はそれを用意していた。

焦土作戦を立てるに当たって、勝はごくしぜんに庶民を使おうとした。そのなかには最下層の人びともいた。そもそも江戸の治安維持は勝の変わらぬ役目であった。官軍の急迫で人心がかき乱され、江戸府下の不埒な輩が財物を強奪し、火を放って町が灰燼に帰すのを防ごうとした。まず勝はメモ用の帳面を持って、火消組の頭、博徒の長、非人の長、名望のある親分と言われる者たち三十五、六名の間を飛び回り、密かに火災を防ぐ組織をこしらえる。かれらを一堂に集め、「おれの指図で動いてくれ」と説き、納得させた。

理屈をこねるばかりではない。雑費として幾ばくかの金を与え、「めいめい勝手な行動は慎んでくれよ」と言い渡す。水面下で庶民の防災ネットワークを築いたのである。勝から直接頼まれた面々はいたく感激し、「あっしも男だ。勝先生に命を預けやす。子分に暴れさせたりは致しやせん」と誓った。組織のことは他言しないと誓い合い、勝の号令一下で一斉に火消しに奔走する態勢がつくられたのだった。

下々とのつきあいを、勝は『海舟語録』で、こう語っている。

「幕府の末の時に、この帳面（小さな横帳）を持って、覚にして、方々説いて廻った。先づ当時の世は、

大名　士大夫　物持町人　□□□

遊手　非人　ゴウムレ（乞食）　博奕者

となっている。町人以上は、みな騒ぎはしない。その以下のものが騒ぎだしては如何んとも仕様がない。中島などは二百両やると言っても、火をつけもすまいが、遊び

人などが仕方ないのだ。それを鎮めるのに、骨が折れたのだ。

えたの頭に金次郎、吉原では金兵衛、新門の辰、このへんで権二。赤坂の薬鑵の八。今加藤。清水の次郎長。行徳の辺まで手を廻した。松葉屋惣吉。草苅正五郎と八百松の主人などはそれぞれ五百人も率いている。公事師の正兵衛。講武所の芸者。吉原の肥った芸者でシメ。花柳寿助。君太夫。山谷の酒井屋。増田屋。神田のヨ組纏。六七十人もある、その六七十軒は皆続けてやった。

女では八百松の姉。橋本。深川のお今。松井町の松吉サ。

（自分が）剣術の師匠していた頃は、本所のきり店の後にいた。金棒引などに弟子があった。それで下情に明るい。言語もぞんざいだ。あの親分子分の間柄を御覧ナ。なんでアンナに服しているのだい。精神の感激というものじゃアないか」

この「精神の感激」で組織した下層のネットワークを、勝は、西郷との談判をまえに「火消し」から一転「火つけ」に百八十度転換しようというのだから、強面《こわもて》の親分連中も驚いたのなんの。焦土作戦を話し合う寄合いで、火消組の頭は、「勝先生、あっしは親の代から火を消してめぇりやした。隣近所からも喜ばれ、纏を振ってきた者でございます。いまさら、火つけをしろと……ほんとうにやっちまっていいんでしょうか」と当惑した。

「そうだ。思いっきり、やってくれろ。火をつけて官軍のやつらを江戸市中に近づけねぇためだ。だがな、おれが合図するまで、早まっちゃいけねぇよ。何も、江戸の民を焼き殺そうってわけじゃねぇんだ。ここからが肝心だ。聞いておくれ。おい、船頭さんたち」

と、勝は、少し離れて控えていた船方衆を話の輪に引き入れた。

「火を放つと決まったら、船頭さん、おめぇさんたちは、房総から江戸前あたりの大小の船を速やかに江戸に引き入れ、川の河岸という河岸、着船場、ありとあらゆるところで人を乗せて、運んでやってくれ。一人も残しちゃいけねぇよ。助けるんだ」

「へぇ。すぐに船は集めやしょう。どうぞご安心を」と船頭の親方が胸を叩いた。

避難民の護衛は、魚河岸の兄さんたちに任される。武器は魚をさばく出刃包丁だ。

「よしきたッ。包丁でサツマイモ（薩摩軍）をぶった切りましょうかね」

「そんときゃ、頼むぜ。まぁいいや。焦土作戦は、最後の最後、奥の手だ。くれぐれも、早まるんじゃねぇよ。おれが合図をしたら、一気呵成にやるんだ」

勝は肚を据えた。

談判をまとめなければ、江戸が火の海となる。大悪行に手を染めてしまうのだ。もう後はない。退路を断った勝は、池上本門寺の西郷に面談を申し込む手紙を送る。

両雄は、高輪の薩摩藩下屋敷で、三月十三日に相まみえることとなった。

イギリス公使パークスが江戸に送り込んだサトウは、市中のようすを丹念にメモしていた。官軍の先鋒隊は三方から江戸に入っている。その前哨基地は、東海道が品川、甲州街道は新宿、木曽街道が板橋だった。小人数の薩長の兵が江戸の町を練り歩いているが、たしなめる者はいない。イギリス公使館に近い高輪の薩摩下屋敷は薩摩兵がふたたび占拠した。大総督有栖川宮は、幕僚とともに沼津にいるようだ。箱根をまだ越えていない、と書き記す。

将軍は、依然として上野の寛永寺大慈院に蟄居しており、家臣を恭順させようとあらゆる努力をしている。会津藩主、松平容保は江戸の藩邸をすべて引き払い、家臣と奥州の領地に帰った。他の大名もほとんどが江戸を引き払い、領地に戻ったか、ミカドへの恭順を示すために京都へ上ってしまった。旗本もこれに倣って、連日、江戸から脱出しており、半数以下に減った。

江戸の住民は、薩摩藩邸焼き討ちの災難を記憶しており、また江戸が火の海になりはしないかと不安を抱えている。逃げる者が家財道具を忙しく運び出す横で、商人はまだ店を開けており、恐慌が江戸全域に広がっているわけではなさそうだ。

サトウは薩摩藩下屋敷と目と鼻の先のイギリス公使館に足を運んでいるが、屋敷で勝と西郷の歴史的会談が開かれることに気づいていない。一説には、勝があらかじめサトウ、パークスを通して西郷に重圧をかけたという見方もあるが、会見を前に勝とサトウが接触した形跡はない。サトウが江戸滞在中に勝と西郷は談判を行うのだが、パークスへの報告書にそれは書かれなかった。もしも両者の会談を知っていれば知らせないはずはないだろう。最大のトピックなのだから。

おそらく、三か月近くも横浜を離れていたサトウは、その間に勝が謹慎を解かれて徳川家を代表して新政府と交渉する要職に就いたことを、十分に承知していなかったのだろう。だから、勝を訪ねなかったと推量される。

では、勝－西郷会談にイギリスの影響がまったくなかったのかというと、そうではない。パークスは、極めて重要な局面で西郷に決定的な影響を及ぼした。紙一重の歴史のめぐり合わせが、またも小説よりも奇なりといわれる出来事を生むのだが、時計の針を少しずつ、進めていこう。

パークスの衝撃、江戸進攻を支持せず

三月十三日、勝と西郷が三年半ぶりに対面する朝がきた。

大向こうをうならせたい勝は、晩年、西郷とは一対一のサシで談判をしたかのように語っているが、実際は複数の随伴者がいた。

会談前、池上本門寺に西郷を迎えにきたのは山岡鉄太郎だった。山岡は薩摩藩下屋敷への行きと帰りの護衛を買って出る。もしも西郷を「途中で殺さんと謀るもの」が

あれば、面目を失う。「万一不慮の変のあるときは西郷氏とともに死せんと、心にちかって護送せり」と書き遺している。

西郷は山岡に護られて高輪の薩摩藩下屋敷に入り、勝と対面した。久しぶりに挨拶を交わした後、話題は静寛院宮や天璋院の安全の確保に移る。勝は「無偏無党、王道堂々たり」で始まる西郷への手紙で、「後宮の尊意、一朝不測の変にいたらば」と、静寛院宮の身の危険を警告していた。岩倉の急所を突いた一文ではあったが、改めて西郷から和宮の身の安全を問われ、「間違いなく守る。新政府への人質にするような真似はしない」と確約した。薩摩藩島津家出身の天璋院の処遇も、勝と西郷、それぞれの喉に刺さった棘のようなものだった。こんな逸話がある。

慶喜と先々代将軍家定の正室だった天璋院は気が合わなかった。歳も天璋院が一つ上である。大坂城を脱して慶喜が東帰した後、天璋院を薩摩へ還すという説が持ち上がった。勝気な天璋院は「何の罪があって、里にお還しになるか、一歩でも、ここは出ません。もし無理にお出しになれば自害する」と言い、大奥の一室に立てこもり、日夜、懐剣を抱え込んだ。六人の御付きも、右へ倣えで「一緒に自害する」と身を強ばらせた。誰がどう説得しても応じず、二進も三進もいかなくなった。

「それじゃあ、おれが行こう」と勝が懐柔に乗りだす。大奥に勝が行くと、女中がずらりと並んでいるばかりで天璋院が見えない。御簾の向こうには座布団しかなかった。

「どうかなさいましたか」と勝が言うと、皆、黙っている。しばらくして女中の一人が進み出た。それが天璋院だった。勝のようすをうかがっていたのである。勝が語りかけた。

「これまで、あなた方にいろいろ申し上げたでしょうが、それはみな、嘘です。嘘を申し上げた。しかし、嘘といっても悪意はありません。お女中のことだから、ご心配させますまいというところから出たのですが、それはみな、よろしくありません」と、里帰り説は嘘だと断定し、勝は事情を説明した。「あなた方が自害をなさったり、ここをお出にならんとおっしゃるとよろしくない」と情勢を教える。天璋院が自害でもすれば薩摩にしらせがとどき、大騒動が起きるのは明らかだった。

「あなた方が自害だなどと仰っても、私が飛び込んで行って、そんな懐剣などはひったくります。造作はございませんよ」と勝はたしなめる。

「それは御過言でしょう。死のうと思えば、どうしてでも死ねます」と御付きが言う。

「そうでんすか。だが、それではなはだお気の毒ですが、私は名を挙げますよ」

「なぜですか」。御付きと一緒に天璋院も、勝の言に首を傾げている。

「それはあなた、天璋院殿が御自害をなされば、私だって、ただでは済みませんから、その傍らで腹を切ります。すると、御気の毒ですが、心中とか何とか言われますよ」

　このあたりが勝ならではは男の色気というものか。

「ご冗談を。ホホホホ」と天璋院は笑い、「明日もいらしてくださいい。まだうかがいたいから」と言った。翌日も勝は天璋院に会い、ついに三日がかりで自害を思いとどまらせた。何かと手のかかる天璋院ではあるが、その身の安全についても、勝は西郷に「徳川家がお守りする」と請け負う。十三日の会談は、ここまでで終わった。

「戦と不戦、興と廃とについては、今日述べるところにあらず。明日をもって決せん」と両雄は翌十四日に和戦の決着を持ち越した。会計総裁の大久保一翁らが作成中の降伏七条件への対案が、初日の会見に間に合わなかったようだ。

勝と西郷が、ひとまず別れた後、時代の大きな歯車がゴトリと回った。

江戸城総攻撃を前に、大総督府は、先鋒総督参謀の木梨精一郎に戦傷者の救護について指令を出した。官軍は江戸周辺の医療事情に暗く、負傷者の治療が心もとない。そこで総督府は木梨に、横浜へ行ってパークスと交渉して病院を急設、もしくはイギリス公使管轄の病院があれば、それを使わせてもらえるよう頼めと命じたのである。官軍は、医師や医薬品など一切をイギリスに頼らねばならなかった。以下、『幕末動乱の記録 「史談会」速記録』の渡辺清の証言などをもとにやりとりを再現しよう。

木梨は同僚の渡辺に同行を求め、両名は十四日の昼前後に横浜に着いた。幸いパークスは在邸しており、木梨が通訳を介して病院の世話を依頼すると、パークスは顔をしかめた。

「これは意外なことを承る。われわれの聞くところによると徳川慶喜は恭順ということである。その恭順をしておるものに戦争を仕掛けるとは、どういうことか」

「それは貴君の関知するところではない。私どもはどこまでも戦えという命を受けて参った。ともかく病院を用意していただきたい」と木梨は押した。

「そのようなことはできない。いずれの国でも恭順、すなわち降伏しているものを相手に戦争はしないはずだ」

パークスは、誰の命令でここに来たかと木梨に問い、朝廷の命を受けてきたと聞いて、こう語った。

「こんにちの貴国に政府はないと思う。外国人の居住地がどのようなものかは御承知でしょう。もしも戦争を行うのであれば、政府は、居留地の人民を統轄する領事に通知をしなくてはならない。それなのに今日まで何の連絡もない。また、命を発するに際して、居留地警衛の兵が出なくてはなりません。その手続きの後、戦争を始められるのが道理だ。しかるにそれらのことをまったくしていない。だから私は貴国は無政府の国だと思う」

木梨と渡辺は論理的に無政府ぶりを指摘され、黙り込んだ。パークスは言葉を継ぐ。

「朝廷は東海道や中山道を江戸に向けて兵を進めていると聞くが、いかなる次第か一向にわからない。そこで昨日、英国軍艦を兵庫に遣わし、大坂の外国事務局に確かめるよう手配した。お見かけどおり、横浜の居留地には貴国より警衛の兵も出ていない。ところが東征軍の兵はどんどん繰り込んでくる。いつどんなことが起きるか知れない。だから、わが海軍兵隊を上陸させ、居留地を守らせておる。かような乱暴な国がどこにあるものか」

じつに「ひと言もない」状態で木梨は話を聞いた後、もしも慶喜がフランスに加勢を求めたら、フランスはどう対応するだろうか、とパークスに訊ねた。

「西欧諸国は不条理を引き受けないので、その心配には及ばない」と答えが返ってくる。さらに「慶喜の進退が窮まって、万一、英国に亡命を求めたらいかが取り計らうか」と木梨が問うと、パークスは決然と言った。

「受け入れる。政治亡命は万国公法で認められておる」

「万国公法」がパークスの口から出てきて、木梨と渡辺は顔色を失う。万国公法は、国際法の旧称である。十九世紀後半、中国と日本を含む周辺諸国の人びとは、アメリカ人宣教師が漢語に翻訳した万国公法解説書を読み、列強の外交概念を学んだ。開国とは、万国公法との出合いでもあった。万国公法で慶喜の亡命が認められれば、どうしようもない。

なおも「何とか勘弁してくれぬか、われわれの願いであるから万一怪我人があったらば、ここにおいて治療だけはしてくださらぬか」と木梨は懇願するが、パークスはひょいと椅子から立ち上がり、部屋のなかに入ったまま出てこなくなった。

「これはどうもいけない。パークスの言うところは道理であるから、明日の江戸城討ち入りはできぬ。駿府の大総督にお伝え申す」と木梨が蒼ざめて言う。

「おれは急飛で品川に参り、西郷にこのことを告ぐ」と渡辺が応じた。両名は横浜で東西に別れ、渡辺が品川に着いたのは十四日午後二時ごろだった。すぐに西郷に会い、事情を報告した。西郷は、パークスの意見を聞き、愕然としていたが、しばらくしてこう洩らす。

「それはかえって幸いであった」

西郷は勝との二度目の、おそらく最後の談判を前に意を決する。

「じつは自分も困却しておる。勝安房が会いたがっておるのだが、勝は必ず、明日の戦争をやめてくれと言うじゃろう。この考えに固まっておる。君の話を聞くと、われわれの側に害がある。ゆえにパークスの話は秘しておいて、明日の討ち入りをやめなければならぬ。止めたほうがよろしかろう」

と西郷は言い、「すでに勝は来ておるから、君も一緒に来たらどうかい」と渡辺を誘った。

この日の交渉の場所は田町の薩摩蔵屋敷だった。渡辺も「それではお供しよう」と付き従う。西郷には村田新八、中村半次郎（桐野利秋）も随行した。西郷以下、官軍側は西洋服のような羽織に下はズボンを穿いて蔵屋敷へと向かった。

江戸開城と武装解除の行方

勝は色違いの肩衣と袴の継ぎ裃を着て待っていた。こちらは略儀の公服である。奉答書をまとめた大久保一翁が同行している。

薩摩蔵屋敷を官軍の兵隊が十重二十重に取り巻いていた。敵地同然のなかで西郷と対面した勝は、奉答書をさしだす。西郷の七箇条の要求に応じてまとめた回答書である。次の間に中村や村田ら勇猛な連中が控え、ようすをうかがっていた。

第一　慶喜は隠居のうえ、水戸にて謹慎させたい
第二　江戸城は明け渡し、（徳川御三卿のひとつ）田安家に預けたい
第三　第四　軍艦と武器はすべて取り収めおき、徳川の処遇が決まれば石高相当分を手元に残し、その他は新政府に引き渡したい
第五　城内居住の家臣は、場外に移らせ、謹慎させたい
第六　慶喜の妄挙を助けた家臣には寛大な処置をお願いしたい
第七　万一暴挙に及ぶものが手に余った場合は改めて官軍による鎮圧を願い出たい

かなり強気な奉答書である。軍艦と武器は、すぐには渡さず、徳川家の処遇が決まった後の石高に応じて手元に残してから引き渡すというのだ。

勝は、本題にずばりと入る。

「願わくは箱根以西に兵を留めてもらわぬと、この江戸の大勢、いかように沸き立つかもしれませぬ。その鎮撫に一命をなげうっておる。聞くところによれば明日、江戸城攻撃ということであるが、とにかく、その見合わせを願うために参った」

西郷が答える。

「恭順の実を挙げてもらいたい。慶喜はどこまでも引きこもり、謹慎しようということであるが、上野であろうとも、よそであろうとも御勝手。しからば江戸城をすぐ渡すか如何《いかが》」

「すぐお渡し申そう」と勝。

「兵器弾薬を受け取るには如何」

「それもお渡し申そう」

「軍艦は如何」と西郷がたたみかける。幕府自慢の艦隊をそっくり寄越せと迫った。

ここが交渉の大きなポイントだった。軍を統括《あずか》する勝は、すぐに渡すと言わなかった。

「ところがその軍艦である。陸兵なら拙者の与るところ、穏当に渡そうと思うが、軍艦は思うままにいかぬ。実際を扱うておるのは榎本釜次郎（武揚）である。この釜次郎は、われわれと一々同意とは申し上げ難し。士官に粗暴の挙動は見えず、本人もその意はないが、軍艦の受け渡しはとうてい私は請け合われませぬ。江戸城も、弾薬も差し出さねばならねども、われわれの心底をお察し願いたい。旗本八万騎というけれども、ともなう兵は莫大である。幕兵に準ずる各藩の兵もそれぞれある。いま、この江戸の混雑は容易ならん。拙者すでに殺害せられようとしたこと、数度。朝廷のために尽くすとあらば、身命も惜しゅうはないが、いま死すればまぁ徳川家はどうなろうかと思う」

一気に現状を語り下ろし、さらに勝は声調を高めた。

「大久保一翁はじめ皆々、われと同様の考えである。かく申しあぐると諸君よりお疑いを受くるやも知れぬ。同時にわが幕府の重役その他よりもまた疑いを受けておる。その間に挟まっておる拙者であり、その間に挟まって誠意を尽くそうとする慶喜である。しかるに明日、兵を動かして江戸城を攻撃するならば、何らの変動を引き起こし、慶喜の精神も水の泡、江戸は天下の大騒乱となる。ともかく明日の戦争は止めてもらわなければならぬ」

理路整然と勝は語った。一方、受けて立つ西郷は、パークスの江戸攻撃反対論を胸に秘め、多言を弄さない。だんだん話が進み、西郷が譲歩した。

「よろしい、先遣隊の挙動は拙者が関わるところ、攻撃だけは止めようが、わが注文どおり、貴君がなさるか。明日の攻撃兵は中山道、その他にもあるからこれに（中止を）伝うるが、貴君はいかようにするか」

「じつに大慶である。ただちに慶喜のところへ帰り、その号令をもって早々に鎮撫して、必ず官兵に向かって粗暴の挙動をなすべからずと厳に達するつもりである」

「それはそうであろうが、第一に城、兵隊、兵器を渡さねばならぬ。これをぜひ、急にせなければならぬ」と西郷は武器引き渡しを求めた。武装解除をしなくては危険だ。

勝は、驚異的な粘りをみせる。城も、武器も渡すと言いながら、期限を引き延ばす。

「それは暫時待ってもらいたい。そこははなはだ苦しむところである。よく考えてもらいたい。今日、もしその命令を発せば、慶喜が（抗戦派の）虜になるかも知れぬ。われわれも命を真っ先に取らるるであろう。生命を惜しむではないが、徳川三百年の功もかくのごとくしては、天地に対して申しわけなく、朝廷に対して大罪を蒙るわけであるから、ただ鎮撫するというまでに止めておいてもらいたい。あとはあとでいかようともしようから」

勝は降伏条件の履行を無期限に延ばそうとした。

ここで西郷が「ただちに軍艦、武器を引き渡さねば、江戸城を攻め落とす」と押せば勝は追い込まれる。どうするか、西郷……。

パークスの影が西郷の胸三寸に色濃く落ちた。

「しからば、よろしい。どこまでも鎮定するがよい。このほうは恭順がどれくらいできるか見ましょう。ゆえに明日の攻撃は止めよう」

西郷は、独断で江戸城総攻撃を中止した。江戸は火の海になる寸前で救われた。ただし、官軍が徳川の奉答書を受け入れたわけではない。西郷は、判断を保留して駿府の大総督府に回答を持ち帰って最終的な降伏条件を通達する、と勝に告げた。

薩摩蔵屋敷のまわりは官軍の兵がぎっしりと詰めかけ、殺気陰々としていた。談判を終えると、西郷は殺伐たる光景も目に入らないかのように悠然と勝を門の外まで見送った。勝が現れてどっと押し寄せた兵隊は、西郷がそばに立っているのを見て、一斉に恭しく、捧銃の敬礼をする。勝は兵に向かって「足下らの銃先《つつさき》にかかって死ぬこともあろうから、よくよくこの顔を見覚えておかれよ」と言い捨てて薩摩蔵屋敷をあとにした。

入れ替わりに中山道の兵を率いる板垣退助が西郷に会いに来た。板垣は攻撃中止と聞き、激烈に抗議する。

「何をもって明日の攻撃を止めたか。勝がまかり出ることは聞いたが、彼が言うたとて止めるとはどういうことか」

「まず待て。ここにひとつわれに弱点がある。この席にある渡辺が横浜に参り、パークスと会ってきたのじゃ」と西郷はイギリス公使の考えを伝えた。

「そうか、それなら異存もない。明日の攻撃は止めよう」と板垣は引き揚げる。西郷が木梨からパークスの意見を聞き、「かえって幸いであった」と言った理由は、ここにある。パークスという切り札がなければ、板垣ら江戸攻撃へ猛《たけ》る将兵を抑えられなかっただろう。勝との交渉だけで攻撃を止めていたら、どんな反動が起きていたかわからない。イギリスという存在は、それほど大きかった。

翌十五日、西郷は江戸を発ち、駿府の大総督府に向かう。しかし、大総督府でも徳川からの奉答書への判断ができず、西郷は京都の朝廷へと足を延ばす。朝議で最終的な降伏条件を決め、それを西郷と勅使が江戸に持ち帰り、江戸城の受け渡し、江戸開城が執り行われることとなった。

勝は、西郷が京都へ最終調整に行っている間、官軍と徳川軍の衝突が起きないよう神経をすり減らした。再度江戸に入ったサトウと会って情報を交換し、パークスとの面談の約束をとりつける。

慎重にことを運んでいると、突然、官軍の海軍先鋒を名のる公家、大原重実《しげみ》が三隻の船に三百の兵を乗せて横浜に来航し、勝に密使を送ってきた。密使は、徳川方の軍艦を率いて投降すれば朝廷はその功をほめ、主家にも悪いようにはしない、とささやく。極秘に勝に寝返れとそそのかした。大原は、勝と西郷の談判の経緯を知らず、裏切りを勧めたのだ。

勝は横浜に赴き、大原と面談し、投降の勧誘をきっぱりと断った。続いてパークスと会い、幕府瓦解でイギリスとの間に生じた諸々の案件の整理をする。勝の態度に好感を抱いたパークスは、横浜に停泊中の英国極東艦隊の司令長官を引き合わせた。

そこで極めて重要な決定がなされる。勝は「密事を談じてこの艦をして一か月滞船なさしむる」こととした。勝もパークスも「密事」を詳述しておらず、内容は不明だが、ひと月も英軍艦を拘束するのはただごとではない。勝は、何を狙ったのか。

交渉ごとは最後までわからない。勝は、江戸開城が土壇場で暗礁に乗り上げ、内戦が起きた場合に備え、慶喜をイギリスに亡命させるための手を打った、と推測される。そのための軍艦確保であろう。そうだとすれば勝の徹底したリアリズム、周到さには舌を巻くほかない。

四月四日、朝廷の最終通達を携えて戻った西郷が、勅使の橋本実梁《さねやな》、柳原前光《さきみつ》らとともに江戸城、西ノ丸に入った。徳川方は、徳川家を代表して田安慶頼《よしより》、大久保一翁を中心とする若年寄、目付たちが迎える。勝は外れた。勅使は朝廷の意思を伝えた。

・慶喜は死罪一等を許して、水戸で謹慎。徳川家は存続させる。
・江戸城は明け渡し、尾張藩に管理させる。

・軍艦や武器は、いったんすべてを接収したうえで、追って徳川相当分を渡す。
・慶喜の妄挙を助けた家臣には寛大な処置を下すが、会津と桑名の松平容保、定敬の兄弟藩主については首級を出させて謝罪させるべきとの強硬意見もあり、別扱いとする。

徳川方はこの通達を受け取った。修正は許されず、あとは受諾のセレモニーが残されているだけだった。勝は、城内の公式折衝には参加しない。大久保一翁が徳川内部のとりまとめを担当したが、不平、不満が出る。陸海軍一同の要望書が勝に手渡され、さらなる交渉が委ねられた。四月九日、勝は一翁を同伴し、池上本門寺の東征軍先鋒隊参謀の海江田武次、木梨精一郎を訪ねた。要望はあっさり却下されるが、勝はなおも四つの項目をぶつける。

一、軍艦とは違う護送船は引き渡さない。すでに差し出した護送船は返してほしい。
二、武器引き渡しに際し、歩兵四千名も同時に引き取ってもらいたい。兵器を取り上げられた歩兵を徳川で養う力はなく、生活に困窮すると群盗になる恐れあり。
三、江戸城内には倉庫、各種工場、材木などの大量の施設、物資があり、守衛が数百人いる。施設と物資すべて引き渡すが、同時に守衛もそのまま置いてもらいたい。官軍の兵卒もいるだろうが、慣れた人間に扱わせるのがよい。守衛も路頭に迷わずにすむ。

四、四月十一日の江戸城明け渡しは、官軍、徳川軍、それぞれ五、六名の代表を出して簡単に済ませよう。

歩兵や守衛の再雇用は、人情に通じた勝らしい提案だった。官軍側は、勝の四提案をことごとく受け入れた。ようやく江戸開城の見通しが立ち、勝は上野寛永寺にこもる慶喜へ報告に行った。大きな山を越えて慶喜の心を落ち着かせようと出向いたのである。

ところが、やつれた面貌の慶喜は、顚末を聞き、「ああ、危うきかな、危うきかな、もしかくのごとくならば、災害足下に生ぜん。そちが処置ははなはだ粗暴にして大胆なり。予が心裏を貫かずして斃《たお》れんか」と血涙を流す。

蟄居する慶喜は、自ら交渉に出られず、やきもきしていた。勝のやり方は粗暴すぎて危ない、恭順の意思が貫けず、斃されてしまうと嘆き悲しんだ。唖然とした海舟は、「これを伺いて心胆ともに砕け、腰足麻痺せり」と「断腸の記」に添える。すぐに気を取り直して慶喜を面罵した。

もともと幕府の始末はあなたから無理に押しつけられたもの。任された以上、大難事、大変におよぶとも御指令を仰がず、独断専行してきたのだ。この報告であなたの批判を受けるつもりはない。江戸府下、百万の民の生死がこの一日で分かれるとき、あなたの心裏を忖度し、恐れかしこまってなどいられるものか、とまくしたて寛永寺を後にする。

勝は、身命を賭して働くほどに孤独感を深めた。天下の大乱を避けたい一心だった。四月十一日、江戸城は砲火を交えないまま官軍に明け渡された。慶喜は、早朝に父祖の地である水戸へ向けて発つ。勝は不眠不休で江戸の警備に当たる。

城は開いたが、軍艦と武器の引き渡しは滞った。軍艦は榎本武揚の指揮で全艦が房総の館山へと逃げた。陸兵も小隊ごとに逃げて下総国府台に結集する。榎本の脱走をもて余した一翁は勝に何とかしてくれ、と泣きつく。勝が濱御殿の軍艦所に出張って「引き戻し」の手を打ち、全艦が十七日には品川沖に戻った。榎本の気質は「長崎海軍伝習所」の伝習生のころからよく知っている。勝の帰還命令に榎本は服した。

勝は、薩摩蔵屋敷での西郷との談判を回顧し、『氷川清話』で語っている。

「おれがことに感心したのは、西郷がおれに対して、幕府の重臣たるだけの敬礼を失わず、談判の時にも、終始座を正して手を膝の上に載せ、少しも戦勝の威光でもって、敗軍の将を軽蔑するというような風が見えなかったことだ」

勝と西郷が描いた大局、江戸開城は血を流さずに実行された。徳川幕府は終焉を迎え、勝の命がけの敗戦処理交渉は実を結んだかにみえる。

が、しかし、その反動も大きかった。旧幕臣の彰義隊は上野に立てこもって新政府に抗戦し、東北では奥羽越列藩同盟が結成されて新政府に反旗を翻す。東北戊辰戦争は酸鼻をきわめ、榎本は艦隊を率いて北海道へと渡る。

勝海舟は、徳川家の存続と、旧幕臣の救済を求めて、新政府との厳しい交渉をさらに重ねた。

徳川家の宗主と家臣が、官軍に追われて都落ちして行く。めざす先は駿府（静岡）である。新政府に仕えず、移り住む旧幕臣の数は、じつに一万四千人。家族を含めれば数万人にのぼる。徳川家臣のほぼ半分が、大幅な減俸、もしくは無給を承知で宗主とともに駿府に移る。この大移動の成敗が勝海舟の双肩にかかっていた。

明治元（一八六八）年十月十一日、築地本願寺に駿府移住の第一陣が三々五々集まってきた。どの顔も先行きの不安で曇っている。江戸城を明け渡すとき、城内で「切腹する」と騒ぎ立てた者たちもいた。

「空《くう》に切腹するというのも、犬死であろう。いっそ、徳川家康公の廟がある久能山の警備を任せるから、あちらに行って、時勢をみたらどうか」

と、勝が諭し、かれらは思いとどまった。勝は打ちしおれた仲間を眺めながら、「食い扶持」をどう稼がせるか思案していた。いまさら悔いても仕方ないが、負けるにしても、負け方があった、と半年の経緯をふり返らずにはいられなかった。

海軍の申し子、榎本武揚の大脱走

当初、江戸開城にこぎつけた勝は、徳川四百万石の減封を「せいぜい半減」と見積った。徳川宗家は、水戸謹慎中の慶喜ではなく、数え年六歳の田安亀之助（徳川家《いえ》達《さと》）が継ぎ、二百万石で江戸に留まって一大名として再出発する。そんな将来図を描いていた。

実際、城明け渡し直後の徳川方は二百万石にふさわしい勢力を保っていた。海軍では勝と気脈を通じる榎本武揚が、新政府軍に四隻の軍艦を引き渡したとはいえ、最新鋭の主力艦「開陽丸」以下四隻の軍艦と、咸臨丸など四隻の運送船を温存した。榎本は江戸城引渡し直後に全艦を率いて房総に逃げたが、勝の説得で品川沖に戻っている。陸軍では大鳥圭介率いる旧幕府軍が北関東に留まり、江戸の上野の山には彰義隊三千人が駐屯していた。新政府は、江戸の治安維持に手こずり、彰義隊に市中の取締りを委ねる。勝は、江戸の警備から徳川再生の糸口をつかみ、減封を二百万石で済まそうと謀った。

ただし、石高半減で徳川が生き延びるには新政府への降伏、講和が絶対条件である。「賊軍」の汚名を着せられたままでは望みは薄い。勝は「和」と「戦」、「名分」と「激発」の間に張られた危うい綱を渡らねばならなかった。

一方、新政府の要職に就いた公卿、三条実美は、徳川を七十万石に削り、駿府に押し込める私案を持っていた。勝が渡る危うい綱を揺さぶったのは軍事の天才、大村益次郎であった。大村は、旧幕軍の鎮圧を命じられて江戸に入ると彰義隊討伐の作戦を立てる。三条が、どんどんやれ、と大村の背中を押した。

慶応四（一八六八）年五月一日、新政府側は彰義隊に「江戸市中取締りの任を解く」と通告し、武装解除を命じる。各地の脱藩兵が加わった彰義隊は猛《たけ》り立ち、けた外れの解散資金を要求した。勝は、「戦って負けたら終わりだ。この戦を避けることができれば新政府は徳川に厳しい処分を下せない。早まるな」といさめるが、血気にはやる隊員は耳を貸そうとしなかった。

徳川側は新政府の東征大総督府に「彰義隊を説得するので攻撃を猶予してほしい」とたびたび陳情する。しかし、五月十四日、引き延ばしもこれまで、と宣告された。

勝は、上野へ走る。寛永寺住職の輪王寺宮公現《くげんほう》法親王（北白川宮能久親王）へ彰義隊に協力せず、東征大総督の有栖川宮熾仁親王に連絡するよう働きかける。ぎりぎりまで輪王寺宮の説得は行われたが、翻意させられなかった。翌十五日、わずか一日の戦闘で彰義隊は大村の持ち込んだアームストロング砲の餌食となり、ほぼ全滅した。

勝は、『幕末日記』に憤懣を叩きつける。

「山内の別当覚王院、大和多武峰別当竹林坊等の奸僧、わが小吏無識輩と妄議し、ついにこの挙あり、わが尽力今日に及びしもの、瓦解に到らしむ。憎むべきの極なり」

彰義隊の敗北は、品川沖の艦隊長、榎本武揚を動揺させた。

江戸下谷の幕臣の次男に生まれた榎本は、昌平坂学問所で学び、中浜万次郎に英語を教え込まれた。十九歳で箱館奉行の従者として蝦夷地（北海道）、樺太巡視に随行した。長崎海軍伝習所に第二期生で入学し、機関学や化学を身につける。幕府のオランダ留学生にも選ばれ、三年半、欧州に滞在している。国際法や航海学を学ぶ傍ら、フランスと軍艦購入の交渉も行った。一種の天才肌で、幕府では指折りの国際派でもあった。

榎本は、勝に心酔していた。徳川家再生への「御立論」はすばらしいと手紙を送り、私はあなたには背《そむ》かないと誓っている。江戸周辺の鎮静の重要さを榎本は理解し、配下が暴発しないよう抑えた。

しかし、上野の彰義隊が敗れ、賊軍の烙印をさらに濃く押された。艦隊は徳川家のものであり、二百万石なら維持できようが、大削減されたら持っていられない。このままでは新政府に没収されるだろう。上野が陥落した翌日、榎本は、赤坂元氷川に勝を訪ね、不在のため相談の手紙を残す。勝は田安邸にいた。

榎本が元氷川を辞した直後、勝邸に新政府軍の兵士数十人が押し入った。邸の前に

大砲を三門も据え、抜刀した一団が、

「安房！　安房守はどこだ。外道《げどう》、出てこい、ヤーヤーヤー！」

「勝の居間はどこだ」

と、わめきながら座敷に駆け込んだ。邸には女と子どもと使用人しかいなかった。妻のたみは震え上がる。兵隊の前に出たのは、勝の妹、順改め瑞枝だった。夫の佐久間象山が暗殺され、勝家に戻っていた瑞枝は兵士に勝の不在を告げ、毅然と向き合った。瑞枝は、兵隊に砂糖湯を出して気を鎮めさせる。邸に護衛も壮士も置いていなかったことが幸いした。兵隊は、刀剣や槍、雑物を奪って引きあげる。間一髪で勝は命拾いをした。


五月二十四日、新政府は、徳川宗家を駿府・遠江《とおとうみ》七十万石に減封すると決めた。二百万石には遠く及ばなかった。勝は徳川家と家臣団の将来を懸けた綱渡りにしくじった。


戊辰戦争は「東北」へ激戦地を移す。

新政府は、鳥羽・伏見の戦いの後、松平容保を戴く会津藩と、庄内藩を「朝敵」「賊軍」と呼び、標的にした。容保が家督を養子に譲り、帰順を嘆願しても新政府は容れず、東北雄藩の仙台藩、米沢藩に「会津追討」を命じる。

仙台、米沢両藩の重臣は、会津、庄内の藩主の謹慎ぶりを新政府に報告し、追討取り消しを願い出た。新政府側が却下すると、仙台、米沢両藩は総督府参謀を暗殺し、抗戦の決意を表す。東北二十五藩は、五月三日、盟約書に調印し、官軍との戦いに踏み切った。さらに新発田藩ほか北越六藩が加わり、「奥羽越列藩同盟」が結成される。かつて会薩同盟を結び、「八月十八日の政変」で賊軍だった長州を京都から追い払った会津と薩摩が不倶戴天の敵に変わったのである。

徳川家の減封が具体化するにつれて榎本は東北、北海道の情勢に心を寄せた。艦隊は榎本にとって運命共同体であった。この「小さな国」のような艦隊を維持するには、開拓すれば生きられる蝦夷地めざし、北へ針路をとるべきだろう……。が、しかし、頼みの勝は、東北、わけても会津に冷ややかだった。

勝は、仙台藩に会津降伏の周旋を頼まれて、総督府参謀の海江田に取り次いだが、積極的に手を貸そうとはしなかった。

かつて勝は、京都に集まった諸侯のなかで孤立ぎみの会津藩主、松平容保の愚痴を聞き、容保の徳川家への一途な忠誠心に胸を熱くした。会津の事情を知らないはずはないのに冷淡だった。

先読みに長《た》けた勝は、東北勢が戦に勝てないと見越していた。勝てる可能性がないのに戦うのは自滅と同じだ。勝算があればこそ、和戦を懸けた談判に持ち込み、江戸開城のような取り引きもできるが、勝ち目のない戦は愚かである、と現実主義者は冷厳に状況を見つめていた。

もっとも、東北諸藩の要人が元氷川に訪ねてくると会ってはいる。米沢藩士の宮島誠一郎もその一人だった。融和派の宮島は、京都で会津の降伏による戦争回避を模索し、いったん国に戻って新政府宛の嘆願建白書の草案をつくった。六月二日、その草案を持って勝を訪ねてきた。宮島は勝と長時間、話し合った末に邸に泊めてもらう。建白書は京都で岩倉具視に手渡される。手遅れで東北戦争は避けられないのだが、後々、宮島は勝と気の置けない仲となり、赤坂に頻繁に足を運ぶようになる。

勝は、初対面で宮島の認識力と行動力を評価し、心を許した。だが、榎本が「仙台、米沢の議論を助け、衆議に諮《はか》りましょう」と提案すると、素っ気なく答えた。

「当今、大事をなすのは、藩の大きさ、人の多さではない。人の才なのだ。いまや、東国人に才人がいるとは思えぬ。ただ、大国と人衆を頼みて策略ははなはだ疎《おろそ》かだ。かつ、小是を守って大是があるを知らず、また彼（新政府）を詳察せず、己（東北諸藩）をはからず。まことに鎖国の陋習と泰平の名分を頼みて天下の形勢を洞察しておらぬ」

勝は手厳しい。体制瓦解の責任は会津にもある、支援を衆議に諮る必要はなし、と一蹴した。

確かに東北に勝ち目がないのは榎本も知っている。だが、艦隊は長崎海軍伝習所以来、榎本がつくりあげた作品であり、運命共同体である。むざむざと新政府に渡すわけにはいかない。東北を援けるかどうかは理屈ではなく「士道」の問題だ。榎本は案じた。幼い亀之助家達を駿府に送り届けるまでは江戸に留まっていよう。が、駿府に送ったあとは江戸に戻る理由はなく、駿府七十万石の徳川にも艦隊を持てる余裕はない。行き先が消えてしまう。さて、艦隊を引きつれてどうしようか……。

勝は減封決定後も、徳川の再興と、旧幕臣の救済に奔走し、東北に加勢するどころではなかった。新政府との調整に失敗すれば、賊軍の汚名返上は遠ざかり、浮上の芽は摘まれる。焦点は水戸に謹慎中の慶喜を駿府に移すことだった。

幕府崩壊後も、水戸藩には新政府、とりわけ薩摩への怒りがくすぶり、内部抗争がつづいていた。慶喜は抗争に巻き込まれ、身辺が騒がしい。反乱の旗頭に担がれたら取り返しがつかなくなる。旧幕臣を力づけるためにも慶喜を駿府に移すほかない。

勝は山岡鉄舟を水戸へ送り、慶喜の意思を確かめさせる。慶喜は、「今後のことは勝に委任するので尽力を頼む」と山岡に伝言を託した。勝は慶喜の駿府移住を新政府に願い出て、七月十日、受け入れられる。

七月十七日、江戸が「東京」と改称された。その翌々日、慶喜は水戸を旅立つ。銚子に出て、波崎の港から榎本の指揮する播龍丸に乗船し、二十三日、清水港に上陸した。すぐに徳川家の菩提寺、常盤町の宝台院に居をかまえ、謹慎生活に入った。以後、慶喜は三十年ちかく静岡で隠居生活を送るのだが、政治にかかわる発言はまったくしなかった。油絵に親しみ、趣味に生きる。「敗軍の将、兵を語らず」に徹した。明治も半ばを過ぎると、勝は法螺《ほら》も含めて幕末、維新の回顧談を発表するのだが、慶喜は一切弁解せず、沈黙を通す。歴史の中心にいた将軍の矜持と深い悔恨が入り混じり、敗北を抱きしめて生きた。沈黙の真意は慶喜にしかわからない。

慶喜が宝台院に入り、亀之助家達の駿府移住が迫ってきた。

榎本は、主力艦の艦隊総出動で東京から駿府へ新当主を運ぶと提案した。亀之助の海路入駿を一世一代の晴れ舞台にしたかった。しかし亀之助の実父の田安慶頼や、曽祖母に当たる天璋院は万一のことがあってはならないと海路を頑なに拒む。結局、亀之助は陸路を選び、八月十五日、駿府に到着したのだった。

行き場をなくした榎本は、品川沖に艦隊の錨を下ろし、時機を待つ。

天皇の東京行幸が近づき、勝は不穏な気配を感じ取った。榎本に「軽挙するな。以後の進退をどうするか、聞いたうえで尽力する」と手紙を送る。榎本は「日暮れて道遠し」やらねばならない仕事がたくさんあるのに一向にはかどっていない、「一寸の虫にも五分の魂とやら」「近日のうち管見《かんけん》（自分の意見）申し上げ奉る」と返事を出す。

勝は、文面が穏やかなので世間の噂のような再脱走はしないだろう、と胸をなでおろした。が、しかし……。

海軍の申し子、榎本は艦隊の針路を決めた。八月十九日、勝や山岡に「大去」を通告する。榎本は、外国奉行、軍艦奉行を歴任した永井尚志、彰義隊の生き残りや、フランス軍事顧問団の一員ら総勢約二千余名を八隻の船に分乗させ、奥羽越列藩同盟の援護へと船出する。幕府きっての開明派だった榎本や永井を「必敗」の戦へ向かわせたものは何だったのか。榎本は「檄文」にこう記す。

王政日新は皇国の幸福、わが輩もまた希望するところなり。しかるに当今の政体、その名は公明正大なりといえども、その実はしからず。王兵の東下するや、わが老寡君（慶喜）を誣《し》ふる（こじつける）に朝敵の汚名をもってす。その処置すでにはなはだしきに、ついにその城地を没収し、その倉庫を領収し、祖先の墳墓を棄てゝ祭らしめず、旧臣の采邑（領地）はとみに官有となし、ついにわが藩士をして居宅をさへ保つこと能わざらしむ。またいたしからずや。これ一に強藩の私意に出て、真正の王政にあらず。わが輩泣いてこれを帝閽《ていこん》（天皇に仕える者）に訴へんとすれば、言語梗塞（不通）して情実通ぜず。ゆえにこの地を去り長く皇国のために一和（調和して円満）の基業を開かんとす。

薩摩、長州の「強藩の私意」で政治が歪められ、「真正の王政」ではない、と榎本は悲憤する。「泣いて」朝廷の高官に訴えようとしても話は通じず、徳川方の情実はくみ取られない。だから、この地を去って人びとがうまく調和し、円満な「基業」を開くのだ、と北へ艦首を向けた。榎本のいう基業とは、小さな国づくりであった。

「あなたの徳で、善い家来を持ったなどと思いなさるな」

勝安房、四十六歳、大去の通告を受けて、「ああ、士官輩、わが令を用いず」と天を仰いだ。三十三歳の榎本武揚の行動が、無鉄砲で荒々しくも、眩《まぶ》しく見えた。さりとて大息して立ちどまってはいられない。事態は刻々と変化している。勝はしたたかである。榎本の大脱走を新政府との交渉の手がかりにした。

八月下旬、勝は、新政府の事実上の宰相、大久保利通と会い、榎本艦隊の行動を深く詫びた。東北に加勢するのは許せない、誰かにそそのかされたようだと述べ、本題に入る。暴発の拡大を防ぐために慶喜の謹慎を解いてほしい、と請願したのだ。「主君が許されたら、家臣は政府を見直し、荒ぶる者もなだめられ、協力を引き出せる」と口説く。

次に減封された徳川の七十万石を駿府周辺にまとめてくれと頼んだ。確かに駿府城は徳川のものだが、そのまわりは大名領地や旗本知行地が入り組んでいて、七十万石分のまっさらな土地があるわけではない。徳川は全国に鉱山や山林などの蔵入地（天領）も保有し、東京にも資産を持っている。減封は、これらの整理と直結しており、駿府周辺に七十万石を集中することは財務上の大きな課題だったのである。

さらに勝は要望をたたみかける。徳川三卿のひとつ、清水家は当主不在になっていた。この清水家の十一万石を駿府にくり入れるよう求める。実務家の勝は、細かくてしつこい。匍匐《ほふく》前進で遠い目標に近づく兵士のようだ。

大久保利通は、勝の三要求をすべて受け入れる。慶喜の謹慎解除には時間がかかるが、七十万石の駿府周辺への集中と、清水家十一万石の合併はすぐに行政手続きにのせられた。これで曲りなりにも徳川家と家臣団の駿府移住のレールが敷けた。

九月三日、勝は、ひと足先に家族を駿府へ送りだす。母の信、妹の瑞枝（順）、妻のたみに手伝いの糸、兼、娘や息子に使用人……、長男の小鹿はアメリカのラトガース大学に留学中で、いずれアナポリス海軍兵学校に入る予定で不在だったが、家族はまとまって坂の上の氷川神社に参った。古い社に旅の平安を祈念し、東海道を下る。大家族が激動の日々を過ごした崖下の元氷川の邸に戻ることはもうないだろう。

たみが「駿府に移り住んで、何をすればよろしいのでしょう」と、不安な胸の内を洩らすと、勝は「屯田でもするのさ」と気楽な調子で答えた。田畑を開墾し、ふだんは農業に従事しながら、火急のときは徳川家を全力で守る。そんな漠たるイメージしかなかった。

　天皇の即位で元号は「明治」に改まる。勝の水面下での尽力で、不十分ながらも旧幕臣の駿府移住の道筋ができた。東北では新政府に抵抗していた会津の城が落ちる。官軍の勝鬨《かちどき》がこだまし、死屍累々たる惨状は長く放置される、深い怨みが残った。

　艦隊を率いる榎本は、仙台藩の軍議に加わったが、ときすでに遅く、十月初旬に仙台を出航し、石巻を経て蝦夷地へと転進する。榎本は、「旧幕臣を救い、ロシアの南下、侵略に備えるために蝦夷地を開拓する」と平潟口総督に嘆願書を送った。

　榎本は「一寸の虫にも五分の魂」と脱走したけれど、新政府と全面対決するつもりはなかった。艦隊には大鳥圭介や、元老中首座の板倉勝静、元老中小笠原行長、松平容保の弟定敬らも加わり、約三千人に膨れあがっている。行く先々で手勢が増え、引っ込みがつかなくなっていく。

　こうした状況で、勝ら旧幕臣の駿府移転第一陣が、十月十一日、築地本願寺に集まった。移転団は築地本願寺から濱御殿に出て船に乗る。翌日、駿府の港に入った。

　一行が築地本願寺を発った直後、騒動が起きた。新政府軍の兵隊三十人ばかりが本願寺に押しかけてきた。官兵たちは、

「勝安房はどこじゃ。安房守、お縄につけ！」

「勝の建言ことごとく虚言のみ、許さぬぞ」

と、口々にわめき立てる。官兵は、勝が徳川方に少しでも有利になるように新政府とねばり強く交渉するのを「虚言」と決めつけ、なだれ込んできたのである。

駿府に着いてから官兵の乱入を知った勝は、二重、三重に落胆をした。というのも勝の上役は官兵が乱入するのを前もって知っていたけれど、勝に教えなかったと聞かされたのだ。しかも、勝が懸命に謹慎を解こうとしている慶喜その人が、官兵乱入の話を聞き、「勝のことだから、あらかじめ官兵に頼んで、ひと芝居打ったのだろう」と邪推する始末だ。徳川家内で、薩摩や長州との人脈を持つ勝は、幕府崩壊後も新政府寄りと偏見を向けられる。そうではないと否定するために勝はわざわざ官兵に乗り込ませたのだ、と慶喜は解説してみせた。

勝は情けなくて、何もかも放り出したくなった。官兵に命を狙われ、同僚からは悪意を持たれる。これでは立つ瀬がない。またもや勝は天を仰ぎ、長歎息をもらす。日記を引こう。

「ああ、当春已来（以来）わが微力を奮って今日にいたれり。人心の頼みがたき、千古一轍、大功の下久しく立ちがたし。永訣して致仕（退官）の念ますますはなはだしき」

さっさと宮仕えからおさらばしたい、と珍しく弱気の虫が頭をもたげる。面倒なことに、徳川が駿府に封じられて、昔の身分秩序がよみがえった。勝や山岡は駿府藩の「幹事」で、かれらの上に家老、五人の中老、中老御用人二人がでんと載っている。一々難癖をつけられ、鬱陶しい。

とうとう勝の癇癪玉が破裂した。慶喜に面と向かって強烈な言葉を投げつける。

「あなたの徳で、善い家来を持ったなどと思いなさるな。第一、御先祖様（家康）が、非常な方であるし、御先代様（家茂）がお若かったが、たいそう善いお方で、よほど望みを属《しょく》されていなすった。それであいうことにおなりなすった。私は、それで、コウいう御奉公をするのであります。あなたに御奉公するのじゃありません」

ずばっと言われた慶喜は、三度も頭を下げて、

「おまえにまったく任せるから、善いようにしてくれ」

と身の振り方を勝に委ねる。勝と慶喜は屈折した感情を抱きつつ立場をだんだん逆転させていった。

蝦夷地に逃げた榎本艦隊は、官軍を破って箱館の五稜郭に入城した。新政府の内部から「徳川に榎本を討伐させよう」と冷酷な意見が出る。主君と旧幕臣に同士討ちをさせる腹だ。幼い家達の出陣は難しい。高官の視線はしぜんと慶喜に向けられる。

勝は素早く反応した。慶喜の出陣と謹慎解除を結びつけて交渉を始める。駿府と東

京を往復し、「慶喜の謹慎を解いて出陣させてほしい」と願書を出す。徳川方が自主的に提案したかたちで謹慎解除をたぐり寄せようとした。

大久保利通は慶喜の起用に賛成だったが、政府内で異論が出る。出陣した慶喜が榎本と手を組めば、かえって危険である、謹慎解除はまだ早い、と反対論が沸騰し、大久保の剛腕をしても政府内をまとめきれなかった。続いて慶喜の弟で、フランス留学を打ち切って帰国したばかりの徳川昭武《あきたけ》の起用が決まる。が、年を越して昭武の出陣案も立ち消えた。新政府は厳寒の北海道への出征を避け、春がくるのを待った。

その間、榎本は箱館で、まことに奇妙な国を建てていた。俗に「蝦夷共和国」と呼ばれるオモチャのような政体である。国際通《つう》の榎本は箱館を占領すると、来航したイギリス、フランスの領事、軍艦長らと会見した。英仏の態度は険しかったが、榎本は対応を覚書にしてくれと求める。後日、艦長は、日本の国内問題には「厳正中立」、箱館政体を交戦団体とは認めないが、「事実上の政権」と認定する、と書き送ってきた。

「これは便利だ。どうにでも解釈できる」と榎本は小躍りする。新政府に箱館政府の承認を求める嘆願書を英仏艦長に託した。嘆願は拒絶されるが、榎本はめげない。箱館に政府が生まれた証にしようと、日本で初めて「公選入札（選挙）」を行う。指揮役（士官）以上の約九百人が投票し、榎本が最多票を得て総裁に就いた。

西欧社会を知る榎本は、蝦夷地で小さな国をつくろうとした。

もっとも、実態は逃亡者たちの集団である。たちまち財政に行きづまり、新貨幣を鋳造したり、博奕場の寺銭を巻き上げたり、娼婦から税を取ったりとあれこれ策を弄して、住民の反感を買う。数年後にイギリス公使館書記官が、自著内で箱館政府を“republic”と紹介したために「蝦夷共和国」の俗称で呼ばれるようになるが、実態は開拓団であった。それも男ばかりだから国と呼ぶのにも無理があるのだが……。榎本は、極寒の箱館で新政府の出方をうかがった。

明けて明治二（一八六九）年、勝のもとに訃報が舞い込む。

一月五日、「天下で恐ろしいもの」と勝が評した横井小楠が京都寺町通で暗殺された。新政府の議事官に取り立てられた小楠は、「日本をキリスト教化しようとしている」という根拠のない理由で十津川浪士らの襲撃を受ける。鎖国、幕藩体制を批判し、公共と交易の観点から新しい国家像を描いた俊才は、六十一歳で非業の死を遂げた。新国家の産みの苦しみは続いた。

政府は、二月初旬、榎本艦隊との合戦を視野に入れ、最新鋭の「甲鉄艦（ストーンウォール）」をアメリカから買った。船体が鋼鉄で装甲された軍艦は、榎本艦隊には脅威だった。三月二十五日、榎本軍は、盛岡藩の宮古湾に停泊していた甲鉄艦の強奪作戦を敢行する。二隻の軍艦が、それぞれアメリカとロシアの国旗を掲げて甲鉄艦に近づき、攻撃開始と同時に旗を日の丸に替えて接舷。陸兵隊が甲鉄艦に乗り移って斬り込み、船を奪い取るシナリオだった。中世の海賊も真っ青のだまし討ちだが、国際法で認められていたという。

ところが、実際に軍艦の舷首を甲鉄艦に食い込ませ、先兵隊が飛び移ろうとして、あまりの高低差に足がすくんだ。甲鉄艦の乾舷は非常に低く、旧式の外輪船で甲板が高い旧幕軍艦とは三メートルもの差があった。そのうえ艦は波で揺れている。先兵隊は足も折れよと飛び降りて斬り込んだ。そこに新式の機関銃、ガトリング砲の連射を食らい、ばたばたと倒れる。強奪作戦は失敗し、榎本軍は蝦夷地に逃げ帰った。

甲鉄艦を主力とする新政府軍は、四月初旬に松前の乙部に上陸し、榎本軍を箱館へと追い込む。

五月十一日、新政府軍は箱館市街を制圧し、降伏勧告の使者を五稜郭に差し向けた。榎本は拒否の回答書と一緒にオランダ留学時代から片時も離さなかった『万国海律全書』を新政府軍の参謀、薩摩出身の黒田清隆に送る。海律全書は国際法の研究書だ。将来の日本のためにこの本を役立ててください、と言づけて黒田に贈呈したのである。

受け取った黒田は、榎本の人柄に惚れこんだ。いずれ翻訳して世に出すと感謝の手紙をつづり、酒五樽と鮪五本の返礼を五稜郭に贈る。さらには「兵糧弾薬もし欠乏の趣きこれあり候はば、当軍より差し送り申す」と食糧や弾薬を提供しよう、防御準備が整うまで攻撃を猶予しようか、と気を遣う。榎本は、悠然と受けとめる。「一統討死の覚悟」なのでいつでも攻撃なされよ、御厚志の五樽の酒はいただく、と返答した。五稜郭では、酒樽が開けられ、最後の宴が催される。酒盛りの翌々日、黒田率いる新政府軍は総攻撃をかける。敵が迫り、榎本は自刃しようとしたが、側近に止められた。運の強い男である。五月十八日、榎本ら旧幕臣幹部は新政府軍に降伏した。

榎本は東京へ護送され、兵部省の監獄に入れられる。榎本の処遇をめぐって政府内の意見は割れた。木戸孝允ら長州閥が死刑を主張したのに対し、黒田は榎本の才を惜しみ、助命の旗を振る。黒田は頭を丸めて榎本の救命を説いて回った。

旧幕臣の救済に奔走する

箱館戦争が終わり、長い内戦に終止符が打たれた。明治政府は、支配権をほぼ全国にひろげ、統一国家としての秩序づくりを進める。

明治二年一月に薩長土肥の四藩主は領地（版）と人民（籍）を天皇に還納した。この「版籍奉還」が六月には諸藩に及ぶ。版籍を得た政府は、諸藩を中央集権の統制下に置いた。旧藩主を世襲の知藩事に任命し、家禄を旧藩の実収の十分の一に定める。知藩事の家計と藩財政を分け、旧藩主を中央政府の地方官に封じ込めた。大名や公卿の名称も廃し、等しく「華族」と呼ぶ。旧藩士は禄高に関係なく「士族」とし、足軽以下は「卒族」とした。

急激な改革は、旧藩の維持を望む士族の怒りを買う。不満のマグマが溜まった。

改革の痛みが地方に押しつけられるなか、勝は、徳川駿府藩の財務調査を行い、藩士の禄を上げようと中央政府にかけあう。生産活動に縁のなかった士族に活計《たずき》を立てさせるのは難しい。意識を変えるのが並大抵ではなかった。

そんなある日、家康廟のある久能山の警備を任せた新番組の元隊長、中条景昭が、勝を訪ねてきた。中条はかつて山岡と浪士組で暴れまわり、江戸開城では仲間と城中で切腹をくわだてて勝に止められた男である。中条は、しみじみと言った。

「二年も待っていましても何ごともありませず、ただ座食していては、恐れいります。皆が無事で、喧嘩ばかりして困ります。金谷原《かなやはら》（牧之原）というところは、まるで放ってあります。あれを開墾したいと存じます」

「ほう。それはいい。感心なことです。見上げた心がけだ」と勝はたいそう褒めた。

「しからば、どのように開墾しなさるか」と問いかける。

「茶を植えよう、と相談しております。茶に適した土壌のようでございます」

「さようか。昔は昔、いまはいま。生きねばならぬ。食い扶持は藩から送りますよ」

勝は支援を請け合った。七月、新番組は「金谷原開墾方」に改組され、藩から約一千四百二十五町の荒れ野の開墾を命じられる。頭《かしら》の中条、頭並の大草高重以下約二百戸が牧之原に移り住んだ。翌年には元彰義隊ほか八十四戸が加わる。茶は外貨を稼ぐ、重要な産品として横浜から輸出されていた。新番組の転身は図に当たった。士族の茶づくりは改良を重ねて継承され、牧之原台地は大茶園へと発展する。

勝が名前を変えたのも、このころだ。政府の方針で、武家は受領名を使えなくなった。勝は「安房」を「安芳」と改名する。読みは「あわ」で同じだけれど、「あほう」の自嘲も含めたらしい。

しだいに雅号の「海舟」の使用が増える。勝宛の書簡には「海舟先生」「海舟台下」の尊称が目立ってきた。風雪に耐え、辛酸をなめた勝は、亡き佐久間象山の書に由来する海舟の呼称が似合うようになった。

明治政府は、国家機構の秩序づくりに手をつけて致命的な弱点に気づいた。人材不足だ。無理もない。薩長中心の藩閥勢は、戦闘と権謀術数には長《た》けていても、政府を切り盛りした経験が乏しい。下剋上の反動が人材に表れる。これまで「理」と「気」の朱子学を基とし、体制を護持したのは旧幕臣だった。皮肉にも、維新が成り、気宇壮大な革命家よりも朱子学風の素養を持つ沈着冷静な実務家が渇望されたのである。

中央官制を二官六省に改めた政府は、何の前ぶれもなく、東京に来ていた海舟を

「外務大丞（だいじょう）」に任命する。外務省は、卿をトップに大輔、少輔、大丞、権大丞、少丞の職制を敷いていた。大丞は、実務を取り仕切る。現代の官制にあてはめるなら、主要局の参事官か課長クラスだろうか。在野からの大胆な抜擢だった。

だが、海舟は即座に大久保利通へ、右大臣の三条実美宛の「辞表」を出す、と書簡を送った。難しい外国交際は自分には荷が重いと理由づける。本心は違った。慶喜がまだ謹慎中なのである。勝は大久保に会い、慶喜の謹慎が免除されなければ家臣が人事に応じるわけにはいかない、と断った。それでも政府側は官職に就くよう促す。水かけ論の末に徳川家達名で辞任願いを出し、免官が許された。

現代人の感覚ではわかりにくいかもしれないが、朱子学の「忠」が滲みついた旧幕臣にとって、慶喜の謹慎は重い足かせであった。

海舟は山岡や大久保一翁と慶喜の謹慎を解こうと八方手を尽くす。駿府は、地元の賤機山《しずはたやま》にちなんで「静岡」と改名された。九月二十八日、慶喜の謹慎がやっと解かれた。海舟が肩の荷を下ろしたのは言うまでもない。

慶喜は、蟄居していた宝台院を出て、東へ約百メートル離れた紺屋町の旧代官屋敷に移り、東京に残していた夫人、美智子を呼び寄せる。将軍時代とは比べものにならないが、家達の養父、「真の楽隠居」（松平春嶽）の暮らしに溶けこんだ。

海舟の静岡の住まいは鷹匠町の宿舎だった。東京の元氷川の邸にくらべれば、ささやかなものだ。海舟は、街を流れる安倍川を三里さかのぼった右岸の門屋集落にも別宅を置く。たまたま門屋で梅見をした海舟は、たたずまいが気に入り、名主の土地を百六十五両で譲り受け、こぢんまりとした平屋を建てた。間取りは八畳、六畳二間、三畳二間の「庵」のような住戸である。母、信がゆっくり過ごせるようにとこしらえた。

海舟は、交渉ごとに疲れると門屋の家に足を運び、泊まって英気を養う。人里離れた山あいの風が詩情をくすぐる。のんびり好きな漢詩をつくっていたい、と願う海舟を、しかし明治政府は放っておかなかった。

外務大丞を免官されたあとも、あちこちから引き抜きの話が舞い込む。片っ端から断っていると、十一月下旬、政府は強引に海舟を「兵部大丞」に任命した。東京にいた海舟は、ただちに辞意を表す。兵部省は首領の大村益次郎が暗殺されて後任が決まっていなかった。大村は、徴兵制の国民軍を構想したために士族の怨讐にされ、凶刃に倒れた。兵部省内では派閥争いが激化しており、海舟は政争に巻き込まれるのはこりごりだった。

海舟は兵部省に出勤せずに静岡へ帰り、徳川家からも離れたいと願書を出す。藩にも政府にも仕えず、野にいたいと訴えた。もちろん徳川家が引退を認めるはずはない。

一方で、海舟は部下には政府への出仕を勧める。静岡藩は人材の宝庫だった。勘定方で財政の才を発揮した渋沢栄一には早い段階でスカウトの手が伸びた。

武蔵国榛沢郡（現埼玉県深谷市）の豪農に生まれた渋沢は、尊攘思想に染まって討幕計画に加担したが、親族の説得で断念。京都に上り、慶喜に仕えた。徳川昭武に随行してパリ万博を視察し、欧州各国を訪問した。日本にいない間に大政奉還から王政復古、戊辰戦争が起き、元号が明治と改まって帰国する。もしも渋沢が戊辰戦争を体験していたら、榎本艦隊に合流していたかもしれない。激動期に欧州の文物に接したことは渋沢の人生を決定づけた。

慶喜に「これからはおまえの道を行きなさい」と告げられた渋沢は、フランスで学んだ「株式会社」制度を実践しようと静岡に商法会所（金融商社）を創設する。財政をあずかる大隈重信にその手腕を買われ、大蔵省に出仕した。

海舟は、御用が終わったら渋沢を静岡に返してくれと政府に手紙を送る。渋沢は一度帰静したが、租税正に任命されて東京に戻った。その後、渋沢は度量衡や国立銀行条例の制定などに携わり、退官後は無数の企業を創設して「日本資本主義の父」と呼ばれる。海舟の配下では長崎海軍伝習所出身の咸臨丸組、赤松則良を兵部省がほしがった。迷っている赤松を海舟は激励し、仕官を奨める。赤松は兵部省に出仕した後、大久保利通に引っぱられて民部省に転属した。

幕命で榎本や赤松と一緒にオランダに留学した西周《あまね》も、兵部省が狙っていた。西は、日本が世界に乗りだすためのバイブル『畢洒林氏《フヒスリンクし》万国公法』を翻訳している。ライデン大学の国際法講義録を訳す語学力と深い見識は一目も二目も置かれる。沼津で兵学校の校長を務めていた西の政府への出仕も海舟が調整した。

明治三（一八七〇）年三月、海舟は静岡で母信を看取る。政府から出府せよと矢の催促を受け、喪が明けた六月初旬、上京した。大久保利通を訪問し、兵部大丞の辞任を改めて申し入れる。兵部省には勤めていないので辞めたも同然だが、正式に認められていなかった。大久保は、承諾した。海舟は、もう一つの用件を切り出す。

「西周の件でございます。兵部省よりたびたびお声がかかっておりますが、先だって赤松則良も兵部省に仕官致しました。ここで西までもとなりますと、沼津兵学校が立ち行きません。兵部省の御用の合間に沼津に戻らせ、兵学校でも教授させるように致したく、存じます」

「それでよろしかろう。兵部大丞の川村純義には、私から伝えおきましょう」

と、大久保が返答した。ちょうどそこに赤松が大切な報告をもってきた。海舟の姿を見て赤松は何やら物言いたげな表情を浮かべたが、用向きを先に済ませる。大久保の指示で赤松は、外国債の起債を各方面に働きかけており、その経過報告だ。

大久保は眉間に深いしわを寄せて報告を聞く。

そのころ、大久保利通は、長州閥の巨頭、木戸孝允と肥大した大蔵省の分離、分割をめぐって、激しいつばぜり合いを演じていた。大蔵省は民部省を合併して強大な権力を誇示していた。明治政府は、財政を大蔵、徴税は民部と分けていたが、徳川家の元領地が主体の財政基盤は弱く、租税の取り立ては苛烈だった。各地で農民一揆が頻発し、地方官が「実情に合わない」と政府を批判する。

大蔵省では、木戸の支持を背景に大輔の大隈重信、少輔の伊藤博文、大丞の井上馨が急進的な改革を行った。大久保は、あまりにも大蔵に権力が集中するのを怖れ、駅逓（郵便）や土木など民政の事務も扱う民部省を切り離そうと策動した。

木戸は「民蔵分離」に賛同せず、大隈の下に集まった伊藤や井上ら「洋行組」の維新官僚に期待を寄せる。木戸の抵抗は激しかった。大久保は、海舟と赤松が訪ねたとき、木戸相手に民蔵分離を懸けた大勝負を打つかどうか熟考していた。赤松の報告は判断材料の一つだったのだ。

海舟と赤松は、目の前の大久保が、まさかそんな大勝負に出ようとは思ってもいなかった。

大久保は、決断を下す。政府の実権を握る参議のうち、大久保、広沢真臣、副島種臣、佐々木高行の四人が、六月二十二日、辞表を盾に民蔵分離を要求した。

四人もの参議が一度に辞めたら政治が立ちゆかなくなる。さすがの木戸も、抗いきれず、民蔵分離をのむ。その代わり、大隈を参議に登用し、大蔵省への影響力を保った。分離された民部省は大久保の支配下に入る。権力闘争と官制は直結していた。民部民蔵分離後、赤松は民部省の権少丞に任命され、「こんなはずではなかった。民部では困る」と海舟にすがりつく。海舟は大久保利通に手紙で、赤松を「開成学校（蕃書調所の後身・東京帝国大学の母体）」の権大丞に転属させてほしいと訴える。この要請はかなわなかったが、しばらくして赤松は「海軍兵学校大教授」を命じられ、民部省を出る。兵部省の陸、海軍も分離され、赤松は住み慣れた海の世界へと戻った。海舟の骨折りは見えないところでつづけられた。

西周は、家族を沼津に残して上京した。単身赴任で沼津と往復するつもりだったようだが、兵部省出仕と学制取調御用掛に任じられ、東京に張りつかされる。

日本の政治機構はまだ定まっておらず、維新官僚の急進的改革を大久保利通らが牽制した。にわか出世した「天下の朝臣」の「放恣《ほうし》淫逸《いんいつ》」な振る舞いは人びとの反発を招く。地方では禄を削られた士族が鬱憤を募らせている。

政官界は溶鉱炉のように燃えたぎっていた。

西郷との再会、「廃藩置県」の大変革

海舟が、政府への出仕を拒んだのは、徳川への義理立てだけではなく、中央に腹蔵なく、本心で語り合える相手がいなかったからでもある。海舟が最も信頼する重鎮、西郷隆盛は、箱館戦争が終結すると、「あとはよろしく」と鹿児島に帰り、藩政改革に取り組んでいた。

薩摩は長州とは異なり、維新後も国父島津久光の威光は衰えていなかった。保守的な久光は版籍奉還にも消極的で、大藩の自尊心を保っていた。

戊辰戦争が終わると、薩摩に凱旋した「兵隊」は、高揚して論功行賞を求める。従来の身分制度を壊し、戦功を立てた兵隊を藩の要職につけろと唱える。困った久光は、兵隊の人望が厚い西郷を呼び出し、藩政の改革を任せたのだった。

その薩摩が、政府に提供していた軍隊を引き揚げたまま、新しい部隊を送ろうとしなかった。中央への不満の表れなのだが、そのうち西郷が強力な薩摩軍を率いて上京し、大改革を行おうとしている、と噂が流れる。大蔵省は西郷の「武断政治」におびえ、恐慌をきたした。

統治機構の製作者、大久保利通は、この機に西郷を大軍とともに東京に引き寄せ、政府に取りこもうと考える。隆盛の齢の離れた弟、西郷従道が欧州留学から帰国した

ばかりだった。大久保は従道を鹿児島に派遣する。従道は、見てきたばかりの西欧事情を兄に熱っぽく語り、上京を乞う。西郷を引っぱりだす下準備が行われる。

並行して大久保は、雄藩の兵力を政府に集め、体制を固める方向で木戸を説き伏せる。岩倉を勅使に自ら鹿児島に赴き、西郷と会談した。西郷は、持論の「節倹（出費を抑えて倹約）」や「冗官（むだな官職）の削減」が政府方針にかなうことを確認し、上京を受け入れる。明治四（一八七一）年二月、政府が薩摩、長州、土佐の三藩に兵を徴《ちょう》し、天皇を護衛する軍隊「御親兵」を編成せよと命令を出すと、西郷は約五千の兵を率いて鹿児島を発つ。四月に東京市ヶ谷の旧尾張藩邸に駐屯した。

西郷の上京で政界は活気づいた。六月下旬に西郷と木戸が参議に就任し、大久保たちは各省の大臣に当たる卿に就く。政府は、念願の「廃藩置県」へと踏み込んだ。封建割拠の藩を廃し、中央集権型の府県に改めることは維新につづく大変革であった。藩という大きな傘に守られた士族は、たちまち世間の暴風雨にさらされる。武士、士族と呼称は変わっても胸の奥に持してきた自己同一性の土台が崩れ去る。凄まじい反発が予想された。

七月一日、兵部を統轄する山県有朋は、密かに西郷を訪ね、廃藩を急がなくてはならない理由を、嚙んで含めるように説いた。諸藩が乱立して中央進出をうかがい、大乱を待って政府要人を暗殺するような状態を解消するには、郡県制に切り替え、政府が軍事、財政を統制しなくてはならない。人心は、一時戦慄するかもしれないが、廃藩に邁進すべきである、と山県は口角に泡をためて語る。

黙って聞いていた西郷は、「それでよい。承知した」とあっさり受け入れる。山県は西郷の「大器量」に圧倒された。

七月十四日、卒然と廃藩の詔書が下される。各藩の知藩事は領地を去り、華族として東京に住むよう命じられた。代わって、政府が新たな府知事、県令を任命し、事実上、藩政を引き継ぐ。政府は、従わない藩を武力討伐するつもりで、西郷の出陣を想定していたが、目立った抵抗もなく、大変革は受け入れられた。

上京する西郷に「廃藩置県はまかりならぬ」と釘を刺していた島津久光は、鹿児島で狂ったように花火を打ち上げて憂さを晴らす。多くの藩は財政破綻寸前で、債務を継承してくれる政府に反旗を翻そうとはしなかった。

廃藩置県を評して、イギリス公使パークスは、こう語っている。

「ヨーロッパでこんな大変革をしようとすれば、数年間は戦争をしなければなるまい。日本で、ただ一つの勅諭を発しただけで二百七十余藩の実権を収めて国家を統一したのは、世界にまだ例をみない大事業であった。人力ではない。天祐というほかはない」

静岡藩も、消えた。

海舟は、廃藩置県を淡々と受けとめた。知藩事の徳川家達は、東京に移り住まなくてはならない。家達の家族とみなされる慶喜も同行するのが筋だが、勝は東京転住を勧めなかった。慶喜は謹慎を解かれたあとも、政府の監視下に置かれている。時期尚早であろう。東京に行けば、不満分子の頭目に仕立てられる、と。慶喜は静岡に残り、隠居生活を続ける。

海舟が政府から呼び出され、西郷と会ったのは九月半ばだった。江戸開城の談判以来、二年半ぶりの再会である。多くの言葉を費やさなくても、対座した相手の心の底が手に取るようにわかる。

海舟は、西郷に語りかけた。

「こんにちまで危を免れ、首が身体につながっておるのは、不思議でござるな」

「いかにも。その節に死んでおれば、いまの苦労はしなくて済んだでしょう」

西郷の大きな目の奥がかすかに翳《かげ》っている。背負った兵隊たちの信望が重たかった。

「ときどきは、私もそう思いますよ」。海舟は共感した。

「いまさらながら、その節に斃れていたほうがましかと思うぐらいです」

海舟は、深く、うなずいた。官職への復帰を西郷にもせかされた。

海舟は廃藩置県に伴う新知事の任命について西郷に助言を送る。強引に新知事を送り込むのではなく、従来の藩参事で切り盛りできる府県はそのままにし、新知事を要望するところや難題山積の府県から少しずつ任命すればいい、と手紙に記す。西郷との紐帯はさらに強まった。

廃藩置県の山を越えた政府は、体制づくりへ大胆な手を打つ。大使に岩倉具視を立て、木戸、大久保、伊藤たち総勢百人をこえる大使節団をアメリカ、欧州に遣わすと発表した。海舟の推薦で語学に秀でた四人の旧幕臣も使節団に加わる。派遣期間は約二年に及ぶ。幕末に条約を結んだ国々に明治政府の国書を届け、不平等条約の改正の予備交渉を行い（実際にはほとんど行われなかったが）、西洋の文物を調べるのが渡航の目的だった。

上層部がごっそり抜けた留守政府は、西郷隆盛を事実上の責任者とし、大隈重信、井上馨、土佐の武断派、板垣退助、元佐賀藩士の江藤新平や大木喬任《たかとう》が要職を固める。使節団の出発前、政府高官は留守中に廃藩置県の処理以外の大きな改革を行わないと約定を結んだ。派閥対立による政争を防ぐためである。人事も凍結と約束が交わされる。大蔵省に根を張る大隈、井上が、西郷や板垣の武断的な機構改革にブレーキをかける役目を負った。

十一月十二日、岩倉使節団はサンフランシスコを目ざして横浜港を出発した。使節団を乗せた船が水平線の向こうに消えると、留守政府、いや西郷は、ためらうことなく改革に乗りだす。明治五（一八七二）年一月、朝敵とされた幕府側有力大名の大赦を行った。元会津藩主松平容保、元桑名藩主松平定敬、元老中の板倉勝静は蟄居を解かれる。静岡の慶喜は、従四位の位階を授けられ、監視を外された。復権への道は険しくとも、数年ぶりに自由な空気を吸った。

箱館戦争で政府軍と戦った旧幕臣も赦される。榎本武揚は出獄して親類宅で謹慎した後、黒田清隆が次官を務める開拓使に四等出仕で任官した。北海道の鉱山調査から公務に復帰する。五稜郭の決戦前に黒田に贈った『万国海律全書』が榎本を復権させたといえるだろう。榎本を支えた松平太郎、大鳥圭介、永井尚志も放免され、召し出されて官職に就いた。

海舟は水面下で西郷と交渉した。旧幕府が洋行させ、手塩にかけて育てた人材を「公」のためにいまこそ登用してくれ、出仕の等級は低くてもいい、採用が重要だ。やつらは能力があるから、いずれ要職にのぼる、と伝える。明治政府は、旧幕臣の実務力なくして秩序の構築は不可能だった。放っておけば政府機構は欲まみれの「私」の集積体になってしまう。海舟は、公の意識が滲みついた旧幕臣を政府に押し込んだ。

藩が消滅し、旧幕臣に再出発の光が当たる。海舟本人にも大役が回ってきた。兵部省が陸軍省と海軍省に分かれ、高官のポストが空いた。陸軍省は、卿が空席で、大輔は山県有朋、少輔が西郷従道である。かたや海軍省は、卿も大輔もおらず、少輔が川村純義だった。海舟が上京し、西郷に慶喜への贈位の礼を述べ、榎本出仕の返礼で黒田を訪ねていると、川村がきて「海軍にぜひ」と頭を下げた。

川村は「海軍大輔」を受けてほしいと海舟に頼んだ。海舟は、まだ首を横にふる。自らの仕官より旧幕府の同僚、大久保一翁の就職が気がかりだった。一翁は静岡に骨を埋める覚悟で県務に専念していたが、政府は喉から手が出るほどほしがった。海舟は、政府側と調整し、文部省二等出仕で一翁の就職をまとめる。有無を言わせず決めた感がある。

ここまでやり遂げて、五月十日、海舟は海軍大輔に任命された。翌々日、川村にまたもや辞職の相談に行って、断られる。こんどばかりは、もう逃げられそうにない。海舟は、ふたたび海軍に奉公する腹を固める。東京が海舟を呼んでいた。

長崎の落とし子が氷川邸に現れる

静岡から東京に戻った海舟は、住み慣れた赤坂の高台に邸を構えた。元氷川の旧宅から氷川坂を上り、高台の尾根筋を東に数分歩くと、二千五百坪の広大な屋敷があった。もとは播州赤穂の藩主、浅野内匠頭の住まいだったが、松の廊下の刃傷沙汰で没収され、旗本の屋敷に変わった。代を経て、海舟が明治五年五月二十三日に五百両で譲り受け、五百両かけて改修した。家族も静岡から帰り、ここが『氷川清話』や『海舟座談』の舞台となる。

晩年の海舟をたびたび訪い、『海舟座談』を編んだ教育家、巌本善治は、「氷川のおとずれ」に邸宅のようすを描写している。

門を這入って十四、五間の石だたみの上を歩きながら、左右の黒塀を見ると、所々、ツギもあり、繕いもあり、少し怪しげなる所もあり、余り立派ではないが、南を受けて、日当りよく、清閑にして自ずと気がセイセイして、当世流の家に行った時と妙に心持ちが違う。玄関に来て見れば、障子がチャンとしまって人の声もないから、初めから大声に音訪《おとな》ってもなかなか聞こえない。ヤットの事で、ごく奥の方から足音がして、近くなって女の声で返辞があって、それから静かに障子が開くのが定まりである。

客が取り次ぎを頼むと、四、五間の廊下を奥へ案内される。廊下の右手には十二畳の客間と六畳の座敷が並んでいる。床の間に大久保一翁、山岡鉄舟の肖像がかかり、座敷の奥の小間に象山の「海舟書屋」の額が掲げてある。ここで海舟は西郷や大久保利通とも面談をした。

ふだんの客は、廊下を進み、八畳の座敷で待たされる。そこが次の間で、襖を隔てた六畳間に海舟は鎮座している。声をかけられ、襖一枚開け放たれたところから入っていく。

海舟は、部屋の西側に敷いた四尺の布団の上に胡坐をかき、だいじな書類や帳面は近くの小机に並べている。「おまえは一度来たようだっけノ」とか、揮毫《きごう》しながら「コンナつまらない商売はないよ。これで墨や紙を入れると、月三十円位はかかるからね」などと喋りかけて話が始まる。必要に応じて書付を手元に引き寄せ、訪問者と面談した。

たいていの客は、一度は一喝をこうむった。相手によって喝の調子も変わったが、虫のいどころが悪いと「猛虎一声」、震えあがって二度と氷川に行けない者もいた。海舟は、機嫌がいいととぼけた調子で相手をけむに巻く。一見して至誠真面目な人物だと見抜くと、からかわず、真剣に応接した。往々にして初対面では意表を突くようなことを言い、相手の気が動転した瞬間に底意を見抜く。殺気に満ちた刺客に何度も襲撃された体験に導かれた人物鑑定法である。

海舟邸には政府の高官や華族、軍人、旧幕臣から書生、一芸一能の人、遊び人や寄付をねだる者まで、あらゆる階層の人間がやってくる。来客は途絶えなかった。陰に日向に他人の世話をしてきた海舟ならではだろう。

やや先走ってしまった。場面を海舟が海軍大輔を受けた時期に戻そう。

海舟は、海軍省に出勤して間もなく、従四位に叙せられる。慶喜と同等の位階を授かった。それではと西郷と平仄《ひょうそく》を合わせて、海軍の整備にとりかかろうとした矢先、西郷は鹿児島に引き戻された。島津久光は新政府に重用される西郷に嫉妬していた。久光が烈火のごとく怒っていると伝えられた西郷は、明治五年十一月に鹿児島へ帰ってしまう。

西郷がいない留守政府で、陸軍の御用商人に絡む疑獄事件が起きた。元長州奇兵隊士、山城屋和助は、「一品の抵当もなし」に陸軍省から国家歳入の一パーセントを超える約六十五万円もの公金を借り受け、生糸相場に手を出した。ところが、欧州で生糸は暴落し、投機は失敗に終わる。

その情報をつかんだ桐野利秋ら薩摩系の軍人は、山城屋と癒着していた山県を糾弾した。山県が主導する徴兵制への反発が腹の底にある。十一月二十九日、山城屋は、帳簿や証文をすべて焼き捨て、陸軍省に出向いた。山県に面会を拒絶されると、省内の一室で割腹自殺を遂げる。証拠は隠滅された。

山県は、汚職の嫌疑も平気の平左、徴兵制を敷く。十二月末、徴兵の詔が発せられた。そのころ暦も変わる。太政官布告で太陰暦の廃止、太陽暦の採用が公布された。旧暦の明治五年十二月三日が新暦の明治六年一月一日と定められ、ロシアを除く欧米列強とカレンダーが一致した。留守政府は岩倉使節団との約定に頓着せず、どしどし改革を進める。

　西郷は久光の嫉妬心に縛られ、鹿児島を離れられなかった。密かに三条に「勝を遣わしてほしい」と手紙を出す。海舟に雪隠詰めの打開を託した。

　三条から西郷の意向を聞いた海舟は、天皇の勅使として鹿児島に出張る。西郷を東京に連れ戻すのが目的だが、正面から島津久光に掛け合っても難しい。三月下旬、鹿児島に着いた海舟は、久光を旅館に呼び出し、勅書を伝えた。「朕が国家のために諮問するところあらんとする旨にそえよ」と、天皇は久光に東京へ来いと命じていた。

　久光が上京となれば、西郷も東京に出やすい。海舟は、久光の側近と対話を重ねて、新政府への猜疑心や不満を和らげ、装いは昔のままでいいので東京にお越しを、と巧みに誘う。殿様の扱い方がうまい。久光もその気になり、数百人の壮士を帯同させる上京が決まった。西郷はひと足先に東京に戻り、四月下旬に久光も上京する。

　鹿児島で西郷の案件を処理した海舟は、船で長崎に回った。公私ともに忙しい。愛妾、お久こと梶玖磨が逝って七年、三泊四日の短い滞在だった。長崎の言い伝えでは、このとき、海舟は豪商の小曾根家に預けていたお久の忘れ形見、梶梅太郎と、老舗呉服屋の娘との間にもうけた逸子と会っている。梅太郎は九歳、逸子は十三歳に成長していた。

海舟は、ふたりを東京に引き取ろうと決める。梅太郎は、勝家の小鹿、四郎の下の三男の籍に入れる。逸子は、女中の増田糸が海舟の咸臨丸渡米の前夜に孕んだ子とされ、三女で入籍される。梅太郎と逸子が上京するのは、この年の七月である。迎えた勝家の人びとは、目を白黒させ、「そのときは大変な騒ぎだったよ」（逸子）と語り伝えられている。

氷川の邸が上を下への大騒ぎとなったのは、梅太郎、逸子と一緒に予想もしていなかった大人が現れたためでもある。小曾根家主人の乾堂、妻のツネはともかく、逸子を育てた娘のキク、梅太郎を養育してきたお久の妹おミ祢《ね》、お久とおミ祢の母親（梅太郎の祖母）ツネまで同行してきたのだ。

海舟の妻たみも愛人の糸や兼も、長崎訛で喋る一行を玄関先に迎え、思わずのけぞった。いつの間にうちの御主人様は……と喉もとまで出かかる。妻妾のまなざしは梅太郎に寄り添うおミ祢に注がれる。姉のお久に似て明眸皓歯、とても美しかったのである。てっきり梅太郎の母親だと誰もが思い、またひとり側室が増えるのかと波乱含みの様相を呈す。キクは逸子が寂しがるからと一年間、氷川邸に残る。おミ祢は、その後、長崎に帰って副島某と世帯を持ち、明治二十八年に四十六歳で亡くなっている。

それにしても、いくら太っ腹なたみとはいえ、複雑な関係の大所帯を切り盛りするのは辛かっただろう。妾子も逸子もわが子同然に育てているだけに気苦労が偲ばれる。

襖の陰でたみに平身低頭している海舟の姿が目に浮かぶようだ。

「征韓論」で廟堂大分裂、海舟は参議兼海軍卿へ

大久保利通は、岩倉使節団のほかのメンバーより一足早く、帰国した。

大久保を迎えた西郷は、これでお役御免、鹿児島へ帰ろうと横浜に船便の荷物を送る。東京には島津久光が名誉職をあてがわれて居座っており、何かと口うるさい。うんざりしてもいた。

しかし大久保は帰国早々、西郷に鹿児島に引っ込まれたのでは困ってしまう。留守中、何がどう処理されたのか把握できていない。大久保は海舟に一翁と協力して西郷を引き留めてくれと頼んだ。

海舟は一翁を西郷に会わせ、「われわれはあなたの正義に感じてやっておる。あなたが帰れば面白くないから皆、帰る」と言わせる。「信」を重んじる西郷の性格を見抜いた台詞である。乗せられた西郷は「誰がそんなことを言いますか。まだ帰りませぬ」と東京に残った。西郷は「勝は、悪いやつだ」とつぶやいた。

西郷は政府に留まると「征韓論」にどっぷり浸かる。世間では士族、兵隊の不満や、欧米諸国への鬱積したコンプレックスがいまにも暴発しそうで、西郷は朝鮮に意識を集中した。征韓論は、朝鮮出兵だけでなく、朝鮮を開国に導く使節を派遣することも

含んでいる。西郷は自身が使節として発つと主張した。

征韓論は一時的な政局ではなかった。征韓論をめぐって廟堂は大分裂し、外交面は台湾出兵、江華島事件を経て日清、日露の戦争へと進む。内政は士族の反乱、西南戦争、自由民権運動から国会開設へと枝分かれしていく。征韓論は明治国家の方向を決める重要な転換軸であった。

海舟は、征韓に勇み立つ将校を抑え、日清戦争にも異を唱える。海舟の「非戦」の思想は征韓論への抵抗に発している。海舟の非戦思想を読み解くためにも、少し視点を引き上げ、維新後の東アジアの外交関係を俯瞰しておこう。


明治政府は、万国公法の尊重を欧米諸国に訴え、国際法上の正当な地位を得た。日本は万国公法に則って欧米列強と外交を展開できるようになった。と同時に、それは東アジアの「華夷秩序（中国の皇帝を頂点とする階層的な国際関係）」に衝撃を与え、大きく揺さぶる。その典型が朝鮮との関係である。

古より日本の大君（将軍）と朝鮮の国王は対等で、旧幕時代には対馬藩が朝鮮通信使を迎え、日朝外交の仲介役を担った。明治元年十二月、新政府は対馬藩主を通して日本の王政復古を朝鮮に通知し、隣国どうし仲良くしようと書簡を送る。

この手紙の文中に「皇祚聯綿」や「皇上登極」の言葉があり、朝鮮側は態度を硬化する。華夷秩序の朝鮮で「皇」は、中国の「皇帝」にのみ使える文字だった。日本が「皇」を使うのは僭越で、上位に立って臣従を求めているようだととらえ、書簡の受け取りを拒否した。

日本側は「無礼だ」と憤る。政府内で、武力で朝鮮に開国を迫れと声が上がった。木戸は、戊辰戦争の凱旋兵の昂ぶりを朝鮮出兵に振り向けよう、と呼びかけた。

地政学的にも、朝鮮との国交樹立は重要課題だった。欧米列強、とくに南下を狙うロシアが朝鮮半島を支配すれば、日本の脅威となる。早急に朝鮮を万国公法の秩序に取りこみ、無権利状態から脱却させなければならない、と現実論が浮上する。模索が続き、日本は、朝鮮が朝貢している清と先に日清修好条規を結んだ。

清との関係が良好に進むかにみえた明治五（一八七二）年、琉球御用船の漂流民五十四名が台湾原住民に殺害された報せが東京に届く。一方で、明治政府は、琉球を合併して直轄の琉球藩を置き、従来の日・清両属を断った。万国公法の原理では琉球王国の日清両属はありえなかったからだ。

琉球を合併した政府は外務卿の副島種臣を清国に送る。日本と清の間で、朝鮮及び台湾との関係について協議が行われた。清国は朝鮮について、その外交関係には介入しない、と独立国と認めたような回答をする。台湾に関しては「生蕃《せいばん》」と「熟蕃《じゅくばん》」と呼ばれる人びとがおり、漂流民を殺害した生蕃は王化に服さないので「化外《けがい》」に置いて支配せず、と答えた。副島は「化外の民」であれば一軍を派遣して懲罰すると言明し、清から戻る。

国内で台湾派兵論が湧き立つと、井上馨が財政面から反対し、見送られる。清の対応を見守る方向でいったんおさまった。

だが、明治六年五月、こんどは朝鮮側の日本応接窓口、東萊府《とうらい》（現釜山）の掲示に日本を「無法之国」と批判した文言があると報じられ、閣議で板垣退助が「居留民保護」を理由に派兵を高唱する。朝鮮出兵論が一気に沸騰した。そこで西郷は、朝鮮への派兵の先行に待ったをかけ、自ら使節として朝鮮に赴くと言い張ったのである。

七月二十九日（以後、すべて陽暦）、西郷は板垣に、丸腰で朝鮮に渡り、自分が死んで征韓の「名分」を立てる、と手紙を送る。西郷は「皇」の字が入る国書を持参し、朝鮮側の怒りを煽って殺されたいと望んだ。殺されなくとも、朝鮮側が使節を拒めば開戦の名分は立つ。

この手紙を板垣の支持をとりつける計略との見方もあるが、西郷の本心だろう。

八月十七日の閣議で、岩倉具視の帰国を待って再協議を行う前提で、西郷派遣が決まった。西郷は、二十三日付の板垣宛の書状でも、自分が死んだら、勝手に死に急いだのだから引きずられて戦争をすべきではないと議論が起こるだろうが、惑わされず、必ず開戦に持ち込んでほしいと念を押す。自ら捨て石となり、鬱憤をためている兵隊たちが攻め入る道を開こうとした。

一方、海舟は、征韓論には与《くみ》しない。アジアの戦略観において朝鮮への派兵は不承知だった。海舟が抱懐しているのは、日本、朝鮮、中国の「三国提携論」である。神戸海軍操練所を開いたころから、この戦略を立てていた。『海舟秘録』にはこう記す。

「文久のはじめ、攘夷の論はなはだ盛んにして、摂海守備の説、また囂々《ごうごう》たり。予建議していわく、よろしくその規模を大にし、海軍を拡張し、営所を兵庫・対馬に設け、その一を朝鮮に置き、ついに支那に及ぼし、三国合従連衡して西洋諸国に抗すべし」

文久三年の四月、まだ桂小五郎と称していた木戸孝允が対馬藩の大島友之允を連れて来訪し、攘夷の勢いを朝鮮に転じたらどうか、と述べたときも海舟は反対した。

アジアには西欧に抵抗できる国はなく、どこも弱小だ。このアジアで紛争を起こすのは得策ではない。むしろ日本が戦艦を出して各国を歴訪し、首脳たちに連合を呼びかけ、学術を研究しなくては欧州に蹂躙されてしまう。最初に隣国の朝鮮に連合を説き、のちに支那に及ぼそう、と海舟は説いた。

海舟の三国提携論は大陸への敬愛が支えている。

日清開戦の直前には、こうも語っている。

「……朝鮮を馬鹿にするのも、ただ近来のことだヨ。昔は、日本文明の種子は、みな朝鮮から輸入したのだからノー。特に土木事業などは、ことごとく朝鮮人に教わったのだ。いつか山梨県のあるところから、石橋の記をつくってくれ、と頼まれたことがあったが、その由来記のなかに『白衣の神人来りて云々』という句があった。白衣で、そして髯があるなら、疑いもなく朝鮮人だろうよ。朝鮮人も日本人のお師匠様だったのサ」

維新前の西郷は三国提携論に共感していた。しかし政府に入って廃藩置県を推し、徴兵制を援護した西郷は、近代化の合理性と武士が育んできたエートス（社会集団を支配する倫理的な心的態度）のギャップに苦しんだ。西郷を担ぐ士族や兵隊は憤懣のはけ口を朝鮮に求めていた。海舟が西郷に改心を迫っても動じない。西郷はとうに命を捨てる決意を固めていた。

海舟は西郷の気持ちが痛いほどわかるが、太政官の三条には「もし政府が朝鮮との戦争を命じるなら自分は辞職のほかなし」と伝えた。

明治六年九月、岩倉具視が長い欧米視察から帰国した。征韓論は再討議され、西郷派遣の延期が持ち上がる。欧米で見聞を広めた高官たちは、内治を優先し、隣国への侵攻はあとに回そうとした。外交的にも日本が朝鮮を攻めれば、ロシアを含む諸外国に介入の口実を与えかねない。近代化の順番が違うのだ。西郷はじめ押し返された征韓派は激怒した。

大久保利通は盟友西郷と命を奪い合う覚悟で参議に就任し、十月十四日の閣議に臨んだ。西郷派遣を諮《はか》る閣議は荒れに荒れる。西郷は即座に使節を派遣するよう巨体を震わせて迫った。大久保は、「日本に戦争をできる国力はない。不平等条約の改正や、ロシアとの樺太、千島の領有権問題など問題が山積している」と撥ねつける。激論が戦わされ、決を採ると、板垣退助、江藤新平、副島種臣、後藤象二郎の留守政府主流が西郷を支持。岩倉具視、大久保利通、大隈重信、大木喬任は西郷派遣に異を説える。閣僚は真っ二つに割れた。

翌十五日、もう一度閣議が開かれる。三条は、西郷の背後に控えた厖大な兵隊を怖れて節を曲げ、即時使節派遣を決断した。とんでもない、と大久保が参議を辞任する。岩倉は征韓反対を強硬に主張し、受けて立つ西郷は即時派遣を譲らない。議論の応酬は激烈で、有力参議が次々に辞め、ついには三条が十八日に精神錯乱に陥った。正気を失い、天皇に閣議決定を上奏できなくなった。

この局面で、大久保と岩倉は巻き返す。太政大臣職務不能の場合は右大臣が代行する規定に従い、岩倉の上奏を決めた。岩倉は、三条の閣議決定と自身の見解の両論を天皇に上奏すると述べる。征韓派の参議が抗議したが、岩倉は押し切った。天皇は、宮内卿に内示されていたとおり「使節派遣の延期」を裁可した。

大久保と岩倉の作戦勝ちとはいえ、公議の決定が勅命で覆った事実は禍根を残す。

西郷は官職を辞して鹿児島に引きあげ、付添って上京していた兵隊の幹部も帰郷した。征韓派の官僚、軍人は職をなげうつ。板垣、後藤、副島、江藤も参議を辞める。ここに廟堂は大分裂をきたし、一連の権力闘争は「明治六年の政変」と呼ばれた。

鹿児島に帰った幹部は私学校を組織し、政府の通達を無視して県政を司った。日本列島の西南端に物騒な「一独立国」が立ち上がったのである。

政府が「朝鮮へ行く」「行かせない」で大揺れの間、海舟は何をしていたのか。

「私はアノ時はおらぬ。面倒だから横須賀へ船を見に行くと言って逃げた」と後に語っている。

『海舟座談』によると、海軍では神戸操練所出身の伊東祐亨《すけゆき》（のち海軍大将）が軍艦に兵糧を積み、朝鮮への出撃準備をしていたという。その状況を、三条に「おまえは知っているか」と聞かれた海舟は、「ナニ、私が海軍卿（記憶違いで大輔）だから、安心して任せていらッしゃい」と胸を叩き、氷川邸に海軍士官五、六人を呼んだ。

「おまえたちは、朝鮮征伐をやらかそうというそうだが、それは男らしくて面白い、おやんなさい。だが、そのあとはどうするのだ」と勝は訊ねた。困った士官たちは、

「それではどうしましょう」と問い返す。

「それよりもまず支那から台湾のほうへ行ってみろ」

「それが出来さえすればありがたいが、どうでしょう」

「ナニ、おれが許すのだから、かまうものか、行け」

伊東たちは東シナ海を航海し、初めて外国を見て帰ってくる。海軍の狂騒は止んだ。

西郷が去った政府で、海舟は参議兼海軍卿に任命される。辞意を伝えたが、岩倉に呼びつけられて、事実上、撤回をした。


下野した征韓派では、板垣や副島が「民撰議院設立建白書」を太政官に出して国会開設を求め、自由民権運動の端緒を開く。不平不満をためた士族は征韓派をまつりあげて殺気立った。

明治七（一八七四）年二月、江藤新平は佐賀県士族に担がれて反乱を起こす（佐賀の乱）。全権の大久保が博多の本営に陣取り、政府軍の指揮をとった。最新の兵器と、電信、汽船の機動力を備えた政府軍は瞬く間に反乱軍を鎮圧する。江藤は捕えられ、さらし首に処せられた。司法卿に就き、法制度の確立に努めた江藤の梟首《きょうしゅ》は衝撃的だった。

大久保は、征韓論に連なる陸軍内部の不満や、不平士族の憤怒を身をもって知り、豹変する。台湾出兵を提案したのである。台湾は、清の「化外の地」、国際法上「無主の国」とみなされている。日本国民の琉球人が無主の国で殺されたのだから報復は政府の「義務」と大久保は訴え、出兵を正当化した。台湾の生蕃が相手なら被害は少ないと見立てる。口を極めて征韓派を罵った舌の根も乾かないうちに台湾出兵を言いだした。木戸は反発して辞職したが、閣議で了承され、西郷従道が三千六百の征台軍を長崎に集結させる。

　ところが、イギリス、アメリカ両国の公使は台湾出兵に協力しないと通告してきた。欧米列強は台湾に清国の主権が及ぶと考えていた。目算が狂った政府は、慌てて、長崎に出兵延期の電報を打つ。大久保が長崎に急行すると、西郷従道は独断で五月三日に先発隊千人を出発させていた。もう止められない。日本軍は、漂流民が殺された地域を短期間で占領するが、風土病のマラリアが猖獗《しょうけつ》をきわめ、五百人以上が命を落とす。犠牲は甚大だった。

　六月、清国から撤兵要求を突きつけられ、対応が閣議に諮られる。国際法上の正当性を貫くために清との戦争も辞さず、という意見が大勢を占めるなか、海舟は二つの理由でさらなる派兵に反対した。第一に日本と清が戦えば、外国が干渉し、講和に介入する怖れがあること。二つ目は戦費だ。外国との戦では国債か、紙幣の発行以外に戦費調達は不可能であり、政府は過大な重荷を背負うと戒める。

　海舟は、八月下旬、政府に免職願を出した。折しも各省の人員削減が政策課題になっていた。下役の人員を減らすより、高禄の不要な大官の削減が先決だ、その第一号を自分にしろ、おれの首を切れ、と願書を送る。それ以降は参議が集まる正院にも海軍省にも足を向けようとしない。山岡鉄舟が岩倉の出勤を勧める手紙を持ってきても、海舟は動かなかった。

大久保は、九月に清国に渡り、台湾問題について北京で交渉を始める。国際法の解釈をめぐって日清両国の意見は対立し、交渉は暗礁に乗り上げた。開戦の気配が濃厚に立ちこめると、イギリスが調停を買って出る。イギリスは戦争がアジア貿易に悪影響を及ぼすのを嫌った。

交渉が再開され、清が日本に銀五十万両の償金を払うことで折合う。台湾出兵は日本国民への加害に対する「保民義挙」と解釈された。清の実力者、李鴻章《りこうしょう》は「欧米はいくら強くてもはるか遠くにあるが、日本は戸口でわれわれをうかがっている。中国永遠の大患だ」と口走った。

大久保が意気揚々と船で横浜に帰ってきても、海舟は出迎えにも行かなかった。氷川邸を訪れた英国公使館員のアーネスト・サトウに、こう話している。

「最近北京で台湾問題が解決されたようだが、私は、政府がこの成功で有頂天になり、傲慢なふるまいに出るのを怖れている」

目的のためには手段を選ばない大久保のやり方に海舟は辟易した。

明治八年二月、海舟は再度、辞表を差し出す。前年八月の免職願を受け取られず、出勤するようせっつかれるので、とどめの一撃だ。四月に立憲体制の樹立に向けて

「元老院」が設けられると、その議官を命じられるが、これも翌々日には辞表を出す。認められないまま元老院議官に名を連ね、十一月下旬、やっと辞職が承認された。

海軍大輔で官職に復帰して三年半、明治政府への宮仕えは終わった。思えば、仲裁や人事の談判に明け暮れ、無駄な諍《いさか》いに警鐘を鳴らす日々だった。政府の中枢を離れた海舟は、より海舟らしく、老境へと入っていく。

西南戦争、さらば西郷

赤坂氷川の桜が、つぼみをふくらませ、一輪、二輪とはじけている。花に嵐のたとえもあるが、九州では西郷隆盛を擁した叛乱、「西南戦争」が起きていた。

膨大な数の士族層が、徴兵制に続いて廃刀令で刀を奪われ、秩禄処分で家禄を失い、次々と特権を剝奪されて没落した。それをあざ笑うかのように維新の功績を立てた政府高官は驕り高ぶり、専制的な政治を行う。少し前まで下士、歩卒にすぎなかった男たちが、である。

士族の反政府行動は、熊本の「神風連の乱」、福岡では「秋月の乱」、山口で「萩の乱」と連鎖した。その総決算ともいえる叛乱が、私学校を組織して士族の教育、共済を行い、半ば独立国と化した鹿児島で起きたのだ。

政府は、西郷が熊本を目ざして鹿児島を発った二日後には、「征討の勅」を出した。

有栖川宮熾仁親王を総司令官にすえ、指揮官に山県有朋陸軍中将と川村純義海軍中将を任命し、九州へ兵を送る。

熊本城や田原坂で、西郷軍と政府軍が死闘をくり広げていた。

明治十（一八七七）年三月二十一日、久しぶりにアーネスト・サトウが海舟邸の門をくぐった。サトウは風雲急を告げる鹿児島で西郷に会い、三月七日に東京に戻ったばかりだ。サトウが西郷の叛逆について語り合える相手は心腹の友、海舟しかいなかった。この日の海舟とのやりとりは『遠い崖13　西南戦争』に詳述されている。サトウの日記に書かれた発言を引こう。サトウと対座した海舟は、昂奮してまくしたてた。

「政府側のつたえる政府軍勝利の報道はみなでたらめだ。熊本城はこの二十七日に西郷軍に明け渡された（※落城していない）。柳原（前光）の鹿児島派遣もばかげた話である。かれらは鹿児島から弾薬を運び去らなかったし、要塞も破壊しなかった。そもそも破壊すべき要塞などなかったのである」

「武器弾薬はひきつづき鹿児島から西郷軍のもとに送られている。西郷軍は金を必要としない。米は肥後に豊富にあり、農民を味方にしているからである」

海舟は独自の情報網を張りめぐらせているが、熊本城落城は誤認だ。西郷への思いが強く、偏った見方をしてしまったのか。

話は、決起した動機に及ぶ。サトウは開戦前夜の鹿児島で、大久保と近しい警視庁大警視、川路利良が二十数名の薩摩出身の警察官を「帰郷」名目で送り込み、密偵工作を行った情報を得た。密偵のひとりは私学校生徒に捕えられ、拷問を受けて「川路に西郷暗殺を指示された」と吐いたという。「自白書」が取られ、大久保、川路は底知れない憎悪を向けられていた。

海舟は断言する。

「川路は西郷暗殺のために部下を鹿児島に派遣したと、自分は信じている。大久保も暗黙のうちにではあろうが、この陰謀の一味であったと信ずる」

政権の統率者、大久保の「非情」が内乱を誘発させていた。西郷は、欧米流の国家建設のためなら大久保が邪魔な自分を消そうとしても不思議ではない、と推察した。暗殺計画について大久保と川路に「尋問」すると西郷は宣言し、武装上京に立ちあがったのである。

ただ、サトウが鹿児島で見た西郷は、約二十名もの護衛を付けられ、「監視」されているようだった。西郷と面談した家には、西郷が「入るな」と命じたにもかかわらず、護衛が張りつき、聞き耳を立てる。サトウと西郷はあたりさわりのない会話をして別れた。もはや維新の立役者の姿ではなかった。西郷は急激なときの流れに身の置き場を失い、哀愁を漂わせていた。

「この内乱を阻止するために必要なことは何か」と海舟は自問し、「それは大久保と黒田の辞職に尽きる」と西郷の心裏を読んだ。

海舟は、戦争を止めるには英国公使パークスの仲裁が必要だと説く。現政権は地租改正で農民の敵意も掻きたてていると分析し、不吉な予言をする。

「政府が勝つようなことにでもなれば、その主要な閣僚はことごとく暗殺されることになるだろう」

まるで翌年、大久保が東京の紀尾井坂で命を奪われるのがわかっていたかのようだ。

薩摩人と深くかかわった感慨も海舟は口にする。

「薩摩の人間というのは、この国のどの地方の住民よりも、全体としてはるかに激しい気性の持ち主であるが、公明正大に扱いさえすれば、かれらとうまくやってゆくのはいとも容易なことである。そうだからこそ、旧幕府はかれらにたいして、つねに格別の配慮をしめしてきたのである。ところが、この国の現在の支配者はこのことを忘れ、自分たちの好き勝手なことができると思い上がってきた」

装備と人員で優勢な政府軍は、熊本城の包囲を破り、西郷軍を追いつめた。西郷軍が日向に転戦して要衝を失った七月、サトウはふたたび海舟邸を訪れる。海舟に「西郷に降伏をすすめる使者に立ったらどうか」と薦めた。返答は淡泊だった。

「ずっと以前から、自分は大久保の支配下にある政府には仕えまいと心に決めている。大久保が台湾問題解決のために北京に向かうのを見送って以来、大久保には会っていない」

過去にも騒動の勃発を止めてくれと何度か頼まれたが、海舟は関与しなかったと告白した。

「大久保の伝言を届ける人足として利用されるのは御免だといって断り、それでこの計画はつぶれてしまった」

海舟は、停戦の仲介に乗りださず、西南戦争は政府軍の勝利に終わった。

九月二十四日、西郷は股と腹に被弾し、そばにいた別府晋介に「晋どん、晋どん、もう、ここらでよか」と声をかける。拝礼後、別府が「ごめんなったもんし（お許しください）」と叫んで介錯したと伝わる。一世一代の大業、江戸開城を完遂した西郷は五十年の生涯を閉じた。「武」による政府転覆の可能性は潰え、旧士族の反抗エネルギーは「文」の民権拡張、国会開設へと注がれる。

松浦玲の大著『勝海舟』によれば、西南戦争の最中、海舟は不可解な金使いをしている。現代の「振り込め詐欺」に遭ったようなものなのだが……。あらましはこうだ。三月二十二日、「新納《にいろ》久利」という進退窮迫した鹿児島県人に十円を与える。明治十年当時の十円は現在の三十万円ぐらいか。三月二十九日、「新納」が大切迫なので金《きん》子《す》を渡す。金額は不明。四月一日、「永山」以下三名が窮乏し、ほとんど餓死しそうだというので二百円、現代なら六百万円をポンと出す。四月九日には「新納」に五十円。五月五日、「村田彦蜂」という老人に六十円、十一日にも村田に百円と続けて貸す。さらに六月八日に「島津久光の家令・在村」へ三百円を貸し遣る。在村には十九日にも百五十円。七月四日、「新納」へ十五円、「村田」に百五十円。十九日には「在村」に二百円を融通してやる。

ここまでで在村へ六百五十円、村田彦蜂には三百十円、永山以下三名に二百円、新納久利に七十五円以上を貸し与えている。総額千二百円超、いまなら四千万円ちかくの現金を短期間で薩摩系の困窮者に渡したことになる。

九月半ば、警視が来訪し、新納久利と名乗った男は海軍軍医の息子で、あなたは騙されたようだ、と教えられる。西南戦争が終わり、翌明治十一（一八七八）年三月、警視三課から海舟に執事を出頭させるよう令状が届いた。新納久利を介して西郷軍に資金を送ったのではないかと嫌疑をかけられた。

海舟は、詐欺男が島津家家老の新納駿河の末子と称して現れたので、薩摩の古老に身元を確認して金を渡したと答える。さらに警視三課は、在村、村田、永山以下三名との関係も疑った。海舟は、三人とも面識はなく、使者が手紙を持ってきたので要求額の半分か三分の一を与えたと弁明する。会ったこともない人間に手紙だけで大金を貸すのか、と突っ込まれたのだろう。前言を翻し、いやいや三人とも知っていたと海舟は申し開く。矛盾だらけの釈明なのだが、なぜか事件化されなかった。

海舟は首筋にひやりと刃が当たるのを感じただろう。

逆賊の西郷軍への支援は厳罰に処されるのだ。海舟が神戸海軍操練所で鍛えた旧紀州藩士、陸奥宗光は、坂本龍馬と海援隊で活躍し、維新後は政府で辣腕をふるっていたが、西南戦争中、挙兵をくわだてた土佐立志社と連絡を取り合った。その事実が発覚し、禁錮五年の刑を受けている。

陸奥は特赦で出獄後、欧州に留学し、列強の先進的な制度と冷徹な行動原理を吸収する。カミソリ陸奥は、政府に激情を吸い取られ、欧州という台座で新知識のヤスリをかけられて切れ味を増す。いつの時代も「転向組」は、失地回復を懸けて過剰に反り返って生き急ぐ。

海舟は、ほんとうに騙されたのか。西郷軍に金が渡るのを見とおしながら騙されたふりをしたのか。叛逆への加担が重罪だと知りながら……。海舟は、西南戦争が終わると、西郷の鎮魂と、かれが遺した息子の就職に尽力する。西郷の訃報に接した直後、『亡友帖』の制作を開始した。

亡友帖は、故人の遺墨に海舟の回想を添えたもので、佐久間象山、吉田松陰、島津斉彬、山内容堂、木戸孝允、小松帯刀、横井小楠、西郷隆盛、広沢真臣、八田知紀の十人を選んで編んでいる。西郷の死をもって、もう一度、胸に深く印象が刻まれた人たちを追慕した。

そして西郷の名誉回復をひそかに期し、明治十二年には南葛飾の木下川《きねがわ》の名刹、浄光寺に留魂碑を建てる。木下川には海舟が仲介して徳川家が買った広大な農地があった。最初は、そこの梅屋敷と呼ばれる邸宅内に碑を置こうとしたが、さすがに徳川の仇敵の碑ははばかられ、寺に建てた。後に洗足池のほとりに留魂碑は移される。

碑の表に西郷の、裏には海舟の漢詩が彫られている。海舟の詩は、読み下すと「慶応戊辰の春、君大兵を率いて東下す」で始まる。

……今君已《すで》に逝《ゆき》たり。たまたま往時書する所の詩を見る。気韻高爽《きいんこうそう》、筆墨淋漓《ひつぼくりんり》、恍として其の平生を視るが如し。欽慕の情、自ら止む能《あた》はず、石に刻して以て記念と為す。ああ君よく我を知れり、而《しこう》して君を知る亦《また》我に若《し》くは莫《な》し。地下もし知る有らば、それ将に掀髯《きんぜん》一笑せんか。

明治十二年六月　　友人勝安芳誌す

君は私をよく知っていた。また私よりも君を知っている者はいない。この思いは、生涯変わらなかった。四年後、黒田清隆が海舟に会いにきて、「西郷逝ってすでに七年。朝議は晴れませんが、このまま罪人扱いするのは忍びない。同志で内々に七回忌を営み、墓も建てたいのですが、いかがでしょう」と言うと、海舟は答えた。「墓か、墓ならおれがすでに建てているよ」。墓とは留魂碑をさす。黒田は驚き、七回忌は浄光寺で執り行われた。

西郷には、ふたりの息子がいた。鹿児島の正妻、糸子との間に生まれた寅太郎（一八六六年生）と、遠島された奄美大島で愛加那《あいがな》に生ませた菊次郎（一八六一年生）である。年長の菊次郎は八歳で鹿児島の西郷本家に引き取られ、アメリカ留学を経て十七歳で西南戦争に従軍した。被弾して膝下を切断し、叔父の西郷従道に投降する。従道の支援もあり、外務省への仕官が決まった。

不憫なのは嫡男、寅太郎だ。西南戦争が終わったのは十二歳のときだった。父は政府に叛逆した首魁とされ、家族と息をひそめて鹿児島で暮らしていた。海舟は、明治十七（一八八四）年四月、寅太郎を東京に呼び寄せ、宮内卿の伊藤博文、徳大寺実則《さねのり》侍従長に引き合せる。寅太郎にはドイツ留学と一カ年千二百円の費用を下賜する、と達示された。

十九歳の寅太郎は、前途がひらけ、躍り上がって喜ぶかと思いきや、返事をせず、「なにとぞ、亡父の罪科をお赦しいただきとうお願い申し上げます。この儀、天子様に直接、申し上げたく、お取り計らい賜わりますよう願い奉ります」と要求した。前代未聞の嘆願である。付添いの元薩摩藩士で宮内大輔の吉井友実は、海舟の差し金かと訝《いぶか》った。寅太郎が留学を断れば、大ごとになる。吉井は海舟に寅太郎の説得を依頼した。

西郷の遺児だけあって強情だった。氷川に来た寅太郎に海舟は言う。

「留学のお達し、ありがたくお受けしたらよかろう」

「いいえ、父の罪をお赦しいただかねばなりませぬ」。寅太郎は傲然と言い返す。

「そうかえ。ならば、親父のとおり、二、三千の兵をお集め。このたびは千人ぐらいだろうが、その千人ぐらいを殺すというのもまた可なりだ。どうだえ。そう思うなら、さようおし」

寅太郎は、意地を張って鹿児島へ帰った。多感なとしごろである。父の汚名をそそがねば身は立てられない。父を逆賊扱いする政府にしっぽを振ってたまるか、と西へ下る。

吉井が飛んできて、「大変です。困ります」と泣きごとを言う。海舟は「いやまあ、行くところまで行かしてみなさい」。頭を冷やす時間が必要だった。

半年ほど経って、寅太郎はふたたび上京し、氷川邸に姿を見せた。

海舟は、二時間ほど懇々と話をした。涙をこぼし、「親父の趣旨はそういうものではない」と語る声が部屋の外に漏れ聞こえる。寅太郎が言った。

「だんだん考えてみましたところ、父のしたようなことをするよりも、洋行を願って軍人になり、御奉公するほうが大きいということに気づきました。なにとぞ、このことをお願い申していただきたく存じます」。寅太郎は、父、大西郷の影をふり払った。

翌年一月、寅太郎は、在米日本公使館への赴任を命じられた菊次郎とともに日本を発つ。アメリカ経由でドイツに留学する。留学を終えて、寅太郎が帰国の報告にくると、海舟はわが子の帰朝よりも喜んだ。寅太郎が邸を去ってからも「短い袴をはいた乱暴者が、よくまぁあんなに立派になった」と目を細める。寅太郎は陸軍に入って大佐まで昇進した。

「脱亜入欧」と密通スキャンダル

海舟は、大鳥が翼をひろげて幼鳥を抱えるように親族や縁者を育んだ。頭に白髪が増えるにつれて子どもたちは成長し、それぞれ所帯を持った。長女の夢は、内田誠故に嫁し、次女孝子は疋田正善と結婚する。総領息子の小鹿は、西南戦争の年にアメリカのアナポリス兵学校を卒業し、イギリス、フランスを視察して帰国した。次男の四郎は夭折し、三男の梶梅太郎は妾腹の子である。勝家の期待は小鹿に集まる。だが、小鹿は健康に恵まれず、海軍に出仕してからも病気休職をくり返した。

海舟は「商法学校」に招聘されたアメリカ人教師、ウィリアム・C・ホイットニーとその家族も支えていた。ホイットニー一家を氷川の敷地内に住まわせ、折々に経済的にも支援した。娘のクララは、三女の逸子と同い年で自立心に富み、聡明だった。クララは滞日中の出来事を大小十七冊の日記に書き残す。「クララの日記」には勝家の人びとの飾らない姿が描写されている。明治十一年一月八日にクララは勝家に新年の挨拶に行った。

「まず勝氏のお宅に伺って、ご長男（小鹿）の住んでおられる邸の一角に案内された。蚊帳を吊った大きなベッドがでんとおさまっていた。夫人（たみ）とお逸（逸子）が、とてもきれいな絹の着物を着ておられた。小鹿さんも上機嫌だった。彼は背が低く、やせ型で、小さい眼がよく動く。そして舞踏病のように絶えず物を飲み込むような仕草をする。でも私が想像していたようなひどい人ではなかった」

ティーンエイジャーの率直な筆致に小鹿の腺病質な雰囲気がにじんでいる。

小鹿は、帰国早々、海軍大尉に任官したが、二日後には病気届を出した。恢復して兵学校へ出仕する。明治十三年六月に結婚したけれど、八月には体調を崩す。結婚四年で小鹿の看病をしていた妻が亡くなった。小鹿も重篤に陥り、「ふたり一緒に葬式をだすのか」と家族は心配した。

三女の逸子は、東京代言人組合（現東京弁護士会）会長の目賀田《めがた》種太郎に嫁いだ。目賀田は官僚を経験して法学者、貴族院議員、国際連盟大使と栄進し、男爵を授かる。

逸子との間には七人の子どもが生まれる。

ホイットニー一家は、経済的に逼迫し、一度アメリカに帰った。クララの兄ウィリスが医学を志してペンシルバニア大学を卒業すると、母アンナの強い希望で一家はふたたび大西洋まわりで日本を目ざす。途上のロンドンで、父ウィリアムは病没し、残された家族が東京に来た。ほどなく母も亡くなり、兄妹は途方にくれる。海舟たちの支援でウィリスはクリスチャン・ドクターとして歩みだし、氷川に四百坪の土地を購入して病院を建てた。

さて、クララである。彼女は四歳下で、弟のように可愛がっていた梅太郎と恋に落ちた。クララと梅太郎は木下川の梅屋敷で逢瀬を重ねる。明治十九（一八八六）年四月、海舟は、逸子の夫、目賀田からクララと梅太郎の話を聞いた。兄ウィリスはふたりの結婚を承認し、五月三日に祝言が挙げられる。海舟はクララに百円渡して木下川にしばらく滞在させ、月々十円の手当を出した。九月一日夕方、クララは男児、梅久（ウォルター）を出産する。海舟に青い目の孫が誕生したのである。

梅太郎は日本人には珍しく大柄で、クララとの間に六人の子どもをもうける。だが、おっとりした性格で生活力に欠けた。海舟は梅太郎を技術者にしようと考えるが、諦めた。後年、海舟が亡くなると、クララは子ども全員を連れてアメリカに帰ってゆく。

小鹿は、横須賀の造船会議員に就き、再婚をした。伊代子、千代の二女を授かるが、病気が再発して休職がつづく。三十代にして予備役に編入された。
晩年の海舟は家庭の切り盛りで気苦労が絶えなかった。

明治政府は、西郷や大久保、木戸の維新世代が退いた後、藩閥政治家が実権を握り、「脱亜入欧」を加速させる。内政では明治憲法に基づく欧米型政体の確立、外交は幕末以来の宿願である不平等条約の改正と、対朝鮮・清国出兵論が絡まり、日本は後発帝国主義国の性格を強めた。その中心にいたのが、長州閥の伊藤博文である。

初代内閣総理大臣に就いた伊藤は、憲法発布の準備に執心した。英語遣いの伊藤は、海外の情報を集め、井上馨外相とのコンビで条約改正にも手をだす。しかし、自由民権派や国粋主義的な対外硬派から改正の方向が外国に譲歩しすぎだと非難され、なかなか進まない。

朝鮮問題は、日本の軍艦が漢江河口の江華島を攻めた「江華島事件（一八七五年）」、福澤諭吉や井上が朝鮮王朝の独立党を支援して「甲申政変（一八八四年）」が起きて緊迫の度を増す。朝鮮の後ろ盾の清国との緊張が高まった。政変後、伊藤が李鴻章と事後処理の交渉をし、天津条約が締結されて両国は朝鮮半島から兵を引く。将来、出兵する場合は相互に照会が義務づけられた。火種は残った。

慎重な政権運営が求められるなか、伊藤は、明治二十（一八八七）年四月二十日に首相官邸で開いた「仮装舞踏会」をきっかけに醜聞にまみれる。社交界一の美人で英語やダンスも上手い戸田極子《きわこ》（華族戸田氏共夫人・岩倉具視三女）に肉体関係を迫り、密通をしていると新聞が書き立てた。背景には、欧化主義を曲解し、夜な夜なくり広げるパーティや、猿真似じみた舞踏会への庶民の怒りがある。民権派は醜聞で伊藤の追い落としを図った。

海舟は「二十一条の意見書」で高位高官の体たらくを厳しく批判する。

「一、邦家の政権近来にては旧薩長両藩人にあらざれば掌握しがたきがごとく、衆人相心得、他は絶念の恨に候……」と藩閥政治の弊害を突いた。

「一、近来、高官の方がさしたることもこれなきに、宴会夜会などにて大平無事、奢侈の風にお流れ候やにあい見え候。何とかご工風、穏便のご宴会にされたく候こと」

馬鹿騒ぎはやめろと釘をさした。伊藤は耳の痛いことを言う海舟に近づき、伯爵に引きあげる。世襲の爵位などいらない、このまま消えてなくなりたい、と海舟が拒むと天皇の思し召しだから、と受けさせた。

実業家の北岡文兵衛の証言（海舟座談）によると、海舟は世論の集中砲火を浴びる伊藤を海軍造船所がある横須賀の沖の夏島（現在は埋立て地）にこもらせたようだ。醜聞騒動の最中、北岡は日本銀行の総裁人事の相談で氷川に赴いた。海舟に伊藤と会って調整を奨めてほしいと頼むと、海舟は答える。

「おれは夏島にはゆけぬよ。いま、あそこに（伊藤を）置いてあるのだから、おれが行ったなどというと、大変になるから」

代わりに北岡が海舟の手紙を持って夏島に出かける。手紙を読んだ伊藤は「どうか先生にそう言ってください。このことは確かにまとめますから」と返答した。

夏島にこもった伊藤は子飼いの金子堅太郎や伊東巳代治《みよじ》と憲法草案を作成する。草案ができ、夏島を出てきた伊藤に海舟は忠告した。

「黒田（清隆）がよほど総理になりたがってるようだよ。薩摩は、嫉妬心が強くて、忍耐強いから、一度心をかけると、なかなかやめない。早く黒田におさせよ」

その裏で、伊藤の醜聞に逆上した黒田が「天子に上奏する」「総理は私がやります。伊藤だけのことはできます」と氷川に駆け込んできたときは逆に抑えている。

「それ御覧な。伊藤だけのことをするのにやっとじゃないか。だんだん人がなくなって、天子様はお寂しいのだから、そんなことはおよしよ。伊藤はこれだけ慎めばいいんだよ」

と言って、海舟は巻紙に何やらさらさらと書く。それをもらった黒田は「はは。まさにそうでした。確かに私が助けて守らせます」と機嫌を直して帰って行った。

海舟は、長州と薩摩に派閥争いではなく、一致協力させようと深慮した。

憲法草案をまとめた伊藤は、総理の椅子を黒田に譲り、創設したばかりの枢密院の議長に転じる。枢密院は天皇の諮問を受けて憲法草案を審議する機関として設けられた。伊藤は憲法制定の権限を握り続ける。

海舟は枢密顧問官に任命された。辞意を表明しても、認められず、自邸にこもる。

明治二十二（一八八九）年、明治憲法が発布され、大赦令で西郷の賊名がようやく取り除かれた。西郷死して十二年、名誉回復へ一歩進む。難題は条約改正である。黒田内閣では外相の大隈重信が改正に猛進する。立憲改進党の領袖でもある大隈は、条約改正を成功させて政権を奪おうとした。条約改正を国ごとの単独交渉方式に切り替える。最恵国約款の解釈も変え、一国に認めた特権が無条件で他国に及んでいたのを改めた。アメリカ、ドイツと条約改正に成功し、一定の成果が表れる。

ところが、改正の一環として外国人被告事件を裁く大審院に外国人裁判官を任用することが『ロンドン・タイムス』で報じられると、軟弱だと猛烈な反対運動がわき起こる。またも国論は賛成と反対の真っ二つに割れた。

明治二十二年十月、閣議を終えた大隈は、外務省の門前で民族主義団体「玄洋社」の来島恒喜に爆弾を投げられる。爆弾テロで大隈は片脚を失い、辞任。黒田内閣は倒れた。

代わって長州閥の山県有朋が首相の座につく。「日本軍閥の祖」の異名をとる山県は、第一回帝国議会の施政方針演説で「主導戦（国境）」だけでなく、「利益線（朝鮮半島)」の確保のために軍事予算を拡大すべしと語った。朝鮮侵攻を意識した演説である。

海舟は、警戒感を強めた。このころから、「西郷隆盛は征韓論に非ず」と海舟は主張し始める。気心の知れた巌本善治にこう語った。

「なにが征韓論だ。いつまで馬鹿をみてるのだ。あのとき、おれは海軍にいたよ。もし西郷が戦うつもりなら、なんとか話があろうじゃないか。ひと言も打合わせはない。あとで、おれが西郷に聞いてやった。おまえさんどうするつもりだ、と言ったら、西郷め、あなたにはわかってましょう、と言って、アハアハ笑っていたよ。それに、なんだい、いま時分まで、西郷の遺志をつぐなどと馬鹿なことを言ってる奴があるかえ。朝鮮を征伐して、西郷の志を継ぐなどということが、どこにあるえ」

「西郷に聞いてやった」は作話だろう。廟堂が大分裂した時期に海舟は「横須賀に逃げていた」と言っている。法螺をふいてでも「非戦」を掲げようとした。

海舟は、脱亜論を説く福澤諭吉のグループの会食へ招かれて、こんな悪態をつく。

「おれに、軍艦三艘貸さないか。大変儲けてくる」

先生何をなされますと問われると、

「日本が貧乏になったから、支那に強盗に行こうと思う。向こうから、やかましく言ってきたら、あんな気狂いにはかまうなといってやれば、よい。ねい、福澤さん。儲けたら、ちっとあげます」

まわりは水を打ったように静まり返った。甲申政変の騒乱で日本人が殺されると、福澤が主戦論を主張したのは誰もが知っている。福澤は、海舟に借金を申し込み、政府から払い下げられた一万四千坪の三田の土地を手放して足りなかったら相談にのると言われ、諦めていた。「ねい、福澤さん。儲けたら、ちっとあげます」は辛辣な当てこすりだ。咸臨丸に同乗して以来、海舟と福澤はどうも波長が合わなかった。

その福澤が「瘠《やせ》我慢の説」と題した書簡を送りつけたのは明治二十五（一八九二）年一月末のことだった。福澤は、榎本武揚にも、この文章を送付している。

行蔵我に存す、毀誉は他人の主張、我に与からず……

小鹿の容態が悪化していた。小鹿は、十年間のアメリカ留学で研鑽を積み、海軍中枢での活躍を期待されながら、病気欠勤が続き、予備役に編入された。幼い娘がふたり、四十一歳の働き盛りで、死の足音が近づいていた。そこに「瘠我慢の説」が届いたのである。

海舟は、返事を書くどころではなかった。七十のおれより早く逝っちゃいけねぇ、逆縁になっちまうよ、と寝台に横たわる小鹿を見守る。氷川の邸を沈鬱な空気が覆っている。

二月五日、福澤は返事のない海舟に「瘠我慢の説」はいずれ世に公表したいので、事実の間違いや立論の不当なところはご意見を承っておきたい、と催促の手紙を寄越した。草稿は極秘とし、二、三の親友以外には見せていないとことわっている。

うっとうしさを覚えつつも海舟は「瘠我慢の説」に目を通す。

いきなり、「立国は私なり、公に非ざるなり」で始まり、こうつづく。

「地球面の人類、その数億のみならず、山海天然の境界に隔てられて、各処に群を成し各処に相分るるは止むを得ずといえども、各処におのおの衣食の富源あれば、これによりて生活を遂ぐべし」と説き起こし、「忠君愛国」も私情にすぎないが、現時点では「瘠我慢」として必要だと論を立てる。そして、海舟の江戸開城は痩せ我慢の精神を踏みにじった大罪だ、と非難した。無血開城が人びとの生命財産を救い、維新に貢献したことは認めるにしても、「古来日本国上流社会にもっとも重んずるところの一大主義」の瘠せ我慢を台なしにしたと筆誅をくわえる。

「……勝氏は予め必敗を期し、その未だ実際に敗れざるに先んじて自から自家の大権を投棄し、ひたすら平和を買わんとて勉めたる者なれば、兵乱のために人を殺し財を散ずるの禍をば軽くしたりといえども、立国の要素たる瘠我慢の士風を傷うたるの責は免かるべからず。殺人散財は一時の禍にして、士風の維持は万世の要なり」

では、あの幕末の動乱期、福澤本人は何をしていたのだろうか。福澤は、外国奉行の配下でさまざまな書物の翻訳に精力を傾けていた。慶応二（一八六六）年に「長州再征に関する建白書」を慶喜に提出している。建白書には、
「外国の兵御頼みにあい成り、防長二州を御取消しあい成り候よう仕りたし」
と、記されていた。外国に加勢を頼み、長州を潰せと激論を吐いている。これはフランスに軍事顧問団の派遣を依頼し、巨額の借款も視野にいれていた小栗忠順ら幕臣主流の意見にちかい。小栗は、戊辰戦争で強硬に抗戦論を主張して罷免される。所領地で隠棲していたところを官軍に捕縛され、処刑されている。福澤は、その後……、生き残った。

榎本は旧幕臣でありながら、痩せ我慢をせず、明治政府で顕官（逓信大臣、外務大臣）に就いたと福澤に批判される。榎本は「昨今別而多《さつこんべつしてた》忙《ぼう》に付《つき》いずれ其中愚見可申述《そのうちぐけんもうしのぶべく》候《そうろう》」と答書を送って逃げた。

海舟が、返書の筆をとる。
「従古《いにしえより》　当路者《とうろしや》古今一世之人物にあらざれば、衆賢之《しゆうけんの》批評当る者あらず。不計《はからず》も拙老《せつろう》先年之《せんねんの》行為《こういに》於て御議論数百言《ごぎろんすうひやくげん》　御指摘《ごしてき》、実に慙愧不堪《ざんきにたえず》、御深志忝存候《かたじけなくぞんじそうろう》」

衆賢で名高い福澤先生に維新の私の行為についてご批評いただき、深く恥じ入るばかり、ご指摘に感謝します、と若干の皮肉をこめて受けとめる。その次の一文で海舟の魂がすっくと立ち上がる。

「行蔵《こうぞうは》我に存す、毀誉《きよは》他人の主張、我に与《あず》からず我に関せずと存候《ぞんじそうろう》」

出処進退は私のなかにあり、他人に承認を求めるようなものではない。褒めたり、貶《けな》したりは他人の言うことで、私はあずかり知らず、関係ない、と大見得を切ったのである。この文章を誰に見せようが、まったく異存はない、どうぞご勝手にと突き放した。

歴史を生きた海舟に歴史を解釈したい福澤の批判は届かなかった。巌本に「維新のとき、福澤から何か書いたものを出しましたか」と聞かれて、海舟は答える。

「イエ、ありません。あの時は、何でも、（福澤は）本所あたりにかくれておったそうナ。弱い男だからネ。それで、あとから、何とかかとか言うのサ」

海舟は自分が生きた歴史に言いわけをしなかった。激動の時世に、さまざまな相手と談判を積み重ねて歴史を動かした。西郷を筆頭に当事者はほとんど鬼籍に入った。残された海舟は、もはや眼前の誰かではなく、後世を憂えて揺れ動く歴史そのものと交渉をしている。

福澤に返事を出した翌日の二月七日、闘病の末に小鹿が息をひき取った。海舟は、大切な相談ができる宮島誠一郎を呼び、小鹿の棺の横で重大な決心を伝える。

「勝家というものは、もとは煙のごとく消してしまいたいと思っていたものだが、すでに爵位も頂戴した以上は、わしの死後はこれを徳川氏に奉還したい。そして、慶喜公の末子をもらいたい。どうか頼む」

慶喜は、三十二歳で駿府の寺に移ってから四半世紀、静岡で政治とは一切かかわらず、暮らしていた。東京が恋しくても、担がれて徒党を組まれるから自重を、と海舟に止められている。将軍時代は何度も海舟に煮え湯を飲ませた。複雑な思いが慶喜の胸に交錯する。

静岡の慶喜のもとに勝家より使者がきた。

「慶喜公の御十男、精《くわし》どのを養嗣子にお迎えしたい、と勝は希《ねが》っております。どうかご了承賜わりたく、まかりこしました」と使者が頭を下げた。

「ほんとうか。そこまでわれのことを思ってくれるのか」

みるみる慶喜の目に涙がたまり、頬を伝った。

「勝は、われを怨みでもしているかと思ったら、それまでしんせつに思っていてくれるのか」

海舟と慶喜の入り組み、ねじれた関係に光がさした。幼い精は勝家に迎えられ、成長して小鹿の長女、伊代子と結婚をする。

海舟が談判を挑む歴史は思うようには進まなかった。

第二次伊藤内閣は、陸奥宗光外相を前面に立て、イギリスとの条約改正に臨んだ。

治外法権の撤廃などの交渉がロンドンで行われたが、国内の対外硬派は「外国人の内地雑居」は認めないと猛反発し、政争が激化した。

伊藤は、第五議会、第六議会と続けて解散し、条約改正に執着する一方で、明治二十七（一八九四年）年六月、朝鮮への軍事介入に踏みきった。朝鮮国内で起きた甲午農民戦争（東学党の乱）をきっかけに兵を出す。内憂を封じるために政府批判の鬱勃たる激情を「外」に向けさせた。

七月十六日、ロンドンで「日英通商航海条約」の調印が行われた。条約の改正が成り、イギリスは日本に近づく。その余勢をかって、八月一日、日本政府は「朝鮮をして独立国たらしめん」と清国に宣戦布告を行った。ここに日清戦争の戦端が開かれたのである。

開戦前、氷川に「決死の徒六人」が押しかけた。かれらは「仲間が六十人いる。もし戦わなければ大臣を刺し殺す」と海舟に迫った。「おれに任せろ」と海舟はいろいろ周旋したけれど、とても止められない。海舟は、日清戦争に反対の意思を表明した。開戦の直後、この戦争には道義上の「名分」がないと漢詩を詠む。

　隣国と兵を交えるの日
その軍さらに名無し

　憐れむべし鶏林（朝鮮）の肉
　割きて以て魯英（ロシア・イギリス）に与う

知人に「すでに宣戦の勅語も出ていますから（逆賊といわれぬよう）気をつけて」と忠告されるほど海舟の憤りは激しかった。出征する山県には「快く一戦をして、いい加減にして、引きあげてきなさい。決して長く戦ってはいけません」と助言を与えた。

　神戸海軍操練所で航海術を学んだ伊東祐亨が連合艦隊を率い、丁汝昌《ていじょしょう》が指揮する北洋艦隊と激突した。連合艦隊は黄海海戦を征し、北洋艦隊は本拠を威海衛に移す。明治二十八（一八九五）年一月、日本軍は海と陸から北洋艦隊を包囲した。伊東は丁汝昌に降伏をすすめるが、拒否される。威海衛に砲火が浴びせられ、敗戦を覚悟した丁汝昌は、兵員の助命を条件に降伏勧告に応じ、自身は艦内で服毒自殺を遂げた。

　丁の訃報に接した海舟は、漢詩を捧げる。かつて北洋艦隊は二度来日し、そのたびに丁は氷川の邸を訪ねてきた。海舟が日清戦争に反対したのは、清に知己を多く持っていたからでもあろう。李鴻章とも海舟は知り合いで、維新前には李の動向を探る男を清に送り込んだ逸話が残っている。李は、その男を海舟の密偵と知ったうえで他の食客とともに邸に住まわせ、維新後三、四年経って日本に還してきたという。

日清戦争は日本が優勢に展開し、講和全権の李鴻章が下関に来た。伊藤と李の談判で朝鮮の独立承認、遼東半島、台湾・澎湖列島の日本への割譲、賠償金二億両の支払いが決まる。

海舟は意見書に記した。

「還付された土地を活用し、償金を使って一大鉄道を築造せよ。満州北方からの貨物を旅順その他の良港に運び、それにより東洋の隆盛を謀れ」

戦後は列強が介入してくるから、日清両国がスクラムを組んで鉄道を敷き、これに備えよと力説する。案の定、ロシアはドイツ、フランスと組んで「三国干渉」を行い、日本は遼東半島を放棄させられる。その後も海舟は無理に清から賠償金を取ろうとするな、未払いの賠償金で大陸に鉄道を敷け、と言い続ける。

だが、世論は「臥薪嘗胆」を合言葉にロシアとの戦の準備に傾き、軍備が拡張されていく。総理大臣がころころ替わり、政党間の反目も強まった。海舟は、時代が大混乱の「幕末」に似てきた、長州と薩摩の「閥末」だと憂えた。

一つ、大本を守って、それから、変化していくのだ

明治三十一（一八九八）年十二月十八日、上野の山は深々と冷え込んでいた。海舟は寒くてたまらず、小間使い部屋に入って暖をとった。

「演説とか何とか言うから、怒りにきたのサ」ととぼけて小間使いと談笑をする。
午前十時、西郷隆盛像の除幕式が始まった。除幕委員会委員長川村純義が挨拶をし、山県有朋首相の祝辞が紹介される。本来なら、ここで海舟が演説ではなく自作の和歌を披露するところだが、小間使い部屋にいる。川村が代読した。

せめつづみ　御旗《みはた》なびかし　たけびしも　昔の夢の　あとふりにける
咲く花の　雪の上野に　ももつたふ　いさをのかたみ　たちし今日かな

どちらも西郷の偉勲が偲ばれ、聞くほうの背筋が伸びる。ふつうならそれでシャンシャンと収めるだろうが、海舟は洒落をこめてもう一首つくった。

君まさば　語らんことの沢なるを　南無阿弥陀仏　我も老いたり

川村は、演説で、あの世とこの世でところを異にするけれど本日は西郷、勝の両雄が一場に介したと式典の意義を強調した。海舟は実感を歌に託している。君と会えば語ることは山のようにあるだろう。南無阿弥陀仏、おれも齢をとったよ、と。
西郷の銅像は、身長三百七十センチ、胸囲二百五十六センチ、足は五十五センチの堂々たるものだ。傍らに薩摩犬のツンを従えている。西郷像は高村光雲の作である。幕がとられ、銅像が現れると、臨席した西郷夫人の糸子は「宿んしはこげんなお人じゃなかったこてぇ（うちの主人はこんな人ではなかったですよ）」と言いだし、まわりが慌てて止めた。生前の西郷は人前に浴衣姿で出るような無礼な人間ではなかった、と糸子は悔しがった。

海舟は、もっと直截に、

「どうも出来がよくない。下手のようだナ」

と、評した。日本を代表する彫刻家、光雲もかたなしである。それぞれの心に刻まれた西郷隆盛の印象は強烈で、モデル化するのは難しかったのかもしれない。

齢を重ねると、寒さは身にこたえる。年を越し、七十七歳の新年を迎えた海舟は、六畳間の布団に臥せった。明治三十二年一月二日、来訪した巌本を相手に久しぶりに長広舌をふるった。そろそろ語り納めと覚ったものか。足尾銅山の鉱毒事件に話題は及ぶ。銅山を経営する古河財閥には、日清戦争後に肺結核で死んだ陸奥宗光の次男が養子で入っており、田中正造の告発にもかかわらず、責任の追及が緩《ゆる》そうだった。海舟は記憶をたどる。

「鉱毒のことは、とうに調べていたよ。わざわざ日光へも行って見たのサ。あっちの方へは行かんがネ。歌が詠んであるよ。

かき濁しかき濁しなば真清水の　末くむ人のいかにうからむ

エ、明治二十七年サ。古河が会いたいと言ってきたのだったが、会わなかったが、よかったよ。ナニあれもわかる男だろうから、話し合いをつければ、それでいいのだがネ。古河は、どこの男だエ。フー、流れものだネ。陸奥が悪いのサ。息子が、古河にやってあったっけノ……」

「時勢の変わりというのは妙なもので、人物の値打ちが、ガラリと違ってくるよ。どうも、そのことがわからなかったがネ。いまから三十二年前に、初めてわかったよ。わしが抜擢されて、そのころの上の者と初めて一つ会議などに出たところが、カラキシ、一つも知らない。それはそれはひどいものだ。どうしてこれでことが出来たものかと思って、不思議なほどであったが、そのとき、初めて、勢の転ずるぐあいがわかった。

ひとつ、大本を守って、しッかりしたところがありさえすれば、騒ぎのあるのは、かえって善いのだと言うけれども、どうもわからないネ。一つ、大本を守って、それから、変化していくのだ。その変化ができにくいものとみえる」

一月十四日、巖本が氷川を訪ねる。海舟は体調が悪そうだった。まだいけませんか、と問うと「どうも痛くってネ、通じがとまったら、またいけなくなりましたよ」と海舟は答える。早々に辞去しようとすると、「お帰りですか。はなはだ失敬しました。

房や、房や」と侍女を呼んだ。客と対座する海舟は、おおむね言葉づかいは丁寧だった。この日はとくに重々しかったと巌本は『海舟語録』に記している。

十九日、風呂から上がった海舟は、身のまわりの世話をする糸に「大久保の帰るのは（一翁の息子の帰朝）昨日だか、今日だっけ」と聞いて手洗いに入った。出てきても広間のほうにはいかず、六畳間で倒れた。糸が「どうなさいましたか」と驚いて声をかける。

「死ぬかもしれないよ。生姜湯を持ってきておくれ」

湯を沸かしている暇はない。糸が生姜湯の代わりにブランデーを持っていくと「脂汗が出る」とうめく。風呂の湯は落としていたので別棟で湯をもらい、身体を一度拭く。糸は正妻のたみに海舟が倒れたと伝えにいく。戻ったときには何も喋らず、静かに眠っていた。

海舟の死が公式に発表されたのは二十一日、死因は心臓麻痺とされた。

福澤諭吉が「瘠我慢の説」を「時事新報」に発表したのは、海舟が亡くなって二年が過ぎた明治三十四（一九〇一）年一月一日だった。満州の沃野にロシアという大蛇がとぐろを巻き、朝鮮半島を呑み込もうと狙っていた。帝政ロシアの強圧を、瘠せ我慢をして撥ね返せとメッセージが送られた。そのひと月後、福澤は脳出血で倒れ、帰らぬ人となる。

海舟の「非戦」か、福澤の「瘠我慢」か……時代はいつも揺れ動いている。

勝海舟略年譜

一八二三（文政六）年　一月三十日　江戸本所亀沢町に、旗本小普請組（四十一俵）勝小吉・信《のぶ》の長男として生まれる（一歳）。幼少期より剣術、漢籍の指導を受ける。

一八三八（天保九）年　七月二十七日　家督を相続する。

一八四二（天保十三）年　七月　幕府が異国船への「薪水供与令」公布。オランダ語の勉強を開始。

一八四五（弘化二）年　九月　質屋の砥目屋の娘たみを、幕臣岡野孫一郎の養女にした後、娶る。永井青崖に蘭学を学ぶ。翌年、赤坂田町に引っ越す。長女夢誕生。

一八五〇（嘉永三）年　蘭学塾を自宅で開く。九月　父小吉死去。秋、高野長英ひそかに来訪、のち捕縛されて死亡。

一八五二（嘉永五）年　長男小鹿誕生。十二月　妹の順が佐久間象山に嫁ぐ。「海舟書屋」の額を象山から贈られる。

一八五三（嘉永六）年　六月　ペリーが浦賀に来航。七月　海防に関する献言を二通提出し、幕閣に注目される。

一八五四（嘉永七・安政元）年　一月　ペリー再渡来。三月　日米和親条約締結。吉田松陰が密航に失敗。九月　佐久間象山、吉田松陰に密航をそそのかした咎で信州松代に謹慎処分。

一八五五（安政二）年　一月　異国応接掛手附蘭書翻訳の勤務を命じられる。七月　艦長候補として長崎海軍伝習を命じられる。小十人組（百俵）に入り、秋、長崎着。蘭人教師団と伝習生のパイプ役をはたす。愛妾お久こと梶玖磨と出会う。

一八五七（安政四）年　**三月**　初代伝習所総督の永井尚志、艦長・矢田堀景蔵らは船で江戸に帰るも勝は長崎残留。**八月**　ヤパン号（咸臨丸）長崎到着。練習艦となる。翌年、咸臨丸で薩摩へ航海し、藩主島津斉彬と会う。

一八五九（安政六）年　**一月**　朝陽丸艦長として長崎を発ち、江戸に帰る。軍艦操練所教授方頭取を命じられる。赤坂元氷川の氷川神社下に転居。**八月**　「安政の大獄」始まる。

一八六〇（安政七・万延元）年　**一月**　品川を出帆し、嵐の太平洋を横断してサンフランシスコへ。**三月**　大老井伊直弼、暗殺。**五月**　咸臨丸、浦賀に帰港。勝は海軍を追われ、蕃書調所頭取助を命じられる（四百石）。翌年、講武所砲術指南役に転じる。

一八六二（文久二）年　**一月**　坂下門外の変。**二月**　公武合体で和宮降嫁。「将軍海路上洛」の意見書を出す。大獄で排斥された開明派幕臣が復帰。**七月**　軍艦操練所頭取を命じられ、海軍に戻る。同月　一橋慶喜、将軍後見職に就任。**八月**　生麦事件。**十一月**　越前福井藩邸に横井小楠を訪ねる。**十二月**　老中を順動丸で大坂へ。坂本龍馬ら来訪し、門弟となる。

一八六三（文久三）年　幕閣と生麦事件処理を評議。必敗を覚悟してイギリスと大坂で戦え、と主張。**四月**　将軍家茂を順動丸で摂海（大阪湾）を案内し、神戸海軍操練所設立の裁可を得る。**五月**　長州藩、関門海峡で異国船を攘夷砲撃。**六月**　勝は将軍家茂を順動丸に乗せ、品川へ帰港。**七月**　鹿児島湾で薩英戦争。京都で「八月十八日の政変」が起き、長州勢都落ち。

一八六四（文久四・元治元）年　**一月**　将軍家茂を海路、大坂へ運ぶ。**二月**　英仏米蘭の下関砲撃阻止の命を受けて、長崎へ。

三月　長崎でオランダ総領事と会見。砲撃二カ月延期を引きだす。五月　軍艦奉行（二千石）に就任し、安房守と称する。神戸海軍操練所が開設される（翌年廃止）。六月　池田屋事件。七月　佐久間象山、暗殺。「禁門の変」で尊攘激派は壊滅状態に。八月　四国艦隊、長州を攻撃。九月　西郷隆盛、大坂の勝を訪ね、目を開かれる。十月　勝に帰府命令が下り、翌月、免職。ふたたび海軍を追放される。

一八六六（慶応二）年　一月　薩長盟約が成立。五月　軍艦奉行に再任され、海軍に復帰。六月　大坂に出張する。八月　慶喜から長州との停戦密使の命を受ける。九月　長州藩士と休戦の約束をするも、慶喜に裏切られる。幕府はフランスとの連携強化、長州打倒に動く。

一八六七（慶応三）年　十月　将軍慶喜、大政奉還。十一月　坂本龍馬暗殺。十二月　王政復古のクーデター。十二月　薩摩藩による江戸攪乱。幕命で庄内藩が薩摩藩邸焼き討ち。勝は出兵反対論を容れられず、元氷川の邸にこもる。

一八六八（慶応四・明治元）年　一月　鳥羽・伏見の戦いで幕府敗退。戊辰戦争が始まる。慶喜、大坂城を脱出し、開陽丸で江戸へ逃げ帰る。勝、陸軍総裁に就く。新政府、官軍との交渉を委ねられる。三月　官軍参謀の西郷宛の手紙を山岡鉄舟に託す。山岡、駿府で西郷と会見し、降伏条件を引きだす。西郷と勝の交渉談判が二度、薩摩藩邸で行われ、江戸総攻撃は中止。四月　江戸開城。五月　東北諸藩は奥羽越列藩同盟を結び、新政府軍に抵抗。徳川藩は駿府七十万石に減封される。八月　榎本武揚、「大去」を勝に通告し、軍艦八隻を率いて品川沖から脱走。のち五稜郭を占領し、新政府軍と交戦後、翌年五月降伏。獄につながれる。**九月** 勝は家族を駿府に送り、翌月、自らも旧幕臣らと移り住む。

一八六九（明治二）年 **一月** 横井小楠、暗殺。勝は旧幕臣の救済、徳川家の戦後処理、慶喜の名誉回復、困窮者の援助を開始する。

一八七〇（明治三）年 明治政府から兵部大丞を命じられるが、辞意を貫徹。自らの政府出仕は拒む一方で、旧幕臣の仕官を積極的に斡旋。人事の調整、救済などに奔走。

一八七一（明治四）年 **七月** 廃藩置県。徳川の静岡藩も消滅する。**十一月** 岩倉使節団が米欧に派遣され、大保利通、伊藤博文ら実力者も同行。留守政府を西郷らが預かる。

一八七二（明治五）年 **一月** 榎本武揚、出獄し、任官。**五月** 勝は海軍大輔に任命。辞意表明認められず、出勤。赤坂氷川の高台に広大な邸を構える。士族の新政府への反発高まる。

一八七三（明治六）年 **三月** 勝は西郷を東京に呼び戻すため鹿児島に出張。島津久光に上京を促し、西郷も東京へ。**八月** 閣議で西郷の朝鮮派遣が決まる。**十月** 岩倉具視の上奏で閣議決定が覆され、西郷辞表を出して鹿児島へ戻る。板垣退助らも辞表提出、下野。勝は参議兼海軍卿に任命され、辞表提出。認められず、職位につく。

一八七四（明治七）年 **二月** 大久保、台湾出兵決断。西郷従道（隆盛弟）が台征軍を指揮。

一八七五（明治八）年 **四月** 勝は元老院議官に任命されるもただちに辞表。**十一月**に辞職が認められ、官職を去る。

一八七七（明治十）年 **一月** 西南戦争、勃発。のち西郷隆盛、鹿児島城山で自害。西郷の死を悼み、勝は『亡友帖』の制作にとりかかる。西郷の名誉回復を自らの使命とする。

一八七九（明治十二）年　葛飾の木下川に留魂碑（西郷隆盛記念碑）を建立。

一八八〇（明治十三）年　長男の小鹿結婚するも、健康に恵まれず。

一八八四（明治十七）年　西郷隆盛の遺児、寅太郎の処遇問題で骨を折り、ドイツ留学、海軍仕官の道をひらく。

一八八七（明治二十）年　四月　伊藤博文首相の「仮装舞踏会」醜聞が発覚。二十一条の意見書を伊藤に突きつける。**五月**　世襲の伯爵を授けられる。

一八八八（明治二十一）年　四月　枢密顧問官に親任される。

一八九二（明治二十五）年　一月　福澤諭吉が勝と榎本に「瘠我慢の説」の書簡を送りつける。二月五日に福澤から返事を促され、六日「行蔵は我に存す……」と書き送る。翌日、長男の小鹿、病没。慶喜の十男、精の養子縁組を申し込む。

一八九四（明治二十七）年　七月　朝鮮出兵反対の意見書を起草。**八月**　日本、清国に宣戦布告。漢詩「隣国兵を交えるの日　その軍さらに名なし」をつくり、日清戦争に反対。翌年、講和にかかわる意見書「愚存」を伊藤首相に届ける。自害した北洋艦隊司令官・丁汝昌の追悼詩を新聞に発表する。

一八九五（明治二十八）年　四月　日清講和条約調印。露独仏の「三国干渉」で遼東半島の返還を求められる。政府応諾。**五月**　勝は清国の賠償金で大陸に鉄道を建設せよ、と意見書を提出。

一八九七（明治三十）年　三月　足尾鉱毒被害地の農民が上京。新聞に「氷川伯の鉱毒談」を載せて政府対応を批判。

一八九八（明治三十一）年　三月　徳川慶

喜が来訪し、勝に名誉回復の礼を述べる。「楽天理」と布に書いてほしいと頼まれ、筆をとる。十二月　上野で西郷隆盛像の除幕式。

一八九九（明治三十二）年　一月　体調悪化も、新聞記者や対話者に長い談話を残す。十九日、勝海舟、逝去。享年七十七。葬儀が二十五日に執り行われる。

一九〇一（明治三十四）年　一月　福澤諭吉「瘠我慢の説」を新聞に掲載。

勝家系譜

- 勝小吉 ― 信《のぶ》
  - 海舟（麟太郎） ― たみ（旧姓砥目）
    - 夢《ゆめ》（長女） ― 内田誠故
    - 孝子《こうこ》（次女） ― 疋田正善
    - 桜井栄子（死別） ― 小鹿（長男） ― 斎藤球子
      - 伊予子（長女） ― 精（徳川慶喜の十男）
      - 千代（次女）
    - 四郎（次男・夭逝）
  - はな
  - 順（瑞枝） ― 佐久間象山

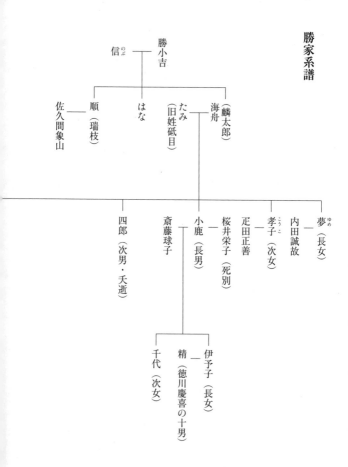

- 逸子（三女・増田糸の娘、長崎生まれの説あり）
  - ― 目賀田種太郎
- クララ・ホイットニー
  - 梅久（長男・ウォルター）
- 梅太郎（三男・生母はお久こと梶玖磨）
  - ― 田崎この
- 七郎義徴（四男・生母は小西兼）
- 八重（四女・生母は増田糸）
- たへ（五女・生母は香川とよ）
  - ― 三郎

あとがき

過日、洗足池のほとりの勝海舟と妻たみの墓に参り、傍らの西郷隆盛留魂碑を眺めた。妻妾同居の生活に堪えたたみは、海舟と同じ墓に入るのを嫌がったというが、いまは仲良く並んで眠っている。西郷の留魂碑は一九一三（大正二）年に南葛飾の木下川からここに移されたそうだ。どちらも手入れが行き届いており、時代を超えた信望の厚さを感じずにはいられなかった。

いつの世も、多極的な力関係で動いている。繁栄の陰に衰退があり、上昇と転落が交錯する。勢力の伸張に矛盾や対立はつきもので、人びとは競争の裏で調和を渇望し、さまざまな「談判」が行われる。国と国の外交はその典型だろう。

勝海舟と親しく対話した巌本善治は、海舟に感服した理由は「神《しん》に視て、いまだ形跡あらざるに治医するの識と徳とに存す」と『海舟餘波』の序に記した。世のなかに政治的な病の症状が現れる前にそれを察し、治す知識と技量を持っていたと海舟を讃える。

ならば、海舟の「神に視」る能力とはどのようなものか。文芸評論家の江藤淳は、『勝海舟』（日本の名著32）で「他者を対立者として把える能力」と分析した。状況をコンフリクト（葛藤）の集積として把握し、その構造に作用する「もろもろの力相互の関係を洞察し、その一々に対して迅速かつ的確に対応することのできる能力」と評している。

ともすれば、われわれ日本人は、他者を自己の延長の「身内」かどうかで区別したがる。他者と自己の境界が曖昧なのだが、勝の感覚はまったく異なる。『海舟座談』に語る。

「ナニ、誰を味方にしようなどというから、間違うのだ。みンな、敵がいい。敵がないと、事が出来ぬ。国家というものは、みンながワイワイ反対して、それでいいのだ。おれなどは、その見幕だった。アー、溝口（伊勢守勝如）が知ってらあ。『みンな、敵になったから、これなら出来ます』と言った。あまり大言だというたが、そうじゃあないか。慶喜殿も覚えておられるだろう」

これは、みんな敵で束になってかかってこい、と放言しているのではない。他者は敵であり、都合のいいように自己を拡張したものとは違うと認識することで、アプローチする筋道が立ち、「これなら（調整や交渉が）出来ます」と言っているのだ。海舟は若いころの身の毛もよだつ深夜の剣術修行や禅をとおして、他者を「敵」ととらえることを感得した。だが、その剣を抜かなかった。そこに重要な意味がある。

海舟にとって敵は打ち殺す相手ではなく、その対立を止揚して近代統一国家をつくるために不可欠な存在だったのだ。だから崩れゆく幕府にありながら、開国の道理に目覚め、薩摩や土佐、長州の尊王攘夷の志士と交流した。刺客に幾度となく、命を狙われても、

「常に丸腰でもって刺客に応対した。ある時長刀を二本さしてきた奴があるので、おれは『おまえの刀は抜くと天井につかえるぞ』といってやったら、その奴はすぐに帰ってしまったことがあった。またある時はすでに刀を抜きかけた奴もあったが、そんな時にはおれは、『斬るなら美事に斬れ、勝はおとなしくしていてやる』というと、大抵な奴は向こうから止めてしまう」という覚悟に結びつく。孫子の兵法「戦わずして人の兵を屈するは、善の善なる者なり」を実践したともいえようか。

この神に視る眼力と実行力を買われ、幕府海軍のプロデュースや討幕をくわだてる雄藩との交渉を任される。

しかし、海舟の視えすぎる目にまわりはついてこられない。齟齬が生じ、梯子《はしご》を外された。海舟のすごいところは、何度壁にぶつかっても大局観、いまふうにいえばビジョンを捨てなかったことだろう。少なくとも三度、海舟は幕府海軍の本流から追放されている。咸臨丸で難行苦行のアメリカ渡航を終えたあと、「禁門の変」と英仏米

蘭の四国連合艦隊の下関砲撃で長州藩が敗れて幕閣が増長したとき、そして王政復古のクーデター後に幕府抗戦派が唱える出兵に反対した局面の三回である。

いずれも左遷されたり、引きこもったりしたが、そのつど呼び戻され、難しい交渉を託された。凡人なら功を焦って策を弄するところだが、手練手管に走らなかった。大局観に立っていたからだろう。海軍時代に何度も海舟と衝突した木村喜毅は、「旧幕府史談会」で、先生（海舟）は古今の英傑が使った策略や小刀細工とは無縁だったと述べている。

「（英傑は）極めて秘密に策を運《めぐ》らし、あるいは利をもって誘いなど致しまして、反対の人を己れの味方に引き入るると申すような、小刀細工をすることがございます。この小刀細工、すなわち策略は、一時図に当りまして、その希望を達することもございますが、また後で必ず人から怨《うらみ》を受くるものでございます。ところが、先生は、小刀細工が大嫌いで、一生そんな策略などということをしたことがない。これは、もっとも人の及ばぬところで、それでこそ、幕末から維新にかけ、千辛万苦して、危難の場を凌ぎ通して、生命を全うして、終に大功をたてられた……」

生まじめな木村の証言だけに傾聴に値する。では、海舟がよって立つ大局観の核心とは何だったのか。海舟の言動の衣を剝いでいくと、最後に残るのが「欧米列強への対応」と「庶民のしあわせ」である。官軍を率いて東下してきた西郷隆盛との談判で、幕軍と内戦を起こせば欧米列強が混乱に乗じて勢力を拡大する、江戸を火の海にして「数万の生霊」を塗炭の苦しみに叩き込む愚かさを知れ、「私憤」で戦をしてよいのか、と論駁した。

西郷との江戸開城に向けた交渉の舞台裏で、海舟は火消組の頭や博徒、親分連中を組織し、「江戸焦土作戦」を立てた。もしも談判が決裂して新政府軍が江戸に進軍してきたら、市中に火を放って食いとめる。その間に庶民を船で逃がす算段をひそかにつけていた。

海舟は下々の情に通じ、気軽に市井の人とつき合った。身分制度に凝り固まった武士よりも庶民の活力を信じていた。そこに流れているのは無名の盲人から身を起こして財を築いた曽祖父の男谷検校や、無頼の徒と交わり、八方破れの人生を送った父、小吉の血であろう。

海舟は、終生、欧米列強への憧憬とともに警戒を解かなかった。咸臨丸で渡米し、西洋の軍事技術と社会システムに衝撃を受けた。一方で列強が富を奪うために植民地政策にのめり込んでいる現実を目の当たりにした。不平等でも条約を結び、国を開かねば文明を手に入れられない。が、しかし腹をすかせた猛獣の前で羊どうしが戦ってはいけないのだ。

この論法は、幕末、維新を経て、清国、朝鮮との「三国提携論」に拡大されていく。

もしも三国提携が実現していたら、列強がアジアで富をむさぼる機会は消えていただろう。

維新後、徳川家と旧幕臣の救済に海舟は奔走する。戦後処理を取り仕切り、旧幕臣の仕官人事の調整に邁進した。小手先の交渉術ではなく、人生をかけて身につけた交渉力が、ものをいう。「朝敵」の汚名を着せられた徳川慶喜や、西南戦争で「賊」と称された西郷の名誉回復を支え、日清戦争には反対を貫く。

七十三歳のときに「道」とは何か、と問われて答えている。

「主義だの、道だのといって、ただこればかりだと、極《き》めることは、私は極く嫌いです。道といっても大道もあり、小道もあり、上に上があります。その一つを取って、他を排除するということは、ふだんから決してしません。人が来て、色々やかましく言いますと、『そういうこともあろうかナ』と言っておいて、争わない。そしてあとでよくよく考えて、色々に比較してみると、上には上があると思って、まことに愉快です」

これは他者を近代化への止揚に不可欠な「敵」ととらえ、歴史を動かし、たどりついた境地といえるだろう。海舟は、庶民目線と、欧米列強への対応を懐に収め、国家の自立を志向した。亡くなる二カ月前にこう語った。

「国というものは、独立して、何か卓絶したものがなければならぬ。いくら、西洋西洋といっても、善い事は採り、そのほかに何かなければならぬ。それがないのだもの。つまり、アジアに人がないのだよ。それで、一々西洋の真似をするのだ。西洋は規模が大きくて、遠大だ。チャーンとして立っているから、ほかが自然に倒れるのだ。まるで、日本などは、子ども扱いだ。褒めてやったり、叱ったりする。それで善い気になっているというものがあるものか」

海舟没して百二十年、遺した言葉が胸に突き刺さる。

山岡淳一郎

二〇一八年二月

文庫版あとがき

時代は、新しい層と古い層が折り重なりながら動乱や大きな出来事を機にエポックが画される。それは厚い地殻が地震や火山噴火で隆起するのに似ている。ただ、古い層も消滅するのではなく、大地を支え、地下水脈を後世に伝えている。

勝海舟の生涯を幕末、維新から現代への時の流れのなかにすえると、この地下水脈そのもののようにも見える。いかに地殻が変動しようが水脈は地底深く流れている。地下水脈から日本の近代の歩みを窺えば、薩長中心の絵巻物とは違って見える。

大名の支配領域（藩）の集合体が近代国家の「構え」をとったのは、幕末、老中首座の阿部正弘が政権を握ったころだった。勝海舟も阿部に見出されている。阿部は異国船の来航を契機に国を開き、軍備と交易、さらにはイギリス型議会政治をモデルに公議政体を構想する。のちに明治天皇が神々に誓う形で示した新政府の根本方針「五カ条の御誓文」の原形はここにある。

「広く会議を興し、万機公論に決すべし」とは阿部正弘の政治姿勢であった。

ふと思う。明治維新も、もっと長い時間軸を当て、空間的にも拡げて眺めたほうが実態に即し、歴史のダイナミズムが味わえるのではないか。

確かに阿部の開国政策に孝明天皇や公家は猛反発し、「攘夷」の旗のもとに一大勢力が勃興。倒幕への歯車は回った。尊攘激派と佐幕派が血で血を洗う死闘をくりひろげ、戊辰戦争の内戦を経て、長州、薩摩を中心とする新政府が樹立される。

この変革を「維《こ》れ新《あらた》なり」と呼び、新日本の誕生を讃えて成功物語につなげたい気持ちはわかる。国民を統合するには、そのほうが便利だ。誇りと希望は活力のもとである。

しかしながら、きのうまでテロの実行犯だった連中が権力を持ったからといって、突然、善人になるわけでもあるまい。じじつ、新政府の成立後も、激しい権力闘争は続き、士族の叛乱は凄まじかった。薩摩の重鎮、西郷隆盛は反政府の頭目に担がれ、西南戦争で斃れて「賊」の汚名を着せられる。敗れた士族は、反抗の手段を「武」から「文」に変え、自由民権運動を展開した。

帝国議会が開かれるのは、明治二十三（一八九〇）年。「万機公論に決すべし」と五カ条の御誓文に謳われてから、じつに二十年以上を要している。実質的には、変革を意味する「維新」は帝国議会の開設まで続いたといえよう。

その間、勝海舟は生き方の構えをずっと崩さなかった。旧幕臣の仕官に骨を折り、江戸開城の談判をした西郷を信頼し続け、賊の烙印を消すのに力を尽くす。

一方でアメリカ人の教育者一家を庇護し、長男をアナポリス兵学校に留学させている。進取の気質は旺盛だった。守旧派の朴念仁ではない。

「維新」を海外まで空間意識を拡げてとらえ直すと、内乱がなくても、幕藩体制は早晩、崩れて中央集権体制に変わっていたのではないかとも思われる。

阿部正弘が開国を決断した時期、ヨーロッパでは「諸国民の春」（一八四八〜四九）と呼ばれる革命が起き、ドイツ、イタリア、バルカン半島などで「国民国家」が続々と誕生していた。国家内部の全住民を国民として束ねる国民国家の台頭は世の趨勢だった。産業革命で労働者が生まれ、社会的に言語や文化の同質性が求められる。ナショナリズムが芽吹き、国家が教育を司り、国民は納税、兵役の義務を負う。

幕臣たちは、欧米に日本を植民地化する意図があったかどうかはともかく、状況的に植民地化の恐怖と戦い、自立を求めて海外の情報を懸命に仕入れた。長崎、対馬、薩摩、蝦夷の四つの口は、世界に開かれた窓だった。詳しい情報をつかみ、幕藩体制の限界を十分に認識している。具体的な変革を求めた。

その筆頭が、勝海舟だった。

文庫化に当たり、もう一度、「長い維新」の流れに海舟を置き、ここまで述べた観点で何カ所か、加筆、改稿をした。晩年、海舟は心を許した客人に、こう語りかける。

「大本を守って、しッかりしたところがありさえすれば、騒ぎのあるのは、かえって善いのだと言うけれども、どうもわからないネ。一つ、大本を守って、それから、変化していくのだ。その変化ができにくいものとみえる」

「保守」という言葉が利害得失の前で捻じ曲げられている現代、勝海舟の生涯は数々の気づきを与えてくれる。何度読んでも飽きない古典作品のように。

山岡淳一郎

二〇二〇年一月

参考文献

『勝海舟全集』1〜7巻　勝海舟全集刊行会　代表江藤淳　講談社　一九七六年
『遠い崖―アーネスト・サトウ日記抄』1〜14巻　萩原延壽著　朝日文庫　二〇〇八年
『勝海舟』松浦玲著　筑摩書房　二〇一〇年
『勝海舟』松浦玲著　中公新書　一九六八年
『勝海舟と西郷隆盛』松浦玲著　岩波新書　二〇一一年
『勝海舟』上・中・下　子母澤寛全集6〜8　子母澤寛著　講談社　一九七四年
『それからの海舟』半藤一利著　ちくま文庫　二〇〇八年
『勝海舟』日本の名著32　責任編集江藤淳　中央公論社　一九八二年
『氷川清話』勝海舟　江藤淳・松浦玲編　講談社学術文庫　二〇〇〇年
『海舟語録』勝海舟　江藤淳・松浦玲編　講談社学術文庫　二〇〇四年
『新訂　海舟座談』巌本善治編　岩波文庫　一九八三年
『人物叢書　新訂版　勝海舟』石井孝著　日本歴史学会編　一九七四年
『現代視点　戦国・幕末の群像　勝海舟』勝部真長ほか著　旺文社　一九八三年
『西郷隆盛』上・下　維新前夜の群像6　井上清著　中公新書　一九七〇年
『大久保一翁』松岡英夫著　中公新書　一九七九年

『軍艦奉行木村摂津守　近代海軍誕生の陰の立役者』土居良三著　中公新書　一九九四年
『長崎海軍伝習所』藤井哲博著　中公新書　一九九一年
『坂本龍馬』飛鳥井雅道　講談社学術文庫　二〇〇二年
『小栗上野介忠順と幕末維新』高橋敏著　岩波書店　二〇一三年
『徳川慶喜』家近良樹　吉川弘文館（人物叢書）二〇一四年
『佐久間象山　横井小楠』日本の名著30　責任編集松浦玲　中央公論社　一九七〇年
『横井小楠　その思想と行動』三上一夫著　吉川弘文館　一九九九年
『小栗上野介　忘れられた悲劇の幕臣』村上泰賢著　平凡社新書　二〇一〇年
『日本開国　アメリカがペリー艦隊を派遣した本当の理由』渡辺惣樹著　草思社文庫　二〇一六年
『長崎海軍伝習所の日々』東洋文庫26　カッテンディーケ著　水田信利訳　平凡社　一九六四年
『咸臨丸　海を渡る』土居良三著　中公文庫　一九九八年
『幕末軍艦咸臨丸』上・下　文倉平次郎著　中公文庫　一九九三年
『勝海舟の嫁　クララの明治日記』上・下　クララ・ホイットニー著　一又民子ほか訳　中公文庫　一九九六年
『一外交官の見た明治維新』上・下　アーネスト・サトウ著　坂田精一訳　岩波文庫　一九六〇年
『奥羽越列藩同盟』星亮一著　中公新書　一九九五年
『高野長英』佐藤昌介著　岩波新書　一九九七年
『幕末動乱の記録　桃源選書』八木昇編　桃源社　一九六五年

『おれが師匠　山岡鉄舟を語る』小倉鉄樹談　石津寛　牛山栄治手記　井田書店　一九四二年
『異国の船　洋式船導入と鎖国体制』安達裕之著　平凡社選書　一九九五年
『開国への布石　評伝・老中首座阿部正弘』土居良三著　未来社　二〇〇〇年
『浦賀奉行所』西川武臣著　有隣堂　二〇一五年
ほか

＊本書は、二〇一八年に当社より刊行した著作に加筆をし、文庫化したものです。